ABHEBEN

WERNER SCHUSTER
OSKAR HANDOW

ABHEBEN

VON DER KUNST,
EIN TEAM ZU BEFLÜGELN.

ecoWIN

Für Annika, Jonas und Jannik

1. Auflage
© 2021 Ecowin Verlag bei Benevento Publishing Salzburg – München,
eine Marke der Red Bull Media House GmbH, Wals bei Salzburg

Medieninhaber, Verleger und Herausgeber:
Red Bull Media House GmbH
Oberst-Lepperdinger-Straße 11–15
5071 Wals bei Salzburg, Österreich

Umschlaggestaltung, Design und Satz: b3K design,
Andrea Schneider, diceindustries
Covergestaltung: wir sind artisten
Coverfoto: Dominik Angerer / EXPA / picturedesk.com
Bildnachweis: Icon Skispringer: shutterstock.com/Aleksandr Sulga
S. 16, 20, 21, 22, 29, 51, 85, 143, 152, 215, 231, 249, 256, 257, 269, 277, 306, 315, 317:
Werner Schuster (privat); S. 43: imago images / PPS/Furtner; S. 58: Manzoni /
NordicFocus; S. 64: Frank Leonhardt / dpa / picturedesk.com; S. 101: imago images /
Gerhard König; S. 106: Robert Parigger / APA / picturedesk.com; S. 127: Felgenhauer /
NordicFocus; S. 135: Daniel Karmann / dpa / picturedesk.com; S. 158: imago images /
Sven Simon; S. 166: imago images / Luka Dakskobler; S. 194: imago images / Eckehard
Schulz; S. 201: imago images / MIS; S. 208: Panther Media GmbH / Alamy Stock Foto;
S. 217, 226: JFK / EXPA / picturedesk.com; S. 240: GEPA pictures / Mathias Mandl;
S. 242: byRitchie.com; S. 254: Newspix / EXPA / picturedesk.com; S. 260 oben: Hauke-
Christian Dittrich / dpa Picture Alliance / picturedesk.com; S. 260 unten: Marvin Ronsdorf;
S. 265: imago images / ZUMA Wire; S. 286: imago images / Picture Point; S. 300: Eibner /
EXPA / picturedesk.com; S. 303: VALDRIN XHEMAJ / EPA / picturedesk.com;
S. 305: Daniel Karmann / dpa / picturedesk.com; S. 325: imago images / Sven Simon

Printed by Finidr, Czech Republic
ISBN 978-3-7110-0277-8

INHALT

DER KREIS SCHLIESST SICH

von Gregor Schlierenzauer

Meine erste Begegnung mit Werner war 2005. Ich war damals Schüler des Schigymnasiums Stams, er hatte unsere Trainingsgruppe übernommen. Unter seiner Regie bin ich dann ein Jahr später Juniorenweltmeister geworden und habe meine ersten Weltcupsiege feiern dürfen.

Sein unermüdlicher Einsatz, die Individualität »seiner« Sportler und Teams zu formen und zu fördern, ebnete mir bereits in jungen Jahren den Weg in die Weltspitze. Unsere erfolgreiche Zusammenarbeit führte Werner 2007 dann in die Schweiz. Ein Jahr später erfolgte das Engagement als Bundestrainer in Deutschland. Seine Erfolgsbilanz dort ist ebenso bekannt wie beeindruckend.

Werner hatte schon immer verstanden, wie er mich nehmen und »führen« muss, wann es welche Dosierung braucht. Er ist ein Mensch der Klarheit, er sagt, was er denkt, und bleibt dennoch immer empathisch. Er sagt dir nicht das, was du hören willst, sondern das, was Sache ist. Das kann manchmal hart und unbequem sein, ist für den sportlichen Prozess und die persönliche Entwicklung aber unausweichlich. Eine gewisse Nähe aufzubauen und trotzdem die nötige Distanz zu bewahren ist in einer sensiblen Sportart wie dem Skispringen besonders knifflig. Sein diesbezügliches Fingerspitzengefühl, gepaart mit einem enormen Weitblick ist für mich besonders beeindruckend. Im persönlichen Gespräch zeigt er ungeahnte Möglichkeiten auf und findet individuelle Konzepte für eine kraftvolle Umsetzung des auf den ersten Blick nicht Machbaren.

Es steht außer Frage, dass ich von Werners Führungspersönlichkeit und seinem Coaching sportlich wie menschlich extrem profitiert habe. Er war eine absolute Schlüsselfigur in meiner Karriere – umso dankbarer bin ich, dass wir seit 2019 wieder gemeinsam an einem Strang ziehen und sich somit der Kreis unserer Zusammenarbeit schließt. Die Entwicklung bleibt im Vordergrund, es ist ein ständiger Prozess, auf wie auch abseits der Schanze, der mir immer wieder neue Zugänge eröffnet und mich in allen Lebenslagen wachsen lässt. Damals wie heute ist es ein spannender und sehr erfüllender Weg, der von einer großen gegenseitigen Wertschätzung und jeder Menge wertvollen Erfahrungen geprägt ist. Ich bin davon überzeugt, dass weitere spannende Erfahrungen folgen werden und schätze mich absolut glücklich, Werner als Weggefährten an meiner Seite zu wissen.

PROLOG

AM ZIEL UND DOCH AM START

D er letzte Springer ist am Ablauf: Nur der polnische Routinier Stefan Hula kann den Olympiasieg von Andi Wellinger noch verhindern. »Er wird doch nicht gerade heute noch so einen guten Sprung wie im ersten Durchgang auf die Schanze zaubern?«, geht es mir durch den Kopf. Dazu bräuchte er erst einmal guten Aufwind … Die zwei Norweger knapp gescheitert, der überragende Kamil Stoch zu kurz. Hula? Er geht in die Spur, hebt ab – ich starre gebannt auf den kleinen Monitor, der provisorisch für die Trainerbelegschaft aufgestellt wurde. Die grüne Linie im Blick. Ist er hoch genug in der Luft? Wird er die Markierung überspringen? Knapp davor! Was sagen die Windpunkte? Das kann eigentlich nicht reichen. Gebanntes Warten auf die Punktevergabe.

Andi Wellinger ist Olympiasieger!

Er hat es geschafft. Wir haben es geschafft. Ein Traum wird wahr. Andi reißt im Zielraum die Arme hoch. Seine Kollegen fallen ihm um den Hals. Tränen fließen.

Mein Assistent Jens Deimel und ich liegen uns in den Armen. Trainerkollegen gratulieren – von herzlich bis förmlich. Die Polen ziehen enttäuscht davon. Alexander Stöckl, Cheftrainer der Norweger und ein langjähriger Freund und Weggefährte, und ich strahlen über das ganze Gesicht. Gold für Deutschland, Silber und Bronze für Norwegen auf der Normalschanze bei den Olympischen Spielen 2018 in Pyeongchang.

Das Ganze läuft in meinem Kopf tatsächlich ab wie in einem Film. Zeitraffer. Von den Emotionen überwältigt führt man mechanisch Aktivitäten aus, nimmt weitere Gratulationen entgegen, möchte am liebsten baden im Glück, und gleichzeitig kommt die nüchterne Stimme der Vernunft: Geh runter zum Athleten. Bedanke dich bei allen Mitstreitern und Kollegen. Bediene die Presse. Erste Interviews.

Der Weg vom Trainerturm in der Nähe des Schanzentisches hinunter zum Auslauf ist weit. Zu den Athleten, zu den Medien, zu den Kollegen, zu allen Verantwortlichen. Eine schmale Treppe neben dem Aufsprunghügel führt uns zum Epizentrum des Glückes.

Es ist kalt – minus 15 Grad Celsius, dazu ein beißender Wind. 15 Minuten nach Mitternacht Ortszeit. Knapp drei Stunden sind vergangen seit der Startnummer 1. Viele windbedingte Unterbrechungen kennzeichneten den Bewerb. Der zweite Wertungsdurchgang: ein Tanz auf der Rasierklinge. Die Windgeschwindigkeit darf vier Meter pro Sekunde nicht überschreiten, sonst ist die Sicherheit der Sportler nicht mehr gewährleistet. Ein Geduldsspiel. Der vierfache Olympiasieger Simon Ammann, eingehüllt in eine Wolldecke, musste mehrmals wieder vom Startbalken zurück und wird zum Synonym für die extremen Bedingungen.

Wir, Team Deutschland, lagen nach dem ersten Durchgang mit unseren vier Springern auf den Plätzen vier, fünf, sieben und acht. Eine fantastische Mannschaftsleistung, aber bei Olympia zählen in der Öffentlichkeit nur die Medaillenränge. Was wäre bei einem Abbruch passiert? Wie hätten die Verantwortlichen im Skiverband und im DOSB (Deutscher Olympischer Sportbund), die Presse und die Fans reagiert? Wären wir getröstet oder zerrissen worden? Wir werden es nie erfahren.

In den Pausen am Trainerturm hatte ich Zeit gehabt, meine Presseaussagen im Falle eines Abbruchs gedanklich vorzubereiten. Ich bin seit zehn Jahren im Amt. Ich kenne die Mechanismen. Die kritischen Fragen. Die Zuspitzung auf Hero oder Zero!

Gedanklich war ich voller Trotz. Ich hätte versucht, mich offensiv zu befreien und wäre nicht müde geworden zu betonen, wie stolz ich auf das Team und die Sportler sei ...

Unser Servicemann Erik Simon holt mich auf der Treppe am Weg nach unten ein und fällt mir um den Hals. Er hat Tränen in den Augen. Olympiasieger! Wir sind Olympiasieger! Die ganze Spannung fällt ab. Wie oft waren wir bis drei Uhr morgens bei nicht nur einem Bier gesessen. Hatten unsere Wunden geleckt nach herben Enttäuschungen. Ideen geschmiedet, wie wir der Konkurrenz eine Nasenspitze voraus sein könnten.

Der Servicemann der Norweger kommt dazu. Zwei Medaillen für seine Jungs. Wir gratulieren uns, lachen, juchzen und stapfen die Treppe hinunter. Viele andere haben auch hart gearbeitet. Vielleicht noch härter. Wer weiß das schon. Aber sie gingen leer aus. Heute ist unser Tag!

»Jetzt haben wir wieder für ein Jahr einen Arbeitsplatz«, rutscht es mir heraus. Nicht dass ich grundsätzlich das Gefühl hatte, mein Arbeitsplatz sei gefährdet (und der von unserem Servicemann schon gar nicht), aber die Intensität des Abends hatte mich doch ans Limit gebracht. Viel hatte ich schon erlebt in meiner Trainerlaufbahn, aber nie zuvor wurde mir das Spannungsfeld von bitterer Niederlage bis hin zur freudvollen Ekstase so bewusst wie an diesem Abend: Gewonnen hat heute eindeutig der aktuell beste Springer. Andi Wellinger war nicht nur an diesem Tag die Nummer eins auf dieser Schanze, er hatte auch schon am Vortag die Qualifikation gewonnen und im Training mehrmals seine Extraklasse unter Beweis gestellt. Doch wäre das Springen nach dem ersten Durchgang abgebrochen worden, stünde er als Nummer fünf auf der Ergebnisliste, und Hula hätte gejubelt.

Immer noch auf der Treppe auf dem Weg nach unten bleibe ich kurz stehen, starre in den kalten koreanischen Abendhimmel und versuche, das Erlebte zu ordnen. Alles kommt hoch in diesem einen Moment. Zu viel, um es an Ort und Stelle zu verarbeiten. Vor der Presse brauche ich aber einen klaren Kopf. Meine Aussagen werden mehrfach gesendet, zitiert und gehen durch die Sportwelt. Ich verspüre einerseits eine tiefe Dankbarkeit angesichts des überwältigenden Ereignisses, andererseits frage ich mich: Willst du das wirklich noch weitere vier Jahre mitmachen? Willst du dich bei den nächsten Olympischen Spielen wieder diesem Spannungsbogen aussetzen? Wir haben viel gewonnen in den vergangenen zehn Jahren, seit ich die Leitung des deutschen Springerteams übernommen habe: Einzelweltcupsiege, Teamweltcupsiege, Gesamtweltcupsieg, Nationencupsieg, Weltmeister, Skiflugweltmeister, Teamolympiasieg. Wir haben auch viele Niederlagen eingesteckt. Medaillen um ein paar Zehntel verpasst, Verletzungen, Enttäuschungen. Manchmal selbst verschuldet, manchmal unglücklich.

Ich habe Erfahrung im Bewältigen dieses Spannungsbogens, und trotzdem ist der heutige Tag anders. Der erste Olympiasieg eines deutschen Skispringers seit 24 Jahren verändert meine Wahrnehmung von Sieg und Niederlage. Einerseits bin ich am Ziel meiner Träume: der Einzelsieg beim Weltsportereignis Olympia. Andererseits macht sich in diesem so bedeutungsvollen Moment eine Leere breit.

Peking 2022 ist weit weg. Zu weit für mich.

Was für ein verrückter gedanklicher Spagat. Im Moment dieses unfassbar emotionalen Erfolges, der mehrfach auf der Kippe stand, befinde ich mich in einem geistigen Vakuum und denke erstmals ernsthaft über das Aufhören als Bundestrainer der deutschen Skispringer nach. Auf der Treppe der HS 109 von Pyeongchang.

Die Pflicht ruft. Runter! Ich muss runter! Zu den Sportlern, zum Staff, zur Presse, zu den Verantwortlichen. Zuschauer sehe ich nur mehr wenige, die Koreaner haben nicht so viel am Hut mit Skispringen. Keine Nationalhelden – kein Interesse. Und diejenigen, die sich an die Schanze verirrt hatten, sind vermutlich durchgefroren frühzeitig nach Hause gegangen. Nur mehr der harte Kern an Protagonisten ist noch im Stadion. Kein Wunder, es ist ja schon nach Mitternacht und immer noch unglaublich kalt. Nach der kurzen Pause laufen die nächsten Minuten wieder im Zeitraffer ab. Gratulieren. Umarmen. Small Talk hier, Small Talk da. Keine Zeit für Tiefe. Man spult ein Programm hinunter und versucht, allem gerecht zu werden. Funktioniert wie ein Roboter. Ich versuche trotzdem den Moment, wo ich meinen Goldjungen endlich umarmen kann, zu genießen. Ich bin sehr stolz auf ihn! Aber der Moment ist kurz. Zu viele wollen jetzt etwas von ihm.

Die Gespräche mit der Presse sind euphorisch. Erfolg »verkaufen« ist einfach. Alle freuen sich mit, und die kritischen Fragen bleiben aus. Jeder will ein Stück vom Kuchen. Schließlich mussten die deutschen Journalisten 24 Jahre auf diesen Moment warten. Um mich herum nicht nur Sieger. Die Polen lecken ihre Wunden und stellen die Regularität des Bewerbes infrage. Die Österreicher, die Slowenen, die Japaner, die Schweizer – alle gehen sie mit leeren Händen nach Hause. Ich versuche wieder, kurz innezuhalten, denn ich kenne auch diese Kehrseite der Medaille nur zu gut.

»Kannst du bitte zu dem Herrn Bundespräsidenten kommen? Er möchte dir gerne persönlich gratulieren«, höre ich eine DOSB-Mitarbeiterin in meinem Rücken. Ich? Zum Bundespräsidenten? Präsident Steinmeier war durchgefroren, aber er hatte tatsächlich drei Stunden in der Kälte durchgehalten, und die Freude war ihm und seiner bibbernden Frau merklich anzusehen. Wahnsinn, was so ein Triumph für Wellen schlägt!

Wenn abgebrochen worden wäre… Ich verdränge den Gedanken wieder.

Materialkontrolle, zusammenpacken, Flower-Zeremonie, Dopingkontrolle. Das Stadion ist schon gespenstisch leer. Mit Glück ergattern wir noch einen Shuttle zu den Umkleidekabinen. »Hoffentlich schließen sie nicht ab und machen das Licht aus«, scherzt unser Teamarzt Mark Dorfmüller.

»Das Deutsche Haus wartet«, sagt mir Florian Schwarz, unser Pressebetreuer. Es ist der erste Tag bei den Spielen, und Biathletin Laura Dahlmeier hat wenige Stunden zuvor ebenfalls Gold geholt. Doppelgold für Team Deutschland, was für ein Auftakt! Und wir Skispringer mittendrin. Ich starre ein letztes Mal auf die hell beleuchtete Schanze und denke kurz an »meinen« Moment auf der Treppe, aber da klopft mir schon Florian Schwarz auf die Schulter und macht mir klar, dass wir jetzt losmüssen.

Überschwänglich ist die Stimmung im Deutschen Haus. Wildfremde Menschen liegen sich in den Armen und sind angesichts der Uhrzeit – es ist schon fast zwei Uhr morgens – erstaunlich wach. Sekt spritzt. Laute Musik. Gegröle. Feierlaune. Es wird getrunken, gelacht, gesungen. Unbekannte Menschen

Gold-Feier: Andi Wellinger und Laura Dahlmeier im Deutschen Haus

wollen mir gratulieren und ein paar Worte wechseln. Nach zehn Jahren als Gesicht des deutschen Skispringens kennen mich viele Leute und wollen ein Stück weit die Freude mit mir teilen. Stolz mache ich meine Runde, aber gleichzeitig verfolgt mich der Gedanke, was bei einem Abbruch des Springens gewesen wäre.

Ich hole mir noch ein Bier, setze mich um fünf Uhr morgens alleine auf die Terrasse und starre in die Ferne. Zutiefst zufrieden nippe ich an meinem Getränk, unendlich dankbar für diesen Tag, und plötzlich ist es wieder da, das Gefühl der Leere. Es kommt mir etwas seltsam vor, im Augenblick des größten Triumphes meiner Trainerkarriere nicht voller Ekstase und Energie zu stecken. Ist das normal? War es das alles wert? Möchte ich das noch einmal erleben? Möchte ich etwas anderes machen?

Zum Glück läuft mein Vertrag noch ein Jahr, bis 2019. Peking 2022 ist auf jeden Fall ganz weit weg!

KAPITEL 1

SICH SEINER WURZELN BEWUSST SEIN

Kreuzungen im Leben: über Prägungen und Werte

*Freiheit mit viel Schnee – Meine Eltern – Heimat Mahdtalegg –
Stams, was sonst – Internatserfahrungen eines Einzelkindes –
Liss – Erste Erfolge – Matura, und jetzt?
Auf dem Lkw des Bundesheeres – Muss ich jetzt echt studieren –
Die Erfolge bleiben aus – Student Schuster und das neue Umfeld –
Den V-Stil verschlafen und mit einer Verletzung bestraft –
Von der Ersatzbank in den Weltcup – Übergang ins wirkliche Leben*

E s war einer dieser Wintertage in den Achtzigern im touristisch gut gefüllten, aber für mich beschaulichen heimatlichen Kleinwalsertal. Gut ein halber Meter Schnee war über Nacht gefallen, und ich musste in die Schule. Die Straße war noch nicht vollständig geräumt, aber ich war besessen von dem Gedanken, wieder mit dem Fahrrad zur Bushaltestelle zu fahren. Das war weder logisch noch vernünftig, aber spannend allemal.

Ich hatte ein Klapprad, schwarz lackiert und aufgerüstet mit Stollenreifen – BMX Marke Eigenbau. Das sollte doch allwettertauglich sein und mich diese 500 Meter zur Bushaltestelle bringen – dem halben Meter Schnee zum Trotz. Meine Mutter hatte kurz versucht, mich davon abzuhalten, dann ließ sie mich fahren. Ich durfte immer meine eigenen Erfahrungen machen, und dafür bin ich dankbar!

Es wollte nicht so recht vorwärtsgehen im tiefen Schnee. Kaum war ich außer Sichtweite unseres Hauses, musste ich absteigen und schieben. Eine Blöße wollte ich mir nicht geben. Niemand sollte mitkriegen, dass es beschwerlich war. Spaß hat es trotzdem gemacht. Ich hatte mir in den Kopf gesetzt, jeden Tag mit dem Fahrrad zur Schule zu fahren, und da lässt man sich von frischem Neuschnee nicht die Schneid abkaufen.

Meine Familie hatte und hat eine kleine Vermietung von Privatzimmern und Ferienwohnungen. Einen Parkplatz mit fünf Stellplätzen. Schneeräumung war Familiensache. Die glich oft einer Sisyphusarbeit. Das Haus meiner Eltern steht an einer Hanglage, und zum Glück konnten wir den üppig vorhandenen Schnee in das Feld des Nachbarn, eines Landwirtes, entsorgen. Dort entwickelten sich ordentliche Plattformen, man muss schon fast sagen, natürliche Rampen, von denen man spektakuläre Sprünge in den Tiefschnee machen konnte. Manchmal stellte ich ein Sparschwein auf, und die Touristen am vorbeiführenden Wanderweg blieben stehen und konnten Sprünge bei mir »be-

Erste Sprünge im Kleinwalsertal

stellen«. Auf Wunsch gab es einen Salto oder einen Bauchfleck zu sehen, und dafür warfen sie eine Mark in das Sparschwein.

Ich liebte den Schnee. In meiner Kindheit gab es ihn noch üppig, und er kam verlässlich spätestens im Dezember, und auf über 1000 Meter Seehöhe ging er auch nicht weg vor April. Nach der Schule waren wir den ganzen Winter auf den Skipisten unterwegs. Als mir das Skifahren zu langweilig wurde, entwickelten sich aus dem Hüpfen vor Touristenpublikum ernst zu nehmende Sprünge. Mein Vater, ein Mann der Tat, baute mithilfe seines großzügigen Partners, eines Hoteliers, eine richtige Skisprungschanze.

In kürzester Zeit hatte sich diese Freizeitbeschäftigung herumgesprochen, und wir waren eine Gruppe von mehr als 15 Kindern, die dankenswerterweise von meinem Vater, früher selber Skispringer, alle mitbetreut wurden. Wir nahmen an Wettkämpfen in Österreich, Deutschland und der Schweiz teil und waren binnen kürzester Zeit eine gefürchtete Truppe. Aufgrund der optimalen »Zutaten« Schnee, Schanze, Lift, fachgerechte Be-

Mein Vater Willy (links) mit der stolzen Truppe des SV Casino Kleinwalsertal

Als Schüler wollte ich nur eines: Skispringen

treuung und freudvoll agierende Kinder entwickelte sich der SV Casino Kleinwalsertal in Windeseile zu einem Vorzeigeverein. Und das Schöne daran war: Wir haben diese Nachmittage nicht als Training wahrgenommen. Alles lief spielerisch ab. Dank der großzügigen Art meines Vaters und des Hoteliers, denn alle Kinder fuhren unentgeltlich am Lift und die Betreuung war inkludiert, verbrachten wir Tag für Tag, Wochenende für Wochenende, Winter für Winter am Mahdtalegg.

Mein Vater, geboren 1937, ist ein waschechter »Walser«. Er wuchs auf einem kleinen Bauernhof mit vier älteren Brüdern und einer Schwester auf, die alle noch gemeinsam in der Stube musizierten. Die Musik sollte auch ein großes Standbein in seinem Leben bleiben. Die älteren Brüder waren allesamt begeisterte Skifahrer – ihn jedoch zog es zum Skispringen, was ihm aber im Alter von elf Jahren von seinem strengen Vater verboten wurde. Der Traum vom Fliegen ließ ihn jedoch nie los, und als er sein erstes Geld verdiente, versuchte er im Alter von 19 diesen Traum zu verwirklichen. Mit ein paar Gleichgesinnten brachte er sich unter erschwerten Bedingungen die Grundbegriffe des Skispringens bei und schaffte es mit großem Fleiß und der notwendigen Kombination aus Mut und Talent 1962 als erster Vorarlberger in den Nationalkader. Obwohl ihn der damalige Nationaltrainer Sepp Bradl angesichts seines vergleichsweise hohen Alters auslachte, hielt er hartnäckig an seinem Traum fest, schaffte es 1964 und 1968 als Vorspringer zu den Olympischen Spielen und 1966 zu den Weltmeisterschaften nach Oslo, wo er den 24. Platz belegte. 130 Meter als persönlicher Weitenrekord war für die damalige Zeit mit Skihose, Pullover und Zipfelmütze ebenso eine bemerkenswerte Leistung.

Was mich im Nachhinein am meisten beeindruckt an der Lebensleistung meines Vaters ist die Vielseitigkeit und Fähigkeit, Dinge zu tun, ohne viel zu reflektieren, ob es das wert ist, ob man sich blamieren könnte oder ob man genügend dafür bezahlt bekommt. Den Skisprungverein leitete er mehr oder weniger ehrenamtlich. Die jährliche Entschädigung durch den Skiklub wog den Aufwand nicht im Geringsten auf. Er hat es auch für mich getan, aber in erster Linie für die Sache.

Leider habe ich nicht alle Talente meines Vaters geerbt, aber sein Wirken hat es mir ermöglicht, unser Hobby zum Beruf machen zu können. Er hat mir die Welt gezeigt und die Basis für mein Wirken gelegt.

Aber ohne meine Mutter wäre das alles nicht möglich gewesen. Yin und Yang. Meine Mutter, 1945 geboren, wuchs ebenfalls im Kleinwalsertal auf. Ihre Familie lebte in einfachen Verhältnissen, die Grundbedürfnisse waren abgedeckt und die Kindheit wurde als glücklich erlebt. Obwohl sie keine spezifischen sportlichen Wurzeln hatte, lernte sie meinen Vater kennen und lieben und heiratete ihn in jungen Jahren. Das ist schon mehr als 50 Jahre her.

Gemeinsam gingen meine Eltern durchs Leben. Die Vermietung der Privatzimmer und später der Ferienwohnungen war das Metier meiner Mutter, und das betrieb sie mit einer derartigen Herzlichkeit, dass sich in kurzer Zeit ein Stamm an Gästen entwickelte, der gerne wiederkam. Und das 40 Jahre lang.

Sie musste viel verzichten, auf ihren Mann und ab meinem 14. Lebensjahr auf mich. Die Lebensleistung meiner Mutter habe ich erst spät zu schätzen begonnen. Der Familie nahezu alle eigenen Bedürfnisse unterzuordnen und alle Schritte mit einer Selbstverständlichkeit und Uneigennützigkeit mitzutragen. Positiv denkend, sich an Kleinigkeiten erfreuend, tiefgreifend dankbar – eine einzigartige Kombination.

Ich war sportlich zu Schülerzeiten sehr erfolgreich. Regional in meinem Jahrgang meist der Beste und auch überregional auf dem Podium. Schnell war klar, dass ich nur eines wollte: nach oben. Der Entschluss, mit 14 Jahren nach Stams ins Schigymnasium zu gehen, war gefasst, und einen Plan B hatte ich nie. Das schien mir nicht notwendig. Zu einseitig verlief mein Weg.

Zwei Stunden von zu Hause weg ein Internat zu besuchen machte mir keine Angst. Ich war viel unterwegs gewesen in jungen Jahren, und der Begriff Heimweh hatte für mich keine Bedeutung. Das Ziel, Skispringer zu werden, war so groß, dass ich bereit war, dem alles unterzuordnen. Freunde zu treffen hat mich nicht sonderlich interessiert. Der Sport war mein Leben.

Im Internat angekommen war vor allem das erste Jahr eine schwierige soziale Erfahrung. Im Viererzimmer, auf engstem Raum zusammenlebend, kommt es schnell zu Reibereien und Hierarchiekämpfen. Schlitzohrigkeit und Streitkultur waren bei mir unterentwickelt. Wo hätte ich das auch lernen sollen? Als Einzelkind in einer intakten Familie aufgewachsen hatte ich derartige Fähigkeiten bis dahin nie gebraucht. Das wurde mir jetzt zum Verhängnis, denn im Internat war ich weit weg von zu Hause, und ich musste mich alleine durchkämpfen. Schnell war ich auf die Palme zu bringen und reagierte jähzornig und trotzig. Sportlich lief das erste Jahr auch nicht herausragend, was meinem Status ebenfalls nicht gerade dienlich war. Aber ich wollte keine Hilfe von zu Hause und habe versucht, die Situation alleine durchzustehen und bestmöglich zu lösen. Im Nachhinein gesehen war diese Zeit eine wertvolle Erfahrung.

Im zweiten Jahr gab es einen Trainerwechsel. Alois Lipburger, ein ehemaliger Spitzenspringer, WM-Zweiter von 1978, kam ans Schigymnasium. Liss, wie wir ihn nannten, war Vorarlberger wie ich, und ich habe ihn schon in jungen Jahren bewundert. Das wären doch glänzende Voraussetzungen gewesen, um den nächsten Schritt zu machen. Aber auch er konnte auf Anhieb keine Wunder bewirken. Ich war jetzt in der Jugendklasse angekommen und die Herausforderung, mich auf den größeren Anlagen mit Jahrgangsälteren zu messen, bereitete mir Schwierigkeiten.

Liss war nicht nur unser Trainer, sondern auch Erzieher im Schigymnasium. Eines Abends kam er in mein Zimmer und bat mich zum Gespräch. In aller Ruhe erklärte er mir, wo er mein Potenzial sah und welche Defizite es auszumerzen galt. Er vermittelte mir überzeugend, dass er an mich glaubte und dass es nur eine Frage der Zeit sei, wann ich durchstarten würde.

So hatte noch nie zuvor ein Mensch mit mir gesprochen. Ich entwickelte ein tiefes Vertrauen in seine Person und seine Worte. Alle Restzweifel waren beseitigt, und auch kleinere Rückschläge warfen mich nicht mehr so schnell aus der Bahn. Immer vorwärts mit der unbeirrbaren Überzeugung, dass sich der Erfolg einstellen wird.

Er hatte nicht nur mit mir so gesprochen. Auch meine Teamkollegen machten große Fortschritte. Wir entwickelten uns dank ihm in eine unglaubliche Truppe, europaweit gefürchtet. Der Alpencup, ein grenzüberschreitender Jugendwettbewerb, war fest in österreichischer Hand.

An ein Springen erinnere ich mich ganz besonders. Wir waren in Frankreich, genauer gesagt in Autrans, einem kleinen Ort südlich von Grenoble. Nach einer mehr als achtstündigen Anreise im Kleinbus hatten wir uns gefreut, endlich auf der Schanze unserer liebsten Beschäftigung nachzugehen. Leider machte uns der Wind einen Strich durch die Rechnung, und die Jury sagte das Training ab mit dem Hinweis, dass am Wettkampftag besseres Sprungwetter herrschen würde. Ich war in meinem Leben noch nie bei so viel Wind gesprungen und ehrlicherweise froh über die Absage gewesen. Liss jedoch war mit der Vorgehensweise der Verantwortlichen überhaupt nicht einverstanden und trommelte uns zusammen. »Jungs, wir fahren doch nicht acht Stunden, um Däumchen zu drehen! Wir ziehen uns jetzt um und springen. Das ist nicht gefährlich für uns, denn wir sind gut ausgebildet. Ein derartiges Training ist für die Weiterentwicklung wichtig und verschafft uns für morgen einen Vorteil!«

Das saß. Mit ein wenig Bauchweh haben wir uns umgezogen, aber wenn Liss das sagte, dann würde es schon stimmen. Nachdem wir uns ausknobelt hatten, wer den ersten Sprung absolvieren sollte, und dieser auch gelang, war der Bann gebrochen. Bei starkem Aufwind hob einer nach dem anderen ab und genoss den Gleitflug ins Tal. Jeder Einzelne von uns gewann die notwendige Sicherheit, derartige Bedingungen zu meistern, und das Selbstvertrauen stieg ins Unermessliche. Die Versuche wurden von den Konkurrenten aus den anderen Ländern argwöhnisch registriert. Sie hatten an diesem Tag schon verloren, obwohl der Wettkampf erst am nächsten Tag stattfinden würde.

Heutzutage wäre das nicht mehr möglich. Wenn die Jury eine Schanze sperrt, ist sie gesperrt. Trotzdem ist es eines von vielen Beispielen, was Vertrauen ausmacht. Vertrauen, das man von außen bekommt und das letztendlich in Selbstvertrauen mündet.

Wer sich Vertrauen erarbeiten will, muss auch Risiken eingehen. Liss ging oft auf Risiko. Nicht nur beim Autofahren. Im Alltag, in den Ansagen, im Trainingsprozess. Passiert ist dabei sehr wenig. Meist ist eingetroffen, was er vorhergesehen hat. Alles Glück? Zufall? Oder doch höhere Mächte? Zweifelsfrei braucht man in manchen Situationen auch Glück, aber in erster Linie ist die Überzeugung und richtige Einschätzung entscheidend. Wer sich öfter in Grenzsituationen begibt, kann diese besser einschätzen, schärft seine Sinne und verbessert die Wahrnehmung. Die Treffsicherheit bei Entscheidungen erhöht sich, und die Erfolgswahrscheinlichkeit steigt. Manches, was Außenstehenden als verrückt erscheint, ist in Wahrheit wohlüberlegt und gut kalkuliert. Der Spielraum für Situationen, die risikobehaftet sind und an denen man wachsen kann, ist heutzutage massiv eingeschränkt.

1987 eröffnete uns Liss, dass er ein Angebot als Cheftrainer in Frankreich annehmen werde. Unsere Erfolge hatten sich herumgesprochen, und die Franzosen wollten in einem

Fünf-Jahres-Projekt eine erfolgreiche Mannschaft für die soeben zugesprochenen Olympischen Spiele in Albertville stellen. Im Nachhinein erfuhr ich, dass er eigentlich gar nicht von uns wegwollte. Er hatte sich gescheut, das Angebot der Franzosen abzulehnen, und so viel Geld verlangt, dass er sich sicher gewesen war, sie würden ihm absagen. Zu seinem Erstaunen nahmen sie an und statteten ihn mit einem langfristigen Vertrag aus. Er war im Herzen nie von geschäftlichen Gedanken geleitet. 1990 beendeten die Franzosen den Kontrakt einseitig, weil ihnen die Fortschritte nicht sichtbar genug waren.

Wer weiß, was passiert wäre, hätte ich nicht Liss als Trainer bekommen. Hätte ich es trotzdem geschafft, ein passabler Skispringer zu werden? Vielleicht. Aber ganz sicher wäre ich ein anderer Mensch und definitiv nicht ein so erfolgreicher Trainer geworden. Grundsätze seiner Arbeit haben mich geprägt und begleiten mich bis heute. Die Wärme, die ich als Mensch gespürt habe. Die Kompetenz, mit der er uns geführt hat. Den Mut, mit dem er oft vorangegangen ist. Das Vertrauen, das er jedem Einzelnen mitgegeben hat. Die Ruhe, die er speziell in kniffligen Situationen ausgestrahlt hat. Jugendliche lechzen in diesem Lebensabschnitt nach Orientierung. Was für ein Glück, wenn man als Heranwachsender solchen Menschen begegnet. Danke dafür!

Als er 2001 auf der Heimfahrt vom Weltcupspringen in Willingen verunglückte, war die Bestürzung im Umkreis groß. Beeindruckend, welche Spuren er hinterlassen hat, nicht nur im Sport. Obwohl sich unsere Kontakte reduziert hatten, war ich tief betroffen. Mit ihm hatte ich die – neben meinen Eltern – prägendste Person meines bisherigen Lebens verloren.

Nach dem Weggang von Liss nach Frankreich ging es für mich aber erst einmal auf die Matura zu, und ich war sportlich weiterhin auf Erfolgskurs. In der Saison 1987/88 kam ich das erste (und einzige) Mal aufs Podium eines Weltcupspringens und erreichte in Oberstdorf mit dem siebten Platz den gefühlt größ-

1987: Heinz Kuttin (links) und ich (Mitte) mögen weiter gesprungen sein, Markus Steiner (rechts) hat eindeutig die Frisuren-Wertung gewonnen

ten Erfolg in meiner Skisprung-Karriere. Das führte dazu, dass ich von September bis Ostern nur zehn Schultage absolviert hatte und die Matura splitten musste. 1989 schloss ich dann mit Matura am Schigymnasium ab und ging direkt in den Staatsdienst beim Bundesheer über.

Es war ein regnerischer Julitag, und die Gischt spritzte mir ins Gesicht auf der Ladefläche des Bundesheerfahrzeugs. Unglücklicherweise hatte ich den Platz direkt an der Ladeklappe gewählt, um mehr Frischluft zu erhaschen. Die Feuchtigkeit wurde durch die Sogwirkung ins Fahrzeug getrieben und durchnässte mich. Ich blickte nachdenklich nach hinten, sah ein Zivilfahrzeug und fühlte mich in eine andere Welt versetzt.

Bis vor Kurzem noch frei und unabhängig und mit großem Gestaltungsfreiraum meines Sportlerlebens, war ich jetzt uniformiert einer unter vielen und gleichzeitig durch hierarchische Strukturen total entmündigt. Der Umgangston beim Militär, die Einschüchterungen und das gezielte »Gefügigmachen« irritierten mich sehr. Es waren nur sieben Wochen, bis ich wieder in meine geschützte Werkstätte, den Spitzensport, zurückkehren durfte, aber diese Wochen haben nachhaltigen Eindruck hinterlassen. Als Kadersportler hatte man die Möglichkeit, an ein Sportleistungszentrum zu wechseln. Eigentlich eine fantastische Einrichtung mit vielen Möglichkeiten und Freiheiten, aber mir war der Sprung aus Stams in diese andere Welt zu heftig. Hier war der Umgangston rau, und es ging nicht darum, die Dinge einfühlsam, wertschätzend und logisch zu bearbeiten, sondern nach Vorschrift korrekt. Ein solcher Zugang bereitet mir bis zum heutigen Tag Schwierigkeiten.

Diese Wintersaison verlief überhaupt nicht nach Wunsch. Ab Februar herrschte akuter Schneemangel, und die Möglichkeiten, Kaderergebnisse zu erzielen, waren eingeschränkt. Erstmalig in meiner Karriere verlor ich den Status, permanentes Mitglied des österreichischen Skiverbandes zu sein. Zum ersten Mal machte sich in meinem Leben so etwas wie Orientierungslosigkeit breit. Als Sportler müsste man, pragmatisch gesehen, danach lechzen, einen Platz beim Bundesheer zur Ausübung des Spitzensportes zu ergattern. Sozial abgesichert, mit optimalen Trainingsbedingungen. Den rauen Umgangston musste man dafür einfach wegstecken. Ich hatte das nicht geschafft, und somit war die beste Alternative, ein Studium zu beginnen. Alles andere lässt sich mit der notwendigen Reisetätigkeit eines Spitzensportlers nicht vereinbaren. Eigentlich hatte ich nie studieren wollen. Das ewige Hineinpauken von mehr oder weniger sinnvollen Inhalten ohne das Gefühl, etwas Produktives geleistet zu haben, ermüdete mich, aber ich wollte meine Freiheit zurück.

Kleinlaut fragte ich meine Eltern, ob sie ein Studium wirtschaftlich unterstützen würden, da ich auch noch weiter Ski springen wollte. Selbstverständlichkeit schlug mir entgegen, und obwohl ich keinen konkreten Plan vorweisen konnte, umfing mich wieder dieses Urvertrauen, das ich so zu schätzen wusste.

Gemeinsam mit einem Kollegen vom Militärdienst startete ich das Sportstudium an der Leopold-Franzens-Universität Innsbruck. Durch meine gute und vielseitige Grundausbildung im athletischen Bereich kam es auch vor, dass mich Studentinnen fragten, ob ich ihnen beim Hochsprung helfen könne, das erforderliche Limit zu überspringen. Einmal endete eine Trainingssession mit einer netten Südtirolerin nach einem Nasenbeinbruch im Krankenhaus. Vielleicht fehlte mir als Spitzensportler doch ein wenig das Einfühlungsvermögen für Otto Normalverbraucher.

Sportlich schaffte ich 1991 wieder den Sprung in den B-Kader und trainierte zusammen mit den Nachwuchshoffnungen Werner Rathmayr, Andreas Goldberger und Martin Höllwarth. Skisprungtechnisch war es eine unglaublich interessante Zeit, weil eine neue Stilrichtung, der V-Stil, aufkam. Der Schwede

Boklöv wurde zunächst massiv von den Wertungsrichtern benachteiligt, obwohl er schon den Gesamtweltcup gewonnen hatte. Die Stilrichtung fand Nachahmer mit Kiesewetter, Zünd etc., und die FIS musste das Bewertungssystem nachjustieren. Daraufhin ordnete der österreichische Nationaltrainer und Visionär Toni Innauer eine Stilumstellung für alle österreichischen Skispringer an. Er war felsenfest davon überzeugt, dass dieser Stil aerodynamisch Vorteile brächte und Toptalente sich einen Vorsprung erarbeiten könnten, wenn sie sich mit dieser Technik anfreunden würden.

Auch ich versuchte mich in der neuen Technik, aber mit bescheidenem Erfolg. Im Herbst entschied ich, zur alten Technik zurückzukehren, weil ich mir davon mehr Stabilität versprach. Dies sollte sich als fatale Fehlentscheidung entpuppen.

Die Saison 1991/92 brachte den Durchbruch für den V-Stil, wesentlich mitgeprägt von Österreich und dem Visionär Innauer, aber auch andere Nationen waren nicht untätig, und der 16-jährige Finne Toni Nieminen gewann so die Vierschanzentournee und Olympiagold in Albertville auf der Großschanze. Umso bemerkenswerter, dass das zweite Olympiagold auf der Normalschanze an den Routinier Ernst Vettori ging, der es als erster etablierter Springer geschafft hat, einen Titel in der alten und neuen Stilrichtung zu gewinnen. Weißflog folgte zwei Jahre später in Lillehammer.

Ich versuchte, nachdem ich bei der Olympiaqualifikation für Albertville gescheitert war, die Umstellung doch noch zu schaffen und begab mich mit meinem Vater nach der Skiflugveranstaltung in Oberstdorf auf selbige Anlage mit einem spektakulären Plan: Am Scheitelpunkt des Aufsprunghügels des Monsterbakkens baute ich eine zehn Zentimeter hohe Schneeschanze. Mit der entsprechenden Geschwindigkeit sollte es mir gelingen, vom Boden abzuheben, direkt in den steilen Teil des Aufsprungs einzutauchen und den Hang hinunterzugleiten. Zu dieser Zeit war das ein probates methodisches Mittel, die Flugphase zu simulieren. Man spürte unmittelbar nach dem Absprung den Staudruck unter den Skiern und konnte dadurch schnell versuchen, die erforderliche V-Gleitposition einzunehmen. Das alles war schon auf kleineren Schanzen, wo Sprünge auf 20 oder 30 Metern möglich waren, gemacht worden, aber niemals auf einer Flugschanze.

Ich war überzeugt von meinem Plan und nahm Anlauf direkt unter dem Schanzentisch dieser ehrfürchtigen Anlage, beschleunigte auf circa 70 bis 80 Stundenkilometer, hob auf dem kleinen, fast unsichtbaren selbst gebauten Schneehügel ab und glitt den immens steilen Aufsprunghang hinunter. Geschätzte 70 Meter Flug konnte ich genießen. Ich versuchte, meinen gewohnten Parallelstil ad acta zu legen und das neue Gefühl, die gespreizte Haltung der Skier, das sogenannte V, zu verinnerlichen. Der Sessellift brachte mich zügig wieder nach oben, und so konnte ich fünf, sechs Versuche in kürzester Zeit absolvieren. Am liebsten hätte ich jedes Mal gejuchzt in der Luft. Getragen von dem immer besser werdenden V-Stil und dem einzigartigen Gefühl mit einer besonderen Idee, weit abseits des Logischen und Vernünftigen, den Spirit eines ambitionierten Sportlers im Grenzbereich weiter auszubauen, genoss ich das Treiben. Vor meinem vermeintlich letzten Versuch stellte ich fest, dass meine Skispitze, verursacht von den harten Landungen auf eisigem Untergrund, einen Riss im Material aufwies. Euphorisiert von den vergangenen 90 Minuten dachte ich, dass die notwendige Stabilität für einen weiteren Flug ausreichend sei und stürzte mich ein letztes Mal ins Tal. Ich hob ab, und ein nie enden wollender Gleitflug in meinem neuen Stil endete mit einer Landung, bei der es mir plötzlich, wie von Geisterhand, ein Bein nach hinten zog. Ich überschlug mich auf dem eisigen Untergrund mehrmals und verlor beide Skier, die damals noch mit der 40 Jahre alten Kabelzugbindung an den Füßen befestigt waren. Dabei spürte ich einen stechenden Schmerz, der auch nicht wegging, als ich nach einer schier endlosen Rutschpartie endlich zum Stillstand kam. Beim Versuch aufzustehen knickte mein Knie weg, und ich fiel gleich wieder hin. Mein Vater eilte herbei, und auf seine Schultern gestützt versuchte ich, das Auto zu erreichen. Ich hatte meinen Ausflug teuer bezahlt. Was für ein Wechselbad. Der Tag hätte mein Neustart in die V-Stil-Ära sein sollen. Stattdessen kam ich wegen eines Materialdefektes beim Versuch, mich in Siebenmeilenschritten den etablierten Stars der Szene anzunähern, zu Sturz und zog mir die erste (und einzige) schwere Verletzung in meiner Skisprungkarriere zu.

Im Krankenhaus in Oberstdorf angekommen erhielt ich nach allen Untersuchungen und einer schlaflosen, schmerzgeplagten Nacht die Diagnose Kreuzbandriss, Innenbandriss, Meniskusschaden. Der Plan der Ärzte war niederschmetternd: in 10 bis 14 Tagen Operation, dann sechs Wochen Gips. Zum Glück hatte ich einen rührigen Vater, der seine Kontakte spielen ließ, und ich kam zu Dr. Schenk ins Montafon, wurde am gleichen Abend noch operiert, saß fünf Tage später schon wieder auf dem Ergometer und wurde in den Therapiealltag überführt. Diese Diskrepanz in Diagnose und Nachbehandlung ist mir bis heute schleierhaft und steht für mich immer noch als Synonym der Mehrklassengesellschaft im Gesundheitssystem.

Tatsächlich erholte ich mich, trotz nicht perfekter Rehabilitation, im angekündigten Zeitfenster und kehrte ins Wettkampfgeschehen zurück. Langsam begann ich allerdings zu spüren, dass man nicht mehr unweigerlich auf mich zählte. Das neue Trainerteam setzte auf die Jugend, da war man als 23-Jähriger schon am Abstellgleis.

Aufgrund eines Sturzes von Heinz Kuttin wurde ich dann aber ganz kurzfristig doch noch für das Springen zu Saisonbeginn in Oberwiesenthal nachnominiert. Das Problem war nur, dass der Mannschaftsbus schon unterwegs war und ich die siebenstündige Autofahrt selbstständig absolvieren musste. Dank meiner Eltern und der schlechten öffentlichen Erreichbarkeit des Kleinwalsertals war ich schon früh in den Genuss eines eigenen Autos gekommen, und so brach ich nun gegen Abend alleine mit meinem Ford Escort auf. Das Wetter war miserabel, und der Nebel wurde immer dichter. Kurz vor der tschechischen Grenze sah ich keine zehn Meter weit, und die Schneewände flößten mir Angst ein. Mit einem mulmigen Gefühl fuhr ich im Schneckentempo weiter, und als dann plötzlich ein Schlagbaum quer zur Straße hereinragte, war ich wirklich erleichtert, obwohl der Zöllner äußerst mürrisch war. Nach abenteuerlichen sieben Stunden kam ich weit nach Mitternacht im Mannschaftshotel an. Die verantwortlichen Trainer empfingen mich ähnlich dem tschechischen Zöllner – glücklich waren sie mit meiner Nachnominierung nicht.

Das Wettkampfwochenende war eines der bemerkenswertesten, das ich in meinem Leben durchlaufen habe. Ich kam vom ersten Sprung weg gut mit der Schanze zurecht, hatte wieder richtig Freude beim Skispringen. Meine Trainer setzten mich in die erste Startgruppe – dort starten immer die Schwächsten – obwohl meine Trainingsleistungen auf mehr hindeuteten. Auch das konnte nicht verhindern, dass ich in dem international ordentlich besetzen Feld zweimal Zweiter wurde, geschlagen nur von meinem Landsmann Franz Neuländtner. Dies hatte wiederum zur Folge, dass ich gemäß Absprache für das Weltcupspringen in Sapporo nominiert werden musste.

Die beiden Trainer beorderten mich nach dem Wettkampf in ihr Zimmer und teilten mir wenig begeistert diese Entscheidung mit. Vom Ausgebooteten zum Weltcupstarter. Innerlich zutiefst befriedigt und zugleich ernüchtert von der Gesamtsituation, trat ich die Heimreise wieder ganz alleine in meinem Auto an und schwor mir auf der langen Autofahrt, dass ich derartige Situationen einfühlsamer und respektvoller lösen würde, sollte ich einmal Trainer werden. Trotz Euphorie fühlte ich mich gedemütigt.

In den Folgejahren pendelte ich zwischen Kontinentalcup und Weltcup. Namen wie Weißflog, Goldberger, Sakala und Bredesen dominierten die Szene. Alles Sportler, die bedeutend kleiner und dadurch auch leichter waren als ich. Die letzten drei lieferten sich ein packendes Finish, und ich konnte bewundern, wie aggressiv sie mit überlangen Skiern das Luftpolster suchten und die sensible erste Flugphase überbrückten.

Instinktiv spürte ich, dass es mit meiner Statur nahezu unmöglich war, eine derartige Technik zu springen, die Gesetze der Physik waren nicht außer Kraft zu setzen. Zweifel kamen auf, und der schleichende Prozess begann, der Karriere als aktiver Skispringer Adieu zu sagen und sich vermehrt auf die Ausbildung zu konzentrieren. Ich war tief im Herzen gar nicht traurig. Die Bühne gehörte nun Funaki, Goldberger und anderen, und ich akzeptierte das. Auf keinen Fall wollte ich jungen Talenten einen Startplatz wegzunehmen. Ich hatte meine Zeit gehabt mit tollen Momenten und wundervollen Reisen, die man normalerweise in diesem Alter nicht machen kann. Ich hatte interessante Teamkollegen, die teilweise zu Freunden geworden sind, und tolle Trainer, die mir bei der Entwicklung meiner Persönlichkeit geholfen haben.

Bei einem der inzwischen raren Besuche im Kleinwalsertal informierte ich meine Eltern von meinem Plan. Meine Mutter, aber auch mein Vater, der unzählige Stunden und Tage mit mir an der Schanze verbracht hatte, reagierten gelassen und verständnisvoll. Da war es wieder, dieses Urvertrauen. Ich durfte immer meinen Weg gehen, wurde liebevoll unterstützt und gefördert, aber niemals gedrängt. Mit einer Selbstverständlichkeit ließ man mich gewähren und gestalten. Manchmal frage ich mich, ob mehr Druck etwas gebracht hätte. Vielleicht hätte ich das eine oder andere Heimtraining konsequenter absolviert.

Vielleicht hätte ich mich mit einer gesünderen Ernährung, die für einen Skispringer essenziell ist, meinem Gewichtsoptimum eher genähert. Trotzdem: Eigene Erfahrungen machen zu dürfen und Eigenverantwortung zu übernehmen schärft die Persönlichkeit. Fehler machen zu dürfen und dafür geradezustehen beziehungsweise im Zweifelsfall aufgefangen zu werden macht mutig und frei. Für das alles bin ich sehr dankbar.

Warum ich Trainer werden und Menschen entwickeln wollte

Jugendsportmultiplikator –
Arturo Hotz, der Mann, der uns das Denken lehren will –
Rückkehr nach Stams – Erste Erfolge und Mentor Liss –
Gereift angreifen mit der nächsten Generation – Papa sein hilft –
Schlieri, das Jahrhunderttalent – Verbessern oder gut sein
lassen – Endlich Weltmeister – Die Sache im Blick –
Anruf aus der Schweiz – Die meinen das ja ernst –
»Eine Medaille machen ist doch kein Problem« –
Zäsur in Deutschland – Als junger Österreicher privilegiert
zwischen den Stühlen – Die innere Zerrissenheit und der
hartnäckige Hüttel – Das Brechen von Grundsätzen –
Mit Naivität ins Abenteuer

Eigentlich hatte ich nie einen klaren Plan gehabt, was ich außer dem Skispringen beruflich machten wollte. Lehrer zu werden war zwar auch nicht ganz oben auf meiner Prioritätenliste gewesen, aber es erschien mir als eine vernünftige Basisausbildung, mit der man sich eventuell auch in der freien Marktwirtschaft behaupten konnte. So war ich beim Studium Psychologie/ Philosophie/Pädagogik gelandet, und das hatte ja immerhin auch einen Bezug zum Sport. Kaum war die Skispringerkarriere beendet und das erste Vorlesungsbündel in Psychologie zusammengestellt, klingelte in meiner Studenten-WG das Telefon. Am anderen Ende der Leitung war Toni Innauer, zu diesem Zeitpunkt Sportdirektor des österreichischen Skiverbandes. Die österreichische Bundesregierung wolle den Sport intensiver unterstützen und rief dafür eine erstklassige Zusatzausbildung ins Leben. Das Projekt hätte den klingenden Namen Jugendsportmultiplikatoren/Nachwuchstrainerakademie. Mit dem Begriff konnte ich nichts anfangen, aber ich zeigte mich interessiert. Innauer erklärte mir, dass es hier um eine Zusatzausbildung, gepaart mit Praxiserfahrung in Form einer Projektbetreuung gehe. Der Haken an der Sache war: Ich musste zu einem Hearing nach Obertraun und mich »qualifizieren«.

Eine völlig neue Welt für mich als Vollblutsportler, der bis vor Kurzem noch alle möglichen Schanzen dieser Welt bezwungen hatte. Typen in Anzug und Krawatte und ein förmlicher, eher steifer Umgang miteinander. Ich wanderte von Tisch zu Tisch beziehungsweise von Raum zu Raum und musste diverse Fragen beantworten. Ein Professor fragte mich, was denn so mein Ziel sei als Trainer. Ziel als Trainer? Darüber hatte ich mir noch nie den Kopf zerbrochen. Ich war mir ja nicht einmal im Klaren, ob ich überhaupt Trainer werden wollte. Was möchte der Mann wohl von mir hören? Was muss ich antworten, um das Hearing zu bestehen?

»Nationaltrainer«, antwortete ich stolz.

»Nur Nationaltrainer?«, sagte der Professor und hielt mir einen Vortrag über die Besonderheit dieser Ausbildung und welche Möglichkeiten uns da geboten würden. Das verlange natürlich auch außergewöhnliches Engagement.

Geknickt ging ich nach Hause und erzählte Toni Innauer, das sei wohl nicht das Richtige für mich und ich wäre im Hearing vermutlich durchgefallen, nichtsahnend, dass ich hier in der Sportpolitik angekommen und meine Aufnahme in das Projekt eine abgekartete Sache war. Denn der österreichische Skiverband, als einer der mächtigsten Verbände in Österreich, hatte das Recht, Leute in dem Projekt zu platzieren, und entschied letztlich über die Auswahl.

Also absolvierte ich, obwohl ich maximal Nationaltrainer werden wollte, neben meinem Studium eine Zusatzausbildung in Sachen Nachwuchstraining, die mich zum bestausgebildetsten Skisprungtrainer Österreichs machen sollte.

Einer der Professoren, die uns ständig begleiteten auf unseren Seminaren, war Arturo Hotz. Ein kleinwüchsiger Schweizer Querdenker, der europaweit Vorträge hielt und als Koryphäe in Sachen Bewegungslernen und Koordination galt. Seine Impulsreferate waren interessant und unterhaltsam, aber auch anstrengend, glitt er doch immer wieder ins Philosophische ab. Es rumorte unter uns Praktikern, klang doch vieles auf den ersten Blick abgehoben und beinahe ein wenig weltfremd. Einmal hatte ich die Möglichkeit, mit ihm unter vier Augen an der Bar entspannt zu plaudern, und ich nützte die Gelegenheit, ihm die Stimmung in der Gruppe wiederzugeben. Wenn mich etwas störte, konfrontierte ich mein Gegenüber und nahm kein Blatt vor den Mund. Er reagierte erstaunlich gelassen und sagte fast ein wenig mitleidig zu mir: »Weißt du, Werner, mein Ziel ist es nicht, euch Wissensinhalte zu vermitteln und Rezepte zu liefern. Mein Ziel ist es, euch das Denken zu lehren!«

Wir sollten also lernen zu denken? Dieser Satz sollte mich eine Weile beschäftigen. Vieles, was ich in diesen drei Jahren speziell von Arturo lernte, begriff ich erst später, als das Seminar schon beendet war. Viele seiner Ansätze, die im ersten Moment abstrus wirkten, kamen mir zu einem verspäteten Zeitpunkt wieder ins Gedächtnis, und erst dann begriff ich die Zusammenhänge. Einer seiner Leitsätze war, dass wir uns im Spannungsfeld zwischen Sicherheit und Freiheit befinden. Das Bild mit den Spannungsfeldern verwende ich heute noch oft. Schade, dass Arturo so früh verstorben ist. Ich hätte gerne 20 Jahre später mit ihm bei einem Glas Wein einen Rückblick auf diese spannende Zeit und auf das Gelernte, das mich nachhaltig prägen sollte, gemacht.

Teil meiner Ausbildung war es, eine kleine Trainingsgruppe im Raum Seefeld zu betreuen, wo ich mich um skispezifische Ergänzungseinheiten in der Skihauptschule Neustift kümmerte. Dies ermöglichte mir einerseits, moderne Aspekte des Trainingsprozesses zu erproben, und mir gleichzeitig meine ersten Sporen im spezifischen Arbeiten mit jungen Skispringern zu erarbeiten. Meine Skisprungtruppe war ein bunter Haufen, von mir einmal liebevoll »das gallische Dorf« genannt. Das Leistungsgefälle war enorm und für einen ehemaligen Sportler, der bis vor Kurzem noch im Weltcup mit den Besten der Besten agiert hatte, eine harte Probe, sich auf diese grundlegenden Probleme der motorischen Ansteuerung einzulassen. Schlussendlich waren es die weniger talentierten Schüler, die bei mir den größten Lernprozess entfachten. Ich war gezwungen, mich hineinzufühlen in Schwierigkeiten, deren Lösungen mir selbstverständlich erschienen. Ich war gezwungen, methodische Schritte zu entwickeln für Bewegungsfolgen, die begabte Sportler instinktiv zu lösen imstande sind. Ich war wieder angekommen an der Basis meines Sportes und lernte das Skispringen von der Pike auf neu.

1998 standen die Abschlussprüfungen der Diplomtrainerausbildung an, und ich näherte mich dem Ende meines Studiums, als sich ein weiterer nahtloser Übergang in meinem Leben abzeichnete. Im Schigymnasium Stams wurde eine Trainerstelle frei, und ich war erste Wahl. Ich war modern ausgebildet, voll motiviert und »überfällig«, mein Wissen anzubringen, dennoch war es nicht selbstverständlich, in diesen erlesenen Kreis aufgenommen zu werden. Das Studium sollte auch nebenbei beendet werden können.

In Stams gab es zu diesem Zeitpunkt ungefähr 35 Springer und 5 Trainer. Man arbeitete in Kleingruppen, und das System war von großem Vertrauen und Wertschätzung geprägt. Der Trainer bekam eine Altersgruppe zugeteilt, mit der er vier oder fünf Jahre arbeiten durfte und dadurch die Möglichkeit bekam, einen systematischen Aufbau durchzuziehen. Viele talentierte junge Burschen, unter anderem Andreas Kofler, und ein außergewöhnlich begabtes Mädchen namens Daniela Iraschko meldeten sich in diesem Jahr zur Aufnahmeprüfung an.

Im September 1998 war es dann endlich so weit. Auftaktsitzung, Organisatorisches, Sonstiges und dann ging es zum Sportplatz. Ich fragte noch den sportlichen Leiter Paul Ganzenhuber, ob ich ihm täglich oder wöchentlich berichten müsse über meine Vorhaben, worauf er erwiderte:»Werner, du bist vom heutigen Tag an für die konditionelle und technische Entwicklung dieser Gruppe verantwortlich. Ich stehe dir bei Fragen gerne zur Verfügung und werde dir auch mal über die Schulter schauen, aber du hast mein volles Vertrauen.« Mit offenem Mund nahm ich die Aussage zur Kenntnis und machte mich ans Werk. Einerseits freute ich mich über die Vorschusslorbeeren, andererseits beängstigte mich die Situation. Ich war für das Schicksal der hoch motivierten Talente, die alle mit großen Plänen nach Stams gekommen waren, verantwortlich. Jeder und jede wollte ihre sportlichen Träume verwirklichen, die nicht gerade klein waren, und ich sollte der Türöffner sein.

Die ersten Tage waren akribisch durchgeplant, und der Enthusiasmus war groß. Alle waren mit Begeisterung dabei, und es herrschte eine positive Dynamik. Ich gewann schnell das Vertrauen und damit auch Selbstvertrauen. Es dürfte der vierte oder fünfte Trainingstag gewesen sein, als ich mich nach einer weiteren gelungenen Trainingseinheit in mein Auto setzte und die halbstündige Heimreise nach Innsbruck antrat. Gedankenversunken und zutiefst zufrieden rekapitulierte ich die Tage und dachte mir: »Das ist ja genau das, was du schon immer machen wolltest.« Ich war angekommen in meinem Traumjob, ohne bewusst jemals darauf hingearbeitet zu haben.

Ich schrieb keine Stunden auf. Ich rechnete keine Zusatzleistungen ab. Ich kannte keine Sperrstunde. Ich telefonierte auch nachts, wenn es notwendig war. Ich hatte nur das Projekt und meine Verantwortung im Auge, und danach richtete sich mein Einsatz. Meine Arbeit war es, elf jungen Menschen dabei zu helfen, ihren sportlichen Traum zu verwirklichen, und diese Verantwortung nahm ich wahr. Das Schöne war, es kam mir nicht wie Arbeit vor. Trainer am Schigymnasium war nicht mein Beruf, sondern meine Berufung.

Praktischerweise konnte ich mich bei den ersten Trainingslagern mit meinem Kollegen Alois Lipburger, dem Liss, meinem Lieblingstrainer aus vergangenen Tagen, zusammentun. Liss war nach Jahren der Absenz und der beruflichen Umorientierung wieder ins Trainergeschäft eingestiegen und übernahm die erste Klasse der nordischen Kombinierer. Ich hatte fast ein schlechtes Gewissen, dass es mir als Rookie vergönnt war, die Skispringer zu trainieren, und mein Mentor in der Sparte Nordische Kombination gelandet war, aber fachlich gesehen wäre es umgekehrt nicht gegangen.

Ich nutzte jede Gelegenheit, mich mit ihm auszutauschen und mir Tipps zu holen. In meinen Ausbildungsjahren hatte ich jede Menge Tools in meinem Rucksack angehäuft, aber mir fehlte noch das Gespür, wann ich was am besten einsetzen sollte. Die Wirkungsweisen und Lernkurven der Sportler hatte ich noch nicht im Gefühl und war, wie die meisten Anfänger meiner Zunft, übermotiviert und ungeduldig. Nichtsdestotrotz stellten sich auch schnelle Erfolge ein, und eines Tages saß ich mit Liss auf der Terrasse des Bundessportheims in Faak am See und erzählte ihm begeistert von meinen Erlebnissen und Gedanken. Christian Nagiller, später Weltcupsieger, hatte sich in wenigen

Gute Freunde: Alois Lipburger, genannt Liss (links) und Toni Innauer (rechts)

Wochen zur Nummer eins in meiner Trainingsgruppe aufge-
schwungen, und ich bildete mir ein, ihm mit ein paar Kniffen
dorthin verholfen zu haben. Liss war die Entwicklung von Nagiller nicht verborgen geblieben, und er schlüpfte wieder in die
alte Trainerrolle, indem er mir väterlich mitteilte: »Werner, du
kannst was!«

Das war für mich wie ein Ritterschlag, motivierte mich ungemein für die kommenden Aufgaben und brachte mir ein weiteres Stück mehr Selbstsicherheit.

Der Winter stand vor der Tür, die Wettkampfsaison begann.
Auch wenn man sich für alle nur das Beste wünscht: Perfor-
mance auf den Punkt zu bringen ist wieder eine eigene Qualität,
und leider kann nicht jeder gewinnen. In der Realität ist man
prozentuell eher von Enttäuschten umgeben als von glücklichen
Siegern. Die Selektion ist gnadenlos. Hier war ich als Psychologe
gefragt und schrieb mir auf die Fahnen, keinen zurückzulassen.
Nach einem Wettkampf brauchen einen vor allem die Verlierer,
für die Sieger ist die Welt ohnehin in Ordnung.

Diese Situation forderte mich. Ich musste anerkennen, dass es auch mit dem größtmöglichen Einsatz nicht realisierbar war, aus allen Sieger zu machen. Die Sportler Woche für Woche zu trösten und den Eltern die Situation hoffnungsvoll und respektvoll, aber auch mit der notwendigen Portion Realismus darzulegen, verlangte mir als Jungtrainer alles ab.

Ich war noch nicht einmal ein halbes Jahr im Amt, schon musste ich mein Motiv überdenken. Meine Aufgabe war es, den Talentiertesten und Motiviertesten die Möglichkeit zu eröffnen, eines Tages Weltklasseleistungen zu erbringen. Der Prozentsatz der »Gescheiterten« liegt allerdings bei weit über 90. Wenn es also gelingt, pro Jahrgang österreichweit tatsächlich einen Sportler an die Spitze zu führen, dann kann man sich schon glücklich schätzen.

Auch wenn ich sogar mehrere Jahre im Weltcup gesprungen war, als Sportler war ich im engen Sinne auch ein Gescheiterter, aber ich fühlte mich nicht so. Mein Leben hatte Inhalt, und ich genoss es zu reisen und auf meinem Level Erfolgserlebnisse zu feiern. Viele Freundschaften bauten sich über die Jahre auf, auch internationale, und gerne erinnere ich mich an das eine oder andere Erlebnis aus dem Sportlerleben zurück. Kollegen, die eine Stufe früher scheiterten, erlebten Vergleichbares. Der Sport lehrt dich Demut und Disziplin. Man lernt den Umgang mit Druck und Wettkampf, Frust und Scham. Elemente, die einem im späteren Leben auf irgendeine Art und Weise wieder begegnen. Natürlich gibt es auch Frustrierte, die nur mehr ungern über die Sport- und Ausbildungszeit sprechen. Meist hat das aber einen direkten Zusammenhang mit dem Umgang der Vertrauensperson Trainer und dem notwendigen Verständnis und Respekt, der in diesen Fällen gefehlt hat.

Hier galt es anzusetzen. Ich nahm mir vor, so zu arbeiten, dass meine Sportler zu mir sagen: »Trainer, es war eine coole Zeit in Stams!«, wenn ich sie nach vielen Jahren wieder treffen würde.

Respektvoller, einfühlsamer und vertrauensvoller Umgang einerseits, aber auch die notwendige Disziplin und Konsequenz, um den Begabtesten ein Weiterkommen zu ermöglichen. Mit anderen Worten: jeden an sein persönliches Limit führen!

Das erste Jahr verging wie im Flug, drei meiner Jungs stiegen in den C-Kader auf, und ich wurde vom österreichischen Skiverband mit der Gesamtleitung dieser Nachwuchsmannschaft beauftragt. Die Leistungsdichte war enorm, und wir dominierten die Nachwuchsserie, den Alpencup, nach Belieben. In den Vereinen wurde gute Grundlagenarbeit geleistet, wir hatten eine sensationelle Dynamik im Trainerteam, die sich auf die Sportler übertrug, und führten sie Schritt für Schritt an die Weltklasse heran. Auch meine erste Junioren-Weltmeisterschaft wurde ein Triumph. Mit dem erfahrenen Trainerkollegen Harald Haim an meiner Seite gewannen wir Teamgold, und wäre das Einzelspringen nicht wegen Wetterkapriolen abgesagt worden, hätte es noch mehr Medaillen für Team Rot-Weiß-Rot gegeben.

Der Trainerjob beseelte mich und war meine Berufung. Ich wollte etwas bewegen und etwas vermitteln. Genau so, wie ich es erfahren durfte. Mein Anspruch war, meine Sportler besser zu machen und ihnen eine erfüllte und gewinnbringende Zeit zu ermöglichen. Ihnen Orientierung zu geben und Werkzeuge fürs Leben zu vermitteln. Jeden bestmöglich zu begleiten und die Erfahrung machen zu lassen, mit einem guten Konzept und hoher Willenskraft Berge versetzen zu können. Grenzerfahrungen zu machen und trotzdem Sicherheitsstandards einzuhalten.

2001 hatte ich zwar endlich neben dem Job mein Studium beendet, aber das Jahr 2001 brachte nicht nur Sonnenschein. Liss war inzwischen zum Cheftrainer der österreichischen Skispringer aufgestiegen und verunglückte auf der Heimfahrt vom Weltcupspringen in Willingen tödlich. Die Beisetzung in Stams in der Basilika war ein herzzerreißender Moment. Tausende Leute waren gekommen, um sich von einem weit über die Sportgrenzen beliebten und geschätzten Menschen zu verabschieden. Er hatte also nicht nur bei mir tiefe Spuren hinterlassen. Mein Trainerdasein ist stark von ihm geprägt, und darauf bin ich stolz.

Die Geburt meines ersten Sohnes Jonas im Sommer 2003 veränderte mein Leben enorm. War ich bisher in meiner Sportblase gefangen und lebte in engen Leitplanken meine Emotionen aus, brachte die Geburt und dabei speziell die gemeinsame Zeit mit meiner Frau Annika im Krankenhaus eine bisher unbekannte Intensität an Gefühlen hervor. Das Wunder Leben relativierte so manches bisher Erlebte. Die neue Verantwortung und Gewichtung in meinem Leben sollte sich auch positiv auf mein Trainerdasein auswirken. Situationen im Traineralltag, die mir extrem bedeutsam erschienen und mich zur Weißglut gebracht hatten, verlangten mir immer öfter ein Lächeln ab. Ich bekam ein besseres Gefühl durch mehr innere Gelassenheit, wann es sich lohnte, sich über etwas aufzuregen. Mein Fanatismus und meine Begeisterung für das Skispringen blieben mir erhalten, aber ich betrachtete die Menschen, mit denen ich arbeite, aus einem leicht veränderten Blickwinkel.

Im Jahr 2005 stießen zwei äußerst begabte Athleten des Jahrgangs 1990 zu meiner Trainingsgruppe in Stams: Mario Innauer und Gregor Schlierenzauer. Beide kannten sich seit ihrer Anfangszeit im Verein Innsbruck Bergisel, waren freundschaftlich miteinander verbunden und pushten sich gegenseitig zu Höchstleistungen. Sie dominierten ihre Altersklasse nach Belieben und hatten mein C-Kader-Team schon punktuell verstärkt, obwohl altersgemäß im Alpencup noch gar nicht startberechtigt. Während Mario Innauer mit einer soliden Grundtechnik, hohem athletischen Potenzial und einer enormen Willensstärke auffiel, punktete Gregor Schlierenzauer mit einer sehr feinen technischen Klinge und einem enormen Fluggefühl. Aus sportlichem Elternhaus, mit einem Vater, der gerne selber die österreichische Alpinszene als Athlet bereichert hätte, die Mutter eine warmherzige Frau, die die sportlichen Ambitionen des Kindes mit Feingefühl und gutem Instinkt unterstützte. Der Onkel ein ehemaliger Spitzensportler und Ratgeber im Hintergrund. Aufgewachsen im damals erfolgreichsten Verein Österreichs, dem SV Innsbruck Bergisel mit einem außergewöhnlich guten Schülertrainer Markus Maurberger. Zudem bekam er die eine oder andere Zusatztrainingseinheit von Toni Innauer, der früh erkannte, dass die Symbiose von Gregor und seinem Sohn Mario eine klassische Win-win-Situation sein konnte.

In den ersten Entwicklungsjahren gab es keinerlei Leerlauf in der Karriere von Gregor Schlierenzauer. Er lernte sofort die richtige Technik und wurde altersgemäß gefordert und gefördert. Körperlich und entwicklungsmäßig ein wenig hinter Mario Innauer, musste er das technisch kompensieren, um in der Pubertät Schritt halten zu können.

Diese beiden Sportler verstärkten nun meine Trainingsgruppe, und wir entfachten eine Dynamik, die ihresgleichen suchte. Ich fühlte mich sehr geehrt, die Verantwortung für diese beiden zusätzlich übernehmen zu dürfen. Gleichzeitig war es eine heikle Mission, den Sohn des Sportdirektors und den gut behüteten und von Onkel und Vater kompetent und kritisch begleiteten Gregor Schlierenzauer zu trainieren.

Zu beiden hatte ich sehr schnell einen guten Draht, und der Alltag lief problemlos. Mit Arthur Pauli, dem Juniorenvizeweltmeister von 2005, Thomas Thurnbichler und Andreas Strolz hatte ich weitere Hochkaräter in meiner kleinen Truppe, die jedes andere Team der Welt verstärkt hätten. Diese Dynamik galt es zu moderieren, um keine unnötigen Reibungsverluste zu erzeugen.

Die Sommervorbereitung machte richtig Spaß, und wir kamen gut voran. Bei Gregor musste ich manchmal innehalten, weil er technisch so ausgereift war und ich vor der Frage stand: Sollte man dem technischen Idealbild nacheifern oder Individualität zulassen?

Ich war kein Traineranfänger mehr, und meine Theorien hatte ich mehrfach erprobt und erfolgreich angewendet. Ein junger Sportler mit einem derart hohen Grundniveau war mir bis zum damaligen Zeitpunkt noch nicht untergekommen, und ich wollte Gregor schließlich nicht schlechter machen. Oft bin ich wach im Bett gelegen und habe gegrübelt, ob ich weiter offensiv meinen Überzeugungen folgen oder eher defensiv das Vorhandene pflegen sollte. Ich spürte die Verantwortung und trug sie in einem unsichtbaren Rucksack mit mir herum.

Schlussendlich entschied ich mich, weiterhin mutig und offensiv seine schon ausgezeichnete Technik weiter zu verfeinern und schreckte auch vor kleinen Veränderungen nicht zurück. Mit einer klaren Vision im Kopf versuchte ich, ihn mit geschickten und ausgeklügelten Maßnahmen, speziell das Material betreffend, durch die Pubertät zu führen. Er war ein kluger und interessierter Athlet und hinterfragte jeglichen Schritt. Mit Transparenz und Klarheit zog ich ihn auf meine Seite und trieb die Entwicklung voran.

Zu Beginn der Wintersaison 2005/06 hatte Mario Innauer die Nase vorn, und wir standen nur noch drei Wochen vor der Junioren-Weltmeisterschaft in Kranj/Slowenien. Gregor, obwohl schon qualifiziert, haderte mit dem Rückstand und wurde ungeduldig. Er schob das Problem aufs Material und forderte Hilfe von mir. Er war ein schlanker Athlet und musste vergleichsweise kurze Skier springen, was sich als fehlende Tragfläche und Unterstützungsfläche im zweiten Flugdrittel bemerkbar machte. Ich hatte das Problem erkannt und schon die erforderlichen Schritte eingeleitet, forderte aber eine technische Verbesserung als Grundvoraussetzung ein. Nachdem er dies mehrmals trotzig ablehnte, kam es im Fernsehraum beim Videostudium zu einer härteren Auseinandersetzung, schlussendlich verließ er den Raum mit Tränen in den Augen.

Wir machten gerade in Schonach Station, und sein Kumpel Mario Innauer dominierte den Alpencup nach Belieben. Ich dachte, ich hätte das Vertrauen von Gregor nach der Diskussion des Vortags verloren. Umso erstaunter war ich über sein strahlendes Lächeln beim Frühstück – er sendete Signale, das Besprochene und am Vortag noch abgelehnte technische Detail entschlossen umsetzen zu wollen. Sein erster Sprung war grandios, und er fand sich nur knapp hinter seinem Konkurrenten Innauer wieder, und obwohl sein zweiter Sprung nicht dieselbe Qualität hatte, war ich unheimlich stolz auf ihn. Wieder hatte er feuchte Augen, aber das Erlebte hat unser Vertrauensverhältnis noch einmal gestärkt, und die Junioren-WM konnte kommen.

Mario Innauer war sich seiner sehr sicher und nahm immer seltener Hilfe von außen an, während Gregor mir vollends vertraute und die Kooperation Trainer–Athlet vorbildlich lebte. Gregor sprang wie von einem anderen Stern, hielt der Drucksituation stand, ließ sich in diesen emotional intensiven Momenten auch helfen und wurde Weltmeister. Mario belegte Platz sieben. Nachdem wir dann auch noch den Teamtitel gewonnen hatten, war ein neuer Star geboren. Gregor war Doppelweltmeister der Junioren mit 16 Jahren.

Im darauffolgenden Sommer war die Trainingsgestaltung sehr schwierig, weil Gregor, gestärkt durch die Erfolge, immer besser und die Lücke zum restlichen Team immer größer wurde. Praktischerweise trainierte er immer noch bei mir, weil der Schulalltag sich schwer mit dem Rhythmus der Profis vereinbaren ließ. Immer öfter tauchte Nationaltrainer Alexander Pointner bei uns im Training auf, um sich ein Bild von Gregor zu machen. Er wollte ihn für den Sommer-Grand-Prix in Hinterzarten nominieren. Ich machte klar, dass ich dem nur zustimmen würde, wenn ich das Gefühl hätte, dass er unter die besten 15 kommen

könnte. Schließlich war er erst 16 Jahre alt. Dass ein Nachwuchstrainer aufbegehrt, war neu im System und stieß Pointner sauer
auf. Er pochte auf die Hierarchie, aber harrte der Dinge.

Bei einem Trainingskurs im Juli war Franz Neuländtner,
langjähriger Rennservice-Betreuer der Skifirma Fischer, vor
Ort und beobachtete Gregor. Die Kluft zwischen ihm und dem
restlichen C-Kader war wieder einmal groß, aber ich war trotzdem nicht vollends zufrieden. Ich erzählte Franz, dass man von
oberster Stelle Gregor gerne zum Sommer-Grand-Prix mitnehmen würde und ich ihn nur unter den erwähnten Voraussetzungen freigeben wolle. Da schaute mich Franz verdutzt an und
sagte: »Werner, wenn der so springt, dann kommt er locker aufs
Podium in Hinterzarten.« Ungläubig nahm ich das zur Kenntnis
und gab den Athleten frei. Franz sollte recht behalten. Gregor
wurde mit 16 Jahren bei seinem ersten Auftritt bei den »Großen«
Dritter und düpierte den Großteil der Weltklasse.

Obwohl er kurz darauf in Courchevel sogar gewann, trainierte er im Herbst, dem Schulrhythmus geschuldet, wieder bei mir,
und ich bekam das Vertrauen der Skiverbandsführung, Gregor
auf den Winter vorzubereiten.

Wieder entstand eine harte Diskussion mit Nationaltrainer
Pointner, der Gregor unbedingt zum Weltcupauftakt in Kuusamo nominieren wollte. Ich argumentierte mit Unerfahrenheit und trainingstheoretischen Überlegungen. Zudem brachte
ich die unsichere Wettersituation in Finnland ein und dachte,
ich hätte mich durchgesetzt. Diesmal spielte Pointner aber die
Hierarchiekarte aus und forderte vehement ein Einlenken von
meiner Seite. Ich blieb trotzdem stur, denn mir war der Athlet
ans Herz gewachsen, und ich hatte zu viel investiert, um seine Karriere unter fragwürdigen Bedingungen leichtfertig aufs
Spiel zu setzen, und schlug als »Schiedsrichter« Sportdirektor
Innauer vor. Dieser folgte glücklicherweise meiner Argumentation und ich gewann Zeit, Gregor in Lillehammer bestmöglich

Gregor Schlierenzauer, mit 16 Jahren auf dem Gipfel

auf den Weltcupstart vorzubereiten. Nachdem auch eine letzte
Feinabstimmung mit dem Skimaterial erfolgreich verlief, reiste
ich entspannt nach Hause und freute mich schon auf das Weltcupspringen in Lillehammer, das ich mir zu Hause auf dem Sofa
ansehen würde. Mein Job war erledigt.

Gregor Schlierenzauer belegte in Lillehammer die Plätze eins
und drei und gewann bis zum Beginn der Vierschanzentournee
fünf Weltcupspringen. Ich durfte einen talentierten jugendlichen
Skispringer zwei Jahre formen und weiterentwickeln und mit
16 Jahren direkt in der Weltspitze abgeben. Das passiert nicht
allzu oft in einer Trainerkarriere. Zudem konnte ich für mich
verbuchen, immer den Athleten und die optimale sportliche
und persönliche Entwicklung im Auge behalten und nicht die
Eigen-PR in den Vordergrund gerückt zu haben.

Die Medien stürzten sich auf den Jungstar, und es war interessant und zugleich befremdend zu sehen, wer sich alles zu
Wort meldete und den Anspruch erhob, den entscheidenden An-

teil zu Gregors Erfolg beigetragen zu haben. Im doch sehr familiären Skisprungzirkus sprach sich international jedoch schnell herum, wo die Wurzeln dieser Entwicklung lagen. Schließlich platzierten sich in Bischofshofen beim Tourneeabschlussspringen, das Gregor gewann, mit Arthur Pauli und Mario Innauer zwei weitere Jungs aus unserer Trainingsgruppe in den Top 15.

Mitte Januar 2007 klingelte mein Telefon, und das Display wies eine Schweizer Telefonnummer aus. Am anderen Ende der Leitung war Gary Furrer, der Sportchef der Schweizer Skispringer. Er erzählte mir, dass der aktuelle Nationaltrainer Berni Schödler am Ende des Jahres sein Amt ruhend stellen werde und sie an mir als Nachfolger interessiert wären. Ich fühlte mich geschmeichelt, lehnte aber dankend ab. Ich hatte eine junge Familie und fühlte mich als Nachwuchstrainer in Stams privilegiert und pudelwohl. Furrer meinte, er würde sich zu einem späteren Zeitpunkt noch einmal melden.

Im März fuhren wir mit den restlichen Nachwuchssportlern meines Teams zur Junioren-WM-Vorbereitung nach Norwegen, als plötzlich wieder mein Handy mit der inzwischen bekannten Schweizer Nummer läutete. Gary Furrer wiederholte sein Anliegen, mich als neuen Cheftrainer zu gewinnen, und schlug ein Treffen mit mir vor. Ich war verdutzt ob der neuerlichen Offerte und musste erst einmal durchatmen. Schließlich war Doppelolympiasieger Simon Ammann nach einer längeren Durststrecke gerade frischgebackener Weltmeister in Sapporo geworden, und zudem gab es in diesem Team mit Andreas Küttel einen weiteren absoluten Weltklassespringer. »Die meinen es wirklich ernst«, schoss es mir durch den Kopf.

Zum ersten Mal hielt ich inne und überlegte ernsthaft, ob ich diese Möglichkeit leichtfertig ein zweites Mal ausschlagen konnte. Ich war 37 Jahre alt, hatte durch die Entwicklung von Gregor und dem Rest der Mannschaft das Selbstvertrauen, dass meine Theorien in der Praxis greifen, und fühlte mich voller Energie.

Das Gefühl, den Wechsel in die Schweiz vollziehen zu müssen, wurde immer stärker. Zudem gab es die Möglichkeit, sich in Stams karenzieren zu lassen. Meine Lust war groß und das Risiko überschaubar. Jetzt galt es, die Sache kommunikativ anzupacken. Die erste Station war natürlich meine Familie. Meine Frau hatte Bedenken, schließlich hatten wir im Frühjahr 2006 unseren zweiten Sohn Jannik bekommen, und sie wollte natürlich keine alleinerziehende Mutter sein, auch Jonas war noch keine vier Jahre alt. Doch schon als Nachwuchstrainer war ich ja viele Wochenenden unterwegs gewesen, und so konnte ich sie zum Glück überzeugen, vor allem auch mit dem Argument, dass es ohnehin nur drei Jahre sein würden.

Im Nachhinein betrachtet habe ich meiner Familie viel zugemutet, vielleicht sogar zu viel. Aus drei Jahren wurden schließlich zwölf, und wenn man bedenkt, dass beide Großeltern, die fantastisch mitgearbeitet haben, nicht einmal in einem Umkreis von zwei Stunden wohnen, dann kann man sich vorstellen, wie oft meine Frau alleine war und die Gesamtsituation mit zwei kleinen Kindern geschultert hat.

In der Schweiz wurde ich sehr nett aufgenommen und hatte schnell das Gefühl, die richtige Entscheidung getroffen zu haben. Die mediale Einführung meiner Person mit über 20 Journalisten übertraf meine Erwartungen, und daran konnte man auch ablesen, welchen Stellenwert sich Küttel und Ammann unter der Leitung meines Vorgängers Berni Schödler in den Vorsaisonen erarbeitet hatten.

Mit Andreas Küttel war ich schon auf der einen oder anderen Schanze dieser Welt ins Gespräch gekommen, aber Simon Ammann war für mich bisher nicht greifbar gewesen. Medial hatte ich seine Erfolge und sein Auftreten verfolgt, seine Medaillengewinne bewundert, aber in letzter Konsequenz keine weiteren Informationen über ihn. Umso neugieriger war ich auf unser erstes Treffen. Unkompliziert und offen trat er mir entgegen und erzählte viel Persönliches. Bei der Frage nach seinen Zielen und Träumen traute ich meinen Ohren kaum: »Ich würde so gerne mal eine ganze Saison konstant durchspringen, um eine Chance auf den Gesamtweltcup zu haben, aber das fällt mir unheimlich schwer. Weißt du, bei einem Großereignis die Leistung auf den Punkt zu bringen ist für mich nicht so schwer, aber von November bis März die Leistung abrufen bereitet mir Mühe.«

Ich kippte fast aus den Schuhen. Träumte doch die ganze Welt davon, einmal eine Medaille bei einem Großereignis zu machen, saß hier ein Doppelolympiasieger und Weltmeister vor mir, der dies als weniger schwierige Übung beschrieb, den aber andere Limits bei der Leistungsentfaltung beschäftigten.

Ich fühlte mich auf dem Prüfstand als Trainer, erwartete er sich doch eine Perspektive, um dieses Problem zu lösen. Schließlich wollte er sich mit dem neuen Trainer weiterentwickeln. Ich atmete einmal tief durch und erläuterte ihm in ruhigem und sachlichem Ton einen technischen Lösungsansatz. Aus der Ferne habe ich das Gefühl, dass seine Sprungtechnik mental und physisch sehr anspruchsvoll sei und kein Mensch der Welt in der Lage wäre, über vier Monate den erforderlichen Frischelevel aufrechtzuerhalten, sodass Einbrüche vorprogrammiert seien. Die Antwort stellte ihn zufrieden, und die Arbeit konnte beginnen.

Das Jahr in der Schweiz war in Summe für mich ein Lernjahr im Weltcup. Meine Vision war es, ein Team rund um die beiden Topstars aufzubauen. Ich musste jedoch sehr bald erkennen, dass man zwar in Österreich in puncto Nachwuchsrekrutierung aus dem Vollen schöpfen konnte, es hier aber ungleich schwieriger war, den Anschluss an die Elite herzustellen. Weiters war ich damit konfrontiert, dass im Weltcup ein rauer Umgangston herrschte und das Materialthema ein viel dominanteres ist als in der Jugendausbildung, wo doch der Mensch im Mittelpunkt der Entwicklung steht. Leistungsmäßig konnte ich Ammann und Küttel im etablierten Kreis der Top Ten halten, aber die erhoffte

Weiterentwicklung der beiden blieb aus. Die Anschlussleistungen, insbesondere von Guido Landert, hatten sich verbessert, aber das interessierte die Medien wenig, und ich sehnte das Saisonende herbei.

Nahezu zeitgleich spürte man eine enorme Unruhe im deutschen Team. Nach erfolgsverwöhnten Jahren unter Trainer Reinhard Hess und den Vorzeigeadlern Martin Schmitt und Sven Hannawald klaffte zwischen Anspruch und Wirklichkeit schon seit geraumer Zeit eine Lücke, die im Laufe der Jahre größer statt kleiner wurde. Bei der Skiflug-Heim-WM in Oberstdorf war man von den Medaillen sehr weit weg, was die Verantwortlichen für eine Zäsur nutzten. Alle im Skisprungzirkus, insbesondere die breit gefächerte mediale Seite, warteten gespannt, was der Deutsche Skiverband für Maßnahmen ergreifen würde, um in Zukunft wieder zu den Sieganwärtern zu gehören. Schließlich war der deutsche Markt enorm wichtig, und von einer funktionierenden deutschen Skisprungmannschaft würden wiederum alle profitieren. Startrainer wie Toni Innauer, Mika Kojonkoski oder Tommi Nikunen standen auf der Spekulationsliste ganz oben.

Da aber just in diesem Jahr wegen des kurzfristig gescheiterten Fernsehvertrags mit dem Privatsender RTL Millionen in der Kassa fehlten, beauftragte man Horst Hüttel mit der sportlichen Leitung der Skisprungmannschaft. Hüttel hatte sich in der Nordischen Kombination einen Namen gemacht und überzeugte die Verantwortlichen mit einem hohen Sachverstand und außergewöhnlichem Engagement.

Hüttel würde ich als einen langjährigen, grenzüberschreitenden Freund und Kollegen bezeichnen. Wir waren in den 80er-Jahren als Schüler schon gegeneinander gesprungen, hatten uns später als Trainer wiedergetroffen und uns gut verstanden.

Irgendwann im März 2008 klingelte das Telefon, und am anderen Ende der Leitung war Horst Hüttel. Er schilderte mir die Situation in Deutschland, erläuterte mir seine Idee, mich als neuen Bundestrainer gewinnen zu wollen und bat mich um ein Treffen. Gestresst und ausgelaugt vom Saisonverlauf versuchte ich, ihn abzuwimmeln, argumentierte mit meiner Unerfahrenheit und einer mündlichen Zusage den Schweizern gegenüber, bis Olympia in Vancouver 2010 zur Verfügung zu stehen. Er reagierte verständnisvoll, pochte aber auf ein persönliches Treffen und meinte, er käme sofort zu mir nach Mieming. Es war 21.30 Uhr.

Am nächsten Tag stand er vor meiner Tür, mit mehreren Aktenordnern bewaffnet. Begeistert offerierte er mir seine Pläne und die Möglichkeiten, die Skisprungdeutschland seiner Meinung nach bieten würde. Ich wäre das Puzzleteil, das ihm dazu fehlte. Er schmierte mir Honig um den Mund, dass er meine Trainerqualitäten schon sehr lange beobachte, von meinen Erfolgen beeindruckt sei und mir vollen Rückhalt geben würde. Kurz: Er überrollte mich wie eine Dampfwalze.

Die Situation raubte mir den Schlaf. Ein junger, bisher nur in Insiderkreisen bekannter österreichischer Trainer hatte die Wahl, Cheftrainer in der Schweiz oder in Deutschland zu sein. Nach außen versuchte ich, mir nichts anmerken zu lassen, und spulte mein Programm wie gewohnt ab. Im Skisprungzirkus lag eine gewisse Spannung in der Luft, wurde doch heftig spekuliert, wer denn dieses Amt in Zukunft bekleiden könnte. Wurde ich in eine Diskussion zu dem Thema hineingezogen, hielt ich mich bedeckt. Alles kam mir ein wenig unwirklich vor.

Hüttel ließ nicht nach und arrangierte ein Treffen mit dem deutschen Generalsekretär und übergeordneten Sportdirektor Thomas Pfüller. Wir trafen uns an der Autobahnraststätte Pettnau bei Telfs zum thematischen Austausch. Pfüller, dem ich offensichtlich kein Begriff war, testete mich und wollte von mir ein Konzept und Ansatzpunkte hören. Dabei schilderte ich ihm unverblümt meine Eindrücke und die Arbeitsweise, die ich an den Tag legen würde, um den deutschen Skisprung nachhaltig voranzubringen. Ich nahm kein Blatt vor den Mund und scheute mich auch nicht, kritische Themen anzusprechen. Ich hatte aus der Ferne beobachtet, dass unter den deutschen Trainerkollegen mehr gegeneinander als miteinander gearbeitet wurde. Die Tatsache, dass ich den Job nicht unbedingt brauchte, machte mich frei, und meine Ansätze schienen Eindruck hinterlassen zu haben.

Meine Gedankenwelt war durcheinander, hatte sich doch in meinem bisherigen Leben alles so schön gefügt: Schule, Stams, Studium, Karriereende mit Übergang in das Multiplikatorenprojekt, Trainer in Stams, ÖSV, Schlierenzauer, Schweiz. Nun schien erstmals das Timing schlecht zu sein. Würde ich mir selber treu bleiben, dann müsste ich noch die nächsten zwei Jahre in der Schweiz bleiben und dann auf den nächsten Schritt hoffen. Doch mir war klar, dass dann in Deutschland ein anderer am Steuer sitzen und ich möglicherweise nicht mehr gebraucht werden würde. Ich war innerlich zerrissen.

Das Weltcupfinale in Planica stand an. Noch war nichts entschieden, aber die Anzeichen in meinem Kopf verdichteten sich. Die sportlich geprügelte deutsche Mannschaft mit den Athleten Schmitt, Uhrmann, Neumayer und Späth reagierte auf die harsche Kritik der Medien an den Routiniers mit einem eigens bedruckten T-Shirt, das auf die prekäre Nachwuchssituation hinwies. Spekulationen über die Zukunft des einstigen Big Players im Skisprungzirkus prägten den Small Talk. Ich hielt mich zurück und versuchte, sportlich meinen Auftrag zu erfüllen und dem begnadeten Flieger Simon Ammann mithilfe eines Materialkniffs für den Sonntag noch einmal neues Leben einzuhauchen. Nachdem das zumindest einen Durchgang lang geklappt hatte, kam es im Umziehcontainer noch zu einem emotionalen Gespräch. Ammann, der in meine Situation eingeweiht war, sagte zu mir: »Werner, bleib doch bei uns.« Nach einer kurzen Pause fügte er hinzu: »Eigentlich ist es mir auch egal, wenn du gehst. Ich bin dir dankbar für deine Impulse. Ich weiß, was ich zu tun

Training mit Simon Ammann im Dezember 2007 in Engelberg

habe und werde den Weg mit dir oder auch ohne dich fortsetzen.« Das saß und beeindruckte mich nachhaltig. Ammann wurde zwei Jahre später Doppelolympiasieger, Skiflugweltmeister und Gesamtweltcupsieger. Trotz mir oder wegen mir, das werden wir wohl nie erfahren.

Nach Gesprächen mit meiner Familie und meinen engsten Freunden sagte ich in Deutschland zu. Wieder mit dem Gefühl, ein überschaubares Risiko einzugehen, da ich im Falle eines Scheiterns nach Stams zurückkehren konnte. Weiters wuchs die Überzeugung, dass es, berücksichtigte man die Treue, mit der der Deutsche Skiverband seine Trainer behandelte, eine einmalige Chance war, die sich zudem finanziell auszahlte. Ich sagte Horst Hüttel zu.

Die Arbeit in der Schweiz musste noch sauber abgeschlossen werden, und ich fuhr eines Morgens Ende März um sechs Uhr früh zu Hause los, um rechtzeitig bei der Saisonanalyse in Einsiedeln in der Schweiz zu sein. Die Autofahrt kam mir ewig lang vor, schließlich fuhr ich die Arlbergstrecke zum gefühlt hundertsten Mal. Dabei wälzte ich alle verfügbaren Argumente zum wiederholten Male hin und her, immer in der Hoffnung auf ein Aha-Erlebnis und vollste Überzeugung und Zufriedenheit. Stattdessen kamen wieder größere Zweifel auf, und ich wollte plötzlich doch noch alles rückgängig machen. Hektisch verließ ich auf halber Strecke kurz nach dem Grenzübergang in Feldkirch die Autobahn, steuerte einen Parkplatz an und zückte mein Handy. Um kurz vor halb acht klingelte ich Horst Hüttel aus dem Bett und teilte ihm mit, dass ich in der Schweiz bleiben werde.

»Spinnst du«, entgegnete er mit forscher Stimme und bot seine ganze Überzeugungskraft auf, um mich zu beruhigen. Ich machte einen Rückzieher vom Rückzieher, brachte die Analysesitzung in der Schweiz professionell über die Bühne und kehrte gedämpft, aber auch irgendwie erleichtert am Abend in den Schoß der Familie zurück.

Die Entscheidung war gefallen, und das Abenteuer konnte beginnen.

Der 11. August 2010 ist ein sonniger und warmer Tag. Ich fahre früh-morgens zusammen mit Jens Geist, dem leitenden Trainingswissen-schaftler des Olympiastützpunktes Bayern, von München ins Allgäu. Dort sollen wir um neun Uhr Werner Schuster treffen, der an sportpsy-chologischer Unterstützung interessiert ist.

Während meines Psychologiestudiums habe ich Sportpsychologen kennengelernt und dieses Tätigkeitsfeld für mich entdeckt. So machte ich mich 1999 in diesem Bereich selbstständig – lernte aber schnell, dass man von der Sportpsychologie allein nicht leben kann. Insofern ist mein Haupttätigkeitsfeld bis heute die Personalauswahl und -entwick-lung für Firmen und Konzerne. Die Arbeit mit Sportlern ist aber immer eine Leidenschaft geblieben und füllt etwa 20 Prozent meiner Ar-beitszeit. Zum Zeitpunkt der Anfrage von Werner hatte ich bereits mit Sportlern von gut zwei Dutzend verschiedenen Sportarten gearbeitet. Darunter auch Biathlon und Ski alpin, sodass mir auch der Deutsche Skiverband und seine Strukturen schon bekannt waren. Aufgewachsen mit dem jährlichen Ritual der Vierschanzentournee zum Jahreswech-sel, freute ich mich besonders auf dieses Kennenlernen.

Werner sitzt schon am vereinbarten Treffpunkt, der Terrasse eines Klubhauses einer Golfanlage, als wir ankommen. Er begrüßt uns of-fen und herzlich. Von Anfang an ist er sehr direkt und fühlt mir auf den Zahn. Ich erlebe einen offensiven, charismatischen und sehr fordern-den Gesprächspartner, der klare Vorstellungen einer möglichen Zu-sammenarbeit hat (und natürlich auch entsprechendes Vorwissen und Vorerfahrungen). Es sollte der Beginn der längsten und fruchtbarsten Zusammenarbeit mit einem Bundestrainer in meinen bisherigen gut 20 Jahren als Sportpsychologe sein – auch wenn das damals noch nicht absehbar war.

Zu Beginn musste ich mir wiederholt die mangelnde Feldkompe-tenz in der komplexen Sportart Skispringen vorwerfen lassen. Analo-gien aus anderen Sportarten kamen eher schlecht an. Aber im Laufe der Zeit gelang es mir, einen Beitrag zum Gesamtsystem zu leisten. Dieser ist in der Sportpsychologie nie messbar – aber es ist ein Mosaikstein des Gesamtbildes. Für manche Athleten ein kleiner Baustein, für andere vielleicht sogar das zentrale Element der Leistungserbringung. Für die Trainer, die oftmals Themen mit sich allein ausmachen müssen, kann es gerade in schwierigen Situationen eine hilfreiche Unterstützung sein.

Im Laufe der Jahre durfte ich immer mehr über Werner und seine Herkunft, seine Familie und seine Werte und Ansichten erfahren. Ein Einzelkind, das frei und behütet zugleich aufwachsen durfte. Mit einem gesunden Selbstbewusstsein, ohne dabei überheblich zu sein. Neugierig und interessiert – dabei aber auch immer skeptisch (und manchmal auch spöttisch). Und Sportler durch und durch.

Die Psychologie ist die Wissenschaft, die sich mit dem Erleben und Verhalten von Menschen beschäftigt. Dieses Erleben und Verhalten ist stark geprägt von unserer Sozialisation und der daraus resultierenden Persönlichkeit. Insofern ist es von großer Bedeutung, mehr über die Person und deren individuelle Lerngeschichte zu erfahren. Umso passender können dann Ideen und Maßnahmen generiert werden.

Wenn man Werners Biografie liest, erschließt sich vielleicht im Nachgang die eine oder andere Vorgehensweise noch besser, die man am Bildschirm miterleben konnte. Auf jeden Fall aber lässt er uns hier in sehr persönlicher Weise an seiner Prägung teilhaben. Dies erlebe ich als beileibe nicht selbstverständlich. Vor allem zeigt es aber auch einen sehr reflektierten Umgang mit der eigenen Lebensgeschichte und deren Auswirkungen auf das eigene Denken und Handeln.

AM ANFANG STEHT DAS SYSTEM

Ausgangssituation analysieren

Die Auftakt-PK – Der Feind in meinem Bett –
Wer schreibt, der bleibt – Ost und West

E s ist der 1. April 2008. Der Deutsche Skiverband lädt in seinem Hauptquartier in Planegg zur Pressekonferenz zur Vorstellung des neuen sportlichen Leiters und des neuen Bundestrainers der Sparte Skispringen. Der Andrang ist riesig, und es wird schnell klar, dass hier niemand an einen Aprilscherz geglaubt hat. Die Vorstellung der verantwortlichen Personen in dieser für den Verband wirtschaftlich bedeutungsvollen Sportart ist Chefsache. Der Präsident Alfons Hörmann und der Generalsekretär Thomas Pfüller begleiten uns aufs Podium. Moderiert vom erfahrenen Medienverantwortlichen Ralph Eder, der in den kommenden Jahren noch einer meiner wichtigsten und wertvollsten Ansprechpartner werden sollte, legen wir los.

Ich fühle mich fast ein wenig bedroht. Konnte ich an der Anzahl der Anrufe, die ich in den letzten Tagen verhallen ließ, das große Interesse schon erahnen, übertrifft die Journalistenmenge, die sich um die vordersten Plätze balgt, meine kühnsten Erwartungen. Nach den salbungsvollen Eröffnungsworten der obersten Riege bekomme ich das Wort und darf skizzieren, wie ich mir den Wiederaufbau von Skisprungdeutschland vorstelle. Ich versuche, kraftvolle Ansagen und Versprechungen zu vermeiden, und verweise auf die prekäre Nachwuchssituation in

2008: Der Beginn einer langjährigen Zusammenarbeit mit Horst Hüttel (links)

Deutschland. Das ist mein Kernthema, von dem ich am meisten verstehe. Schließlich habe ich knapp zehn Jahre damit verbracht und weiß, dass in Deutschland de facto eine ganze Generation fehlt. Ziel müsse es sein, die etablierten Springer noch einmal an ihre Leistungsgrenze zu führen und parallel dazu ein neues junges Team aufzubauen. Dies benötige Zeit und Geduld, und die versuche ich blauäugig einzufordern. Meine Referenz, Jugendtrainer eines Gregor Schlierenzauer gewesen zu sein, sollte mir zu Glaubwürdigkeit und einer gewissen Frist verhelfen.

Zudem mahne ich ein, dass mir Zusammenhalt und Gemeinschaftsgefühl wichtig seien und dass ich glaube, dass gute Leistung nur im Team entstehen könne. Sollte man jetzt schnelle Erfolge fordern, hätte man einen Zauberer installieren sollen und nicht mich. Ich sei Trainer und stehe für solide Arbeit. Ich war mir nicht sicher, ob das alle so hören wollten, aber vermutlich hat die Journalisten meine Unbefangenheit und mein Ansatz, Dinge anders darzustellen, zufriedengestellt, und somit sollte ich zumindest eine Chance bekommen.

Wenig später fahre ich nach Ruhpolding zu meiner ersten Trainersitzung mit meinen neuen deutschen Kollegen. Was würde mich dort erwarten? Einige kenne ich ja schon. Manche schätze ich, mit dem einen oder anderen hatte ich als österreichischer Nachwuchstrainer aber auch schon eine Kontroverse. Wie würden sie mich aufnehmen? Schließlich gab es in den letzten Jahren nicht viel zu lachen im deutschen Team, und jetzt wird ihnen auch noch ein junger Österreicher vor die Nase gesetzt.

Die Pressekonferenz mit der Vorstellung meiner Person liegt zwei Wochen zurück. Bestimmt haben sie meine Aussagen kritisch verfolgt. Bin ich womöglich von Kollegen umgeben, die selber gerne diesen Job gemacht hätten? Muss ich mich mit Neidern und zukünftigen Querulanten auseinandersetzen, oder ist die Mehrheit froh, dass etwas Neues auf sie zukommt, und es kann mir gelingen, Aufbruchsstimmung zu erzeugen?

Viele Fragen und ein Dauerkribbeln begleiten mich auf meiner etwa zweistündigen Autofahrt zu dieser ersten gemeinsamen Sitzung. Das Trainerteam hatten wir in stundenlangen Telefonaten zusammengestellt. Am Parkplatz des Labenbachhofs angekommen begegnen mir die ersten Trainerkollegen. Die meisten sind freundlich, und ich bekomme ein gutes Gefühl. Plötzlich stehe ich vor Dietrich Kampf, einem langjährigen, renommierten Nachwuchstrainer aus Oberwiesenthal und so etwas wie mein Erzfeind aus vergangenen Alpencuptagen. Kampf war der Platzhirsch in der traditionellen Ausbildungsstufe der Alpenländer, als ich 1999 in Österreich das Zepter übernahm. Ich ließ mir damals als junger Trainer nichts gefallen und hatte zudem die bessere Mannschaft. Dietrich wiederum versuchte, mit allen Mitteln seinen Status aufrechtzuerhalten, und so kam es zu der einen oder anderen hitzigeren Diskussion. Und jetzt, knapp zehn Jahre später, bin ich sein Chef. Ich versuche, offensiv mit der Situation umzugehen, und gehe auf ihn zu mit den Worten: »So, Dietrich, das kam vermutlich nur in deinen Albträumen vor, dass wir eines Tages zusammenarbeiten werden. Lass es uns trotzdem versuchen!« Er lächelt ein wenig gequält, aber ich spüre auch einen gewissen Respekt und gehe erleichtert weiter.

Ich treffe meinen neuen Co-Trainer und langjährigen Kollegen Rolf Schilli. Mit Rolf bin ich noch zusammen gesprungen, und als Trainerkollegen sind wir uns oft begegnet in den vergangenen zehn Jahren. Es war mein ausdrücklicher Wunsch, mit Rolf arbeiten zu können, weil ich vor allem seine soziale Kompetenz sehr schätze. Rolf, aber auch viele andere haben einen gebundenen Bericht dabei, der für mich in seinem Umfang an eine Mischung aus Seminar- und Diplomarbeit erinnert. Die Berichte werden verteilt und stapeln sich im Raum. Skeptisch werfe ich einen Blick auf die Titelblätter und stelle erstaunt fest, dass es sich hier um Jahres-, Stützpunktanalysen und dergleichen handelt. Auch ich hatte auf meinen bisherigen Stationen den einen oder anderen Kurzbericht geschrieben, aber diese waren dem Namen entsprechend auch wirklich kurz gewesen.

»Wer soll denn das alles lesen?«, frage ich Rolf. Er lächelt und sagt zu mir: »Willkommen in Deutschland!« Auf meine süffisante Bemerkung, dass die schriftlichen Analysen maximal das Archiv füllen und dann zum Heizen verwendet werden können, meint Rolf lapidar: »Wer schreibt, der bleibt!«

So war das also: enorm viel Energieaufwand für Formelles, was naturgemäß viel Zeit frisst. Was ist notwendig und was ist nützlich? Was ist sinnvoll und was ist gewinnbringend? Werden solche Fragen hier überhaupt noch gestellt?

Man spürt ein wenig Aufbruchsstimmung, aber auch viele skeptische Blicke erspähe ich in dem kleinen Sitzungssaal. Nach den Auftaktworten des Skiverbandsverantwortlichen kommt es zu den ersten Analysen der verantwortlichen Trainer des vergangenen Jahres. Ich höre gebannt zu und werfe immer wieder Blicke in die Runde. Entspannt geht anders. Einerseits verständlich, da der Erfolg an der Spitze ausgeblieben ist, aber anderseits auch befremdend. Ich spüre schnell, dass es hier kein Miteinander gibt. Die Präsentationen sind nicht offen, sondern darauf ausgelegt, Schwächen kleinzureden beziehungsweise Stärken und Erfolge übermäßig herauszuheben. Hier geht es um Positionierung, Rechtfertigung und Darstellung. Das mag romantisch klingen, aber in dieser Form kannte ich das von Österreich nicht. Wir waren immer ein eingeschworener Haufen, der nur eines im Sinne hatte: gemeinsam die besten Springer der Welt auszubilden. Hier ging es jedoch darum, die eigene Region und den Stützpunkt zu rechtfertigen und sich mit lokalen Etappenerfolgen zu schmücken.

Bei den Analysen und Berichten von Trainern aus der ehemaligen DDR fallen mir die enorme Fachkompetenz und das Hantieren mit Zahlen und Daten auf. Akribisch genau werden Trainingsdokumentationsdaten vorgelegt und aufgearbeitet, in weiterer Folge Zuordnungen vorgenommen und Schlüsse daraus gezogen. Kein unüblicher Vorgang für mich, aber in dieser Wucht im Skispringen doch neu. Auch in der Schweiz war mir das in dieser Form nicht begegnet. In der Trainerkultur, in der ich aufgewachsen bin, ging es in unserer Sportart doch immer stark um Gefühl und Intuition. Gleichzeitig prägen mein Wirken und Werken eine Portion Mut und Innovation. Hineinfühlen in den Athleten und individuelle Konzeptionen erarbeiten und umsetzen. Bei diesem quantitativen Ansatz, den die Kollegen präsentieren, geht es darum, ob alle offensichtlich nachvollziehbaren Kriterien erfüllt wurden. Böse gesagt versteckt man sich hinter den Zahlen, man konnte auch den Eindruck gewinnen, dass so der »Schuldige« der Athlet wäre: Trotz Durchsetzen und Erfüllen der Vorgaben hat der es halt nicht kapiert.

Eigentlich dachte ich, dass die Wiedervereinigung Deutschlands 18 Jahre zurückläge. Nach all diesen Berichten bin ich mir da nicht mehr so sicher. Das gemeinsame große Ganze scheint hier nicht gegeben.

Das Ganze im Blick haben, einen breiten Ansatz wählen

Ein philosophischer Exkurs – Eine einheitliche Idee – Zentralismus und für jeden ein Stück Kuchen

G leich kommt mein Auftritt. Die Analysen sind abgeschlossen, jetzt wird der Blick nach vorne gerichtet. Ich spüre die Spannung, bei mir, aber auch bei den neuen Kollegen. Horst Hüttel baut mir die Brücke, prescht rhetorisch geschickt voran und übergibt mir das Wort.

Ich bedanke mich für das Vertrauen des Deutschen Skiverbandes und versuche zu vermitteln, wie sehr ich mich auf die Herausforderung freue, die Situation gemeinsam voranzutreiben. Offen und ehrlich gebe ich Einblick in mein Seelenleben und werfe folgende Frage in den Raum: »Wisst ihr, wann wir in den nächsten Jahren ein wirkliches Problem haben? Wenn es uns nicht gelingt, zumindest einen deutschen Skispringer im absoluten Spitzenfeld zu positionieren und zu etablieren!«

Soweit nichts Neues, denken die meisten. Ich rede offensiv weiter und verweise auf meinen Eindruck, dass es den meisten hier nur darum gehe, dass der Beste der Welt aus ihrer Region komme. Sie würden dabei aber darauf vergessen, wie schwer und selten es ist, überhaupt irgendwann im Leben einen Spitzenathleten entwickeln zu können. Wir bräuchten die Konkurrenzsituation, um den Talentierten die Möglichkeit zu geben, aneinander zu wachsen und dadurch das notwendige Level zu erreichen, um international konkurrenzfähig zu sein.

»Wenn der beste Deutsche international auf Platz 15 auftaucht, kann sich der regionalverantwortliche Trainer dafür auch keinen Lorbeerkranz umhängen. Wir stehen im internationalen Wettbewerb, da hat Kirchturmdenken keinen Platz!«

Ich kann schwer einschätzen, was meine Worte in den einzelnen Personen auslösen, aber ich mache einfach mit meinen Notizen weiter. Ohne Powerpoint, ohne Schmuck und ohne übertriebenen Rahmen versuche ich, mit Inhalt zu überzeugen. Meine Schlagworte sind Struktur, Kommunikation und Inhalt. Speziell in der Kommunikation sehe ich den Schlüssel in den kommenden Jahren. Verbesserung durch Austausch. Voneinander lernen und miteinander besser werden. Ich spüre Skepsis, und trotzdem glaube ich, dass das der richtige Weg ist, aufzurütteln und zu sensibilisieren.

Den inhaltlichen Weg gibt in Deutschland zu einem großen Teil die Wissenschaft vor. Das Institut für Angewandte Trainingswissenschaft (IAT) präsentiert technische Analysen der deutschen Skispringer im Vergleich mit den aktuell besten. Zahlen und Fakten, die ich in dieser Form noch nie gesehen habe. Die Verantwortlichen präsentieren die akribisch ausgewerteten Zahlen in optisch ansprechender Form, und viele hängen an deren Lippen. Die Kritik aus dem Trainergremium hält sich in Grenzen. Schließlich steht auf der Erfolgsseite heuer zu wenig. Die neuen Kollegen aus Sachsen und Thüringen fühlen sich hier sehr heimisch und notieren pflichtbewusst die Eckpunkte des Vortrags. Mein Technikbild habe ich ohne das IAT entwickelt, und die Erfolge von Schlierenzauer geben mir das notwendige Selbstvertrauen. Aber ich spüre instinktiv, dass hier politische Dimensionen eine große Rolle spielen, und entscheide mich für den diplomatischen Weg, trotz der einen oder anderen gegensätzlichen Ansicht. Ich kündige Kooperation an und verspreche den Kollegen, gelegentlich einen tieferen Einblick in meine Skisprungphilosophie zu geben. Ich beschwöre ein weiteres Mal den notwendigen gemeinsamen Weg und präge den Begriff des

»roten Fadens« in den Bereichen Technik und Athletik, den ich Schritt für Schritt verankern möchte.

Auf Systemfragen angesprochen oute ich mich als glühender Verfechter einer zentralistischen Struktur. Ich ziehe Vergleiche mit der Schweiz und mit Österreich und hebe die Stärken dieser Systeme heraus, indem ich klarmache, dass die geringe Anzahl an Skispringern durch die Tatsache wettgemacht wird, dass die besten immer gemeinsam trainieren. Ginge es nämlich nach der Anzahl der Schanzen oder der Menschen, die diesen Sport betreiben, dann müsste Deutschland viel besser dastehen. Hier höre ich erstmals ein Murren aus dem Kreis der Zuhörer. Damit scheine ich einen wunden Punkt angesprochen zu haben, der mich noch eine ganze Weile beschäftigen wird.

Horst Hüttel hält mir in dem Moment die Stange und verweist auf die Nordische Kombination. Auch dort bedurfte es größter Kraftanstrengung, bis das enorme Potenzial in Deutschland sichtbar wurde. Einheitlichkeit und Zentralisierung waren auf diesem Weg die entscheidenden Bausteine.

Nachhaltige Strukturen aufbauen (und dann konsequent leben)

S K I – Man hat nur eine Chance –
Die Wissenschaft richtig integrieren

Ich bin innerlich zwar aufgeregt, aber auch schon ein wenig müde. Der Tag hat Kraft gekostet. Anreise, viele neue Gesichter, der Druck, entsprechen zu wollen, die Psychologie des ersten Eindrucks im Nacken. Beim Abendessen wird noch rege in kleinen Gruppen weiterdiskutiert. Die Stimmung ist gut, trotzdem fühle ich, dass doch der eine oder andere in Lauerstellung ist. Unsicherheit lässt sich eben nicht so leicht abschütteln und Altlasten erst recht nicht.

Horst Hüttel und ich lassen den Abend noch bei einem Bier ausklingen und ziehen zufrieden Resümee. Horst, der alte Fuchs, der schon so viele Sitzungen in Deutschland geleitet hat, ortet eine gute Chance, die Kollegen mitzunehmen und auf unsere Seite zu ziehen. Dazu müssen wir zwar inhaltlich noch ein wenig konkreter werden, meint er, aber für den heutigen Tag ist alles gut. Überfallsartig die Mitstreiter zu beglücken schaffe eher Widerstand.

Am nächsten Tag beginne ich mit meinen Schwerpunkten für die Zukunft. Dabei wiederhole ich gebetsmühlenartig die drei entscheidenden Schlagworte: Struktur – Kommunikation – Inhalt. Kommunikation ist das verbindende Element und steht im Mittelpunkt allen Handelns. Ich versuche, allen noch einmal eindringlich klarzumachen, dass es hier eine Bring- und eine Holschuld gibt, dass Kommunikation keine Einbahnstraße ist, und verspreche, das leidenschaftlich vorzuleben.

Ich merke, dass die Kollegen eher am Strukturellen und am Inhaltlichen interessiert sind. Die Thematik Kommunikation erscheint ihnen zu abgedroschen oder zu abstrakt. Ich gehe auf meine strukturellen Vorstellungen ein, oute mich als glühenden Vertreter des Lehrgangssystems nach Leistungsstufen und dass ich das Stützpunktsystem im Sinne einer regionalen Trainingseinrichtung als sinnvoll, aber untergeordnet sehe. Leises Raunen und ein paar skeptische Blicke im Raum.

Unbeeindruckt fahre ich fort und argumentiere inhaltlich. Ich spreche von Wettkampfebenen und Verantwortung, von lückenlosen Übergängen und Vertrauen. Im Mittelpunkt müsse immer der Athlet stehen und nicht der Trainer, der Landesverband, der Stützpunkt oder sonst jemand. Das scheint ein Tabubruch zu sein. Schnell wird mir die politische Dimension bewusst. Hier geht es um das Verteidigen von Pfründen und nicht um die Sache. Jahrelang hatten sich die regionalen Kräfte verstärkt und eigene Ideologien aufgebaut. Bei den Übergängen von einer Altersstufe zur nächsten kam es für den Athleten zum Neubeginn oder zur Umstrukturierung. Den verantwortlichen Trainern ging es vorwiegend darum, ihren Bereich abzusichern und das regionale Gedankengut möglichst nicht teilen zu müssen. Das ging teilweise so weit, dass Bewegungskorrekturen im Geheimen stattfanden, versucht wurde, im Materialbereich möglichst eigenständig Dinge zu entwickeln und diese wiederum auf keinen Fall zu teilen. Der Leidtragende ist in diesen Fällen immer der Athlet, und der sollte doch eigentlich im Mittelpunkt aller Überlegungen stehen.

Ich bleibe hart und weiche keinen Millimeter von meinen Überzeugungen ab. Mit anderen Worten erkläre ich der versammelten Trainerschaft, dass in Zukunft der kaderverantwortliche Trainer dem Stützpunkttrainer die inhaltliche Linie vorgibt und nicht umgekehrt. Horst unterstützt mich dabei, und wir können die Diskussion im Keim ersticken.

»Profiliere deinen Athleten und nicht dich selbst.« Das sollte das Motto sein, das uns über Jahre begleiten wird.

Ich spreche noch ein wenig über meine Technikvorstellung, vertröste aber gleichzeitig alle Anwesenden auf zukünftige Treffen an der Schanze, da es meines Erachtens keinen Sinn macht, am Schreibtisch zu viel über Absprung und Flug zu philosophieren. Betreffend des Athletiktrainings bitte ich ebenfalls um Geduld, da ich mir erst ein Bild über die Möglichkeiten in Deutschland machen möchte, welche wissenschaftliche Unterstützung wir bekommen können. Gleichzeitig betone ich, dass wir Trainer das Athletiktraining niemals komplett aus der Hand geben sollten, da es hier eine enge Verflechtung zum Techniktraining gibt und uns das kein Spezialist dieser Welt abnehmen kann.

Die beiden Wissenschaftler vom IAT frage ich nach der Arbeitsweise und ihrer Rolle in den vergangenen Jahren. Das Institut arbeitet schon mehr als ein Vierteljahrhundert mit dem Skisprung zusammen und hat eine große Expertise aufgebaut. Speziell unter den Zeiten von Reinhard Heß, einem meiner großartigen Vorgänger, war die Zusammenarbeit inhaltlich und auch menschlich auf dem Höhepunkt. Fast beiläufig will ich wissen, ob denn die Erkenntnisse, die vor Ort erhoben werden, mit den verantwortlichen Trainern gleich besprochen werden. Die Antwort macht mich hellhörig: »Sowohl als auch. Oft sprechen wir es gleich direkt mit dem Athleten durch und helfen ihm sofort weiter.« Entschlossen entgegne ich: »Ab jetzt sprecht ihr nicht mehr mit den Athleten, bevor ihr nicht mit den verantwortlichen Trainern gesprochen habt!«

In meinen Augen ist der Trainer die Person, bei der alles zusammenläuft und die letztendlich auch die Verantwortung für die Entwicklung des Athleten trägt. Erkenntnisse aus der Wissenschaft können einen entscheidenden Beitrag für die Entwicklung eines Athleten leisten, aber diese Informationen müssen vorher gefiltert und eine passende Methodik daraus abgeleitet werden.

Schon wieder ein Tabubruch. Habe ich mir damit auch noch den Zorn von etablierten systemrelevanten Mitarbeitern zugezogen? Ich sehe ein paar zufriedene Gesichter, aber auch einige verunsicherte Kollegen. Wenn sie gedurft hätten, wären sie in Opposition gegangen, aber da der Skiverband einen Neuanfang ausgerufen hatte, müssen sie mitziehen. Im Nachhinein bin ich überzeugt: Hätten wir diese gravierenden Änderungen nicht am Anfang durchgezogen, dann wären wir gescheitert. Das (erfolglose) Gesamtsystem ist zu Beginn am demütigsten, und damit am besten formbar. Zu einem späteren Zeitpunkt wäre Gegenwind garantiert gewesen.

S K I – Struktur, Kommunikation, Inhalt. Ich möchte keinesfalls simplifizierend agieren, aber in der Praxis braucht es taugliche und einfache Konzepte, die über einen längeren Zeitpunkt durchgezogen und auch gelebt werden. Nur das garantiert nachhaltigen Erfolg. Dazu braucht man aber einen langen Atem.

Mitarbeiter für sich und seine Ideen gewinnen

Schlüsselarbeitskräfte – Das Zwiebelprinzip –
Bestehendes oder Neues? – In den Mühlen der Politik

Ich war gerade erst ein Jahr im Weltcup unterwegs gewesen, und das mit dem kleinen und feinen Schweizer Team, und trotzdem fühle ich mich als gestandener Trainer, der weiß, wovon er spricht. Zu viele Gedanken habe ich in den letzten Jahren für meine Sportart gewälzt, sodass es bei Gott schwierig ist, mir Fachfragen zu stellen, auf die ich gar keine Antwort weiß. Man lernt nie aus, aber ich traue mir zu, dem deutschen System Impulse zu verleihen.

Plötzlich bin ich aber nicht mehr nur für mich und ein paar Athleten verantwortlich, sondern für ein ganzes System. Ich kann nicht mehr aus der zweiten Reihe kritisieren, was der Cheftrainer oder der Sportdirektor aus meiner Sicht gerade verabsäumen, sondern ich muss Rede und Antwort stehen und Verantwortung übernehmen. Die Schweiz war gerade einmal Vorstufe für das Abenteuer Deutschland, aber eine sehr wertvolle. Ich lernte die Bedeutung und die Mechanismen von Medienarbeit, ich konnte als Führungskraft in einem kleinen Team meine Kooperationsbereitschaft und Führungsqualitäten ausprobieren und verbessern. War man als Jugendtrainer in Stams Technik-, Athletiktrainer, Filmer, Psychologe und Ansprechpartner für medizinische Fragen in einer Person, so konnten und mussten diese Aufgaben jetzt verteilt werden.

Bei der Zusammenstellung des Trainerteams spielt Horst Hüttel, dem ich hundertprozentig vertraue, eine entscheidende Rolle. Ihn zeichnet ein gutes Gespür für Menschen und deren Arbeitsweisen aus. Wir diskutieren die verschiedenen Rollen und Anforderungen durch. Mit Stefan Horngacher gewinnen wir einen B-Kader-Trainer, der schon vorher erfolgreich im deutschen System gearbeitet hat und hohe Fachkompetenz aufweist. Stefan ist ebenfalls Österreicher, wir sind zufällig gleich alt und kennen uns seit vielen Jahren. Gerade in einem System, in dem die Kadertrainer wieder mehr an Bedeutung gewinnen sollen, ist es enorm wichtig, dass die Ebenen sich vertrauen und gut kooperieren. Dazu braucht es nicht nur fachliche Übereinstimmung, sondern auch einen Draht auf der persönlichen, menschlichen Ebene.

In einem großen System wie in Deutschland kann man nicht vom ersten Tag an erwarten, dass alle in die gleiche Richtung arbeiten. Zu komplex aufgebaut und von zu unterschiedlichen Interessen durchzogen präsentiert sich die Landschaft derer, die in irgendeiner Form mit dem Skispringen zu tun haben. Manche sind mit einfachen Gesprächen zu überzeugen, viele gehen in Wartestellung, und einige sind schwer bis gar nicht belehrbar. Umso wichtiger ist es, ein funktionierendes Kernteam zu formen, das zusammenhält und sich gut abstimmt.

Ich bezeichne den Teamaufbau gerne als Zwiebelprinzip. Man kann es von zwei Seiten betrachten, von innen nach außen oder von außen nach innen. In unserem Falle gehen wir es von innen nach außen an. Mit einem funktionierenden Kern versuchen wir, Blatt für Blatt dazuzugeben beziehungsweise wachsen zu lassen, um dann irgendwann eine große Zwiebel zu sein. Dazu müssen natürlich Erfolge her, aber Erfolge entstehen nur im Team. Um in einem riesigen Team Erfolg zu haben, muss erst das »kleine« Team überzeugen, dann erst kann man nach und nach weitere »Jünger« dazugewinnen.

Thomas Pfüller, der Generalsekretär und Sportdirektor des deutschen Verbandes, hatte mich in den Tagen vor der Sitzung mit der Versprechung gelockt, ich könne mir mein Team komplett frei zusammenstellen. Kurze Zeit später ruft er mich jedoch an und teilt mir mit, dass ich doch unbedingt die Physiotherapeutin im Team halten soll. Erstaunt erwidere ich, dass ich hier andere Ideen habe, und begründe ihm den erforderlichen Schritt. Er lässt aber nicht locker, weist mich noch einmal freundlich, aber bestimmt auf den erforderlichen Umstand hin und bittet mich, der Dame doch eine Chance zu geben.

Der Hintergrund ist schnell gefunden. Carolin Otterbein ist bei der Bundeswehr, und die Bundeswehr stellt Arbeitskräfte für den Skiverband frei. Eine unfassbar tolle Initiative, die die Budgets der manchmal klammen Fachverbände entlastet. Aber musste ich mir wirklich aus finanziellen Gründen eine Mitarbeiterin aufzwingen lassen? Mit einer derartigen Konstellation war ich in meinem Leben noch nie konfrontiert gewesen. Ich wollte das beste Team zusammenstellen und mich nicht mit politischen Konstellationen und finanziellen Zwängen auseinandersetzen müssen.

Kurzentschlossen reise ich nach Oberstdorf und suche das Gespräch mit Carolin Otterbein. Ich kannte Caro nur oberflächlich, verabrede mich mit ihr in einem Restaurant und fühle ihr auf den Zahn. Kurz skizziere ich offen und ehrlich meine Anforderungen und Bedenken und gebe ihr dann die Chance, ihre Stärken zu präsentieren. Dabei spüre ich eine unglaubliche Leidenschaft und bekomme auch das Gefühl, dass hier eine sehr hohe Fachkompetenz vorliegt. Meine Befürchtungen sind entkräftet. Ich habe schon oft mit Leuten zusammengearbeitet, die ihr letztes Hemd für den Sport geben, aber Caro toppt diese Eindrücke. Der Tennismanager Ion Țiriac hat einmal über die Tennisspielerin Monica Seles gesagt: »Sie würde über Glasscherben robben, um ein Match zu gewinnen.«

Bei Caro habe ich ebenfalls das Gefühl, sie würde alles tun, um weiterhin dem Team zu dienen und mit ihm um den Globus zu reisen.

Offen ist noch die Position des Technikers. Ein Mann, der sich um das sensible Material der Athleten kümmert und dem sie voll vertrauen. Handwerkliches Geschick ist gefragt, aber auch Sachverstand und hohe Sozialkompetenz. Der Techniker ist im Wachscontainer der erste, der die Sportler nach ihren Sprungversuchen empfängt, und auch der letzte, der sie vor erneuten Sprüngen wieder zum Anlauf verabschiedet. Diese Position ist schwer zu besetzen, denn Leute, die diese Fähigkeiten vereinen, sind rar am »Markt«. Mir war in den vergangenen Jahren in Deutschland ein Springer aufgefallen, der immer die schnellste Anfahrtsgeschwindigkeit hatte und auch punktuell gut sprang. Roland Audenrieth aus Garmisch-Partenkirchen hatte seine Karriere inzwischen beendet. Horst ist von dieser Idee sofort begeistert und führt die Gespräche. Roland ist sehr überrascht, aber gleichzeitig so angetan, dass er seinen soliden Job kündigt und neugierig und mit Begeisterung in sein altes Metier in neuer Funktion zurückkehrt.

Mein Kernteam ist komplett, und der erste Trainingskurs kann kommen.

Nachhaltigkeit ist ein Begriff, der ursprünglich aus der Forstwirtschaft stammt. Er besagt, dass nicht mehr Holz entnommen wird, als jeweils nachwachsen kann. Übertragen gesagt: Dass nicht mehr Ressourcen ver(sch)wendet werden, als tatsächlich vorhanden sind. Nun ist dies mittlerweile ein weitverbreiteter und leider auch oftmals inhaltsleerer Begriff. Jedes Unternehmen möchte nachhaltig agieren. Und doch werden in vielen Fällen kurzfristige Erfolge zulasten künftiger Generationen gesucht, Ressourcen nicht verantwortungsvoll genutzt.

Auch im Sport ist es oftmals möglich, kurzfristig mit einem Team Erfolg zu haben. Das geht aber nicht selten zulasten der Substanz. Aktuell erfolgreich zu sein und parallel dazu junge Athleten und ein ganzes System weiterzuentwickeln, damit dieses auch in Zukunft erfolgreich sein kann, ist die viel größere Herausforderung.

Werner hat diesen Weg gewählt. Und dies nicht nur, weil er 2008 ein entwicklungsbedürftiges Team und ein ebensolches System übernahm, sondern in meiner Wahrnehmung aus Überzeugung, dass nur dies ein sinnvoller Umgang mit der übernommenen Verantwortung ist.

Ein ähnliches Denken würde ich mir bei vielen Führungskräften wünschen, die ich in meiner Arbeit für Konzerne kennenlernen darf.

Im Alltag tendieren wir gerne dazu, den erstbesten gefundenen Lösungsweg einzuschlagen. Das ist menschlich und hilft uns oft, schneller voranzukommen. Aber der erste Impuls ist gerade in komplexen Situationen nicht immer der passendste. Dann braucht es eine ausführlichere Analyse der Ausgangssituation sowie ein Verstehen des Gesamtsystems. Erst wenn mir hier Zusammenhänge und Wirkeinflüsse bewusst sind, kann ich die richtigen Ansatzpunkte finden.

Habe ich dann Maßnahmen definiert, geht es darum, die Betroffenen mit auf die Reise zu nehmen. Am Berg gilt, dass man niemanden zurücklässt. In der Führung erklimmen Verantwortliche den Gipfel aber oftmals allein, da sie das Team auf dem Weg verloren haben.

Gerade in eingefahrenen Systemen braucht es zunächst das Wecken von Veränderungsbewusstsein. Dies kann ich durch Druck oder durch eine motivierende Vision erreichen. Wichtig ist aber immer, dass als Argument für Veränderungen nicht Versäumnisse und Fehler der Vergangenheit bemüht werden. Denn diejenigen, die seit Jahren im System sind (und dies vielleicht sogar an verantwortlicher Position), müssten damit ihr eigenes Lebenswerk infrage stellen. Dies ist biografisch eine zu große Hürde und führt in der Regel nur zu Widerstand.

Habe ich dann einen notwendigen Prozentanteil der Schlüsselpersonen überzeugen können, geht es darum, schnell mit Erfolgserlebnissen den Weg zu bestätigen (mehr dazu im vierten Kapitel). Je mehr Personen und Institutionen beteiligt sind, umso höher ist dann auch die Wahrscheinlichkeit, dass es Schwierigkeiten und Rückschläge geben wird. Dann sind Frustrationstoleranz, Führungsstärke und Überzeugungskraft gefordert. Ich muss Vorbild sein und vorangehen ...

KAPITEL 3

VORBILD SEIN – PROFIL ZEIGEN

Persönliches Investment und klare Linie

Radtour von Garmisch nach Oberstdorf – Den Hang hinunterrutschen – Volleyballverbot für den Doc

D rei Wochen habe ich noch Zeit und überlege fieberhaft, welchen Einstieg ich in mein »Abenteuer Deutschland« wähle. Am naheliegendsten wäre ein Konditionskurs. Das würde der aktuellen Vorbereitungsphase entsprechen. Ein Technikkurs käme jetzt im Mai noch zu früh. Aus der Psychologie weiß ich, dass der erste Eindruck der entscheidende ist. Da ich plante, mindestens drei Jahre mit dieser Mannschaft zu arbeiten und ich noch nicht das nötige Renommee hatte, mit natürlicher Autorität zu beeindrucken, sollte der erste Eindruck sitzen. Gleichzeitig wollte ich aber nichts Künstliches schaffen und mir mit einer unnatürlichen Aktion gleich das Leben erschweren.

Als junger Athlet hatte ich auf Anforderung unseres damaligen Trainers an einer Radtour teilnehmen müssen. Fahrradfahren hat absolut nichts mit Skispringen zu tun und eignet sich auch nur eingeschränkt zum Verbessern von relevanten athletischen Fähigkeiten. Außerdem hasse ich Radfahren. Aber ich muss zugeben, dass ich mich immer noch daran erinnerte und auch im Nachhinein stolz war, durchgehalten und die Strapazen überwunden zu haben. Zudem lernt man so einiges über sich und die anderen. Wer ist ein Kämpfer? Wer geht welches Risiko ein? Wie belastbar ist jeder Einzelne im Frust? Wer ist hilfsbereit und sozial?

Eine Radtour also. Das ist der perfekte Einstieg, mit dem niemand rechnet! Die Route ist mit Garmisch–Oberstdorf, den zwei deutschen Orten, die die Vierschanzentournee prägen, schnell gefunden. Mein Co-Trainer Christian Winkler ist bereit, die exakte Streckenführung herauszuarbeiten und einen Etappenplan zu erstellen. Mein zweiter Co-Trainer Rolf Schilli sorgt für die organisatorischen Belange, und Medienchef Ralph Eder informiert die Journalisten über unser außergewöhnliches Vorhaben.

Ich liebe es, vielseitig Sport zu machen. Am liebsten spiele ich irgendetwas: Tennis, Golf, Fußball, Eishockey. Fahrradfahren ist nicht das Meine. Egal. Es geht hier um die Sache und um einen effizienten Auftakt, da muss man in den sauren Apfel beißen und mit gutem Beispiel vorangehen. Für mich ist klar, dass es nicht in Ordnung wäre, die Jungs über die Pässe zu jagen und ihnen dabei aus dem Begleitfahrzeug zuzuwinken.

Roland Audenrieth, unser neuer Techniker, ist in Mittenwald nahe Garmisch aufgewachsen und kennt dort jeden Waldweg. Am ersten Tag fahren wir uns ein und drehen nur eine Runde in der Talebene. Das Tempo ist moderat, und die Jungs fahren sehr diszipliniert. Am Abend besprechen wir noch einmal die Route für den nächsten Tag, die über den Eibsee und den Plansee bis nach Füssen führen soll.

Ich setze mich in der Früh des nächsten Tages aufs Rad, und das Hinterteil schmerzt, aber ich lasse mir nichts anmerken. Auch andere erwähnen ihre Druckstellen, aber ich möchte keine negative Dynamik aufkommen lassen und versuche, die Schmerzen wegzulächeln und den Abenteuergeist aufflackern zu lassen. Wir rollen Richtung Eibsee. Die erste Steigung hinauf zu dem wundervollen Kleinod erschwert uns das Leben. Früh zeigen sich große Unterschiede in der Ausdauer, und speziell die schlaksigen, größeren Athleten wie Georg Späth und Stephan Hocke tun sich mit ihren langen Beinen enorm leicht, den Anstieg zu bewältigen. Martin Schmitt, meine Wenigkeit und Andreas Wank bilden die letzte Gruppe. Wank war schon im Vorfeld auf mich zugekommen, weil ihm sein Heimtrainer das Fahrradfahren verboten habe, da er hier an Schnellkraft verlieren und an Muskelmasse zulegen würde. Ich teile diese Meinung grundsätzlich, wollte mich für dieses Event aber auf keinen Kompromiss einlassen.

Oben angekommen warten wir vor der Abfahrt zusammen, ich antizipiere eine mögliche Risikobereitschaft bei meinen Springern und richte noch den eindringlichen Appell an alle, abwärts aufmerksam zu fahren und nicht zu versuchen, verloren geglaubte Zeit vom Berganstieg wettzumachen. Alle nicken, und es geht eine einladende Schotterstraße den Berg hinunter. Ich befinde mich im Mittelfeld, als plötzlich Andreas Wank in einem Höllentempo an mir vorbeizieht. Skeptisch beobachte ich seine Fahrweise und versuche, ihm zu folgen. Unvermutet biegt er rechts ab und kommt mit dem Vorderreifen in den Straßengraben. Einen kurzen Moment später sehe ich ein Fahrrad durch die Luft fliegen. Zittrig nähere ich mich der Unfallstelle und hoffe, dass mein Athlet glimpflich davongekommen ist. Er sitzt im Graben und weiß nicht recht, was gerade passiert ist. Offenbar war er an einem Stein hängen geblieben und hatte sich überschlagen.

Andi hatte Glück gehabt, und ich bin um eine Erkenntnis reicher: Hier war ein junger Athlet, der im wahrsten Sinne des Wortes einen eigenen Weg gehen will und dafür bereit ist, kein Risiko dieser Welt zu scheuen. Das sollte sich in den folgenden Jahren noch öfter zeigen. Wir bleiben von weiteren Zwischenfällen verschont und checken am späten Nachmittag in Füssen im Hotel ein. In der Sauna lassen wir das Erlebte Revue passieren und stellen uns auf den neuen Tag ein. Es ist Mitte Mai, doch der Wetterbericht meldet Schneefall und kaltes Wetter.

Am nächsten Tag müssen wir feststellen: Der Wetterbericht hat recht behalten, und ich steige in der Früh mit einem wunden Hinterteil und schmerzenden Muskeln bei gefühlten Minusgraden aufs Rad. Ein wenig verfluche ich, dass ich nicht die Möglichkeit habe, ins Begleitfahrzeug zu wechseln. Aber dann erinnere ich mich wieder an meinen Auftrag – um Glaubwürdigkeit zu erreichen ist es essenziell, dass ich mit gutem Beispiel vorangehe.

Der Anstieg aufs Oberjoch ist anstrengend, immer wieder regnet es, und auf der Anhöhe fällt sogar Schnee. Von den Reifen spritzt uns die Erde ins Gesicht, und wir sehen in kürzester Zeit aus wie Querfeldeinfahrer bei Olympia. Nach der Abfahrt vom Oberjoch, die wir diesmal unfallfrei bewältigen, bleibt noch ein ebenes, aber langes Wegstück entlang der Iller zum Zielort Oberstdorf übrig. Eigentlich ist das Ende nicht mehr weit, aber bei Martin Schmitt gehen die Energiereserven zu Ende. Er lässt sich zurückfallen und fährt so langsam, dass ich gröbste Befürchtungen habe, er gibt kurz vor dem Ziel noch auf. Seine Laune ist im Keller, trotzdem setzt er mürrisch, aber langsam seine Fahrt fort. Auch ich sehne das Ende und eine heiße Dusche herbei.

Der letzte Anstieg zum Schattenberg-Skistadion in Oberstdorf, wo uns in knapp acht Monaten unser erstes Winterhighlight erwartet, ist noch vor uns, dann haben wir es geschafft. Plötzlich sehe ich vor mir einen joggenden Michael Neumayer, der sein Rad den Berg hinaufschiebt. Offensichtlich hat sein Reifen einen Platten, er will aber nicht aufgeben und winkt mich durch mit den Worten: »I komm glei…«

Hocke und Späth, die mich ein wenig an kolumbianische Bergfahrer bei der Tour de France erinnern, warten schon lächelnd und in einen Anorak eingemummt im Zielgelände. Wir klatschen uns ab und beschließen, noch zu warten. Kurze Zeit später taucht ein gut gelaunter Michael Neumayer auf. Und als wir schon langsam daran denken zusammenzupacken, erkennen wir am Horizont einen einsamen Radler, der sich noch den Berg hinaufquält: Martin Schmitt.

Erschöpft im Ziel des Schattenberg-Skistadions (v.l.n.r.: Freund, Neumayer, Späth, Wank, Schuster, Hocke, Uhrmann, Schmitt, Simon, Uhrmann und Audenrieth)

Ich bin stolz, dass es auch mir gelungen ist, den Schweine-hund zu überwinden und die Tour zu meistern. Vor allem aber habe ich viele Erkenntnisse gewonnen über mein neues Team. Leblosigkeit und Selbstzufriedenheit sowie mangelnder Kampf-geist waren ihm attestiert worden. Davon war von meiner Seite nichts zu spüren. Michael Neumayer sollte seine Karriere noch bis 2016 fortsetzen und im zarten Alter von 33 seine beste Plat-zierung im Gesamtweltcup erreichen, und Martin Schmitt bietet in den folgenden zwei Jahren noch einmal viel Energie auf und erlebt seinen zweiten Frühling. Das alles hat sich bei der Radtour angebahnt.

Die Tatsache, dass ich als neuer Trainer die Tour mitgefah-ren bin und die Erlebnisse mit den Sportlern teile, verschafft mir Respekt. Sie fühlen, ich bin ein Teil des Teams, gehe mit ihnen durch dick und dünn und bin mir für nichts zu schade. Es liegt viel Arbeit vor uns, und nur gemeinsam haben wir eine Chance, an die derzeit Besten der Welt heranzukommen und in naher Zukunft wieder selber an der Spitze zu sein.

S chon ein Jahr zuvor gehe ich meinem Team in einer unkonventionellen Aktion voraus. Als Trainer in der Schweiz setze ich im Herbst 2007 als unmittelbare Vorbereitung auf den Weltcupwinter auf »Heimtraining«. Jahrelang fuhr man im November nach Skandinavien, um schon ein paar Schneesprünge zu ergattern. Die Reise ist teuer und aufwendig, außerdem muss man sich eine Schanze mit vielen anderen Nationen und Wettkämpfern teilen, sodass die Qualität fragwürdig ist. Deswegen übernehme ich den schon erfolgreich praktizierten Weg meines Vorgängers Berni Schödler und versuche, die Zeit lieber auf der Schanze in Einsiedeln zu überbrücken. Der Unterschied liegt in der Anlaufspur, Keramik statt Eis, und im Aufsprung, Matte statt Schnee, wobei Zweiteres beim Techniktraining weniger ins Gewicht fällt.

Eines Tages im November kommen wir an die Schanze, und der Aufsprunghang ist von einem weißen Schneekleid bedeckt. So paradox es klingen mag: Der größte Feind des Mattentrainings ist der Schnee. Es kommt dabei zu einer Vermischung des Untergrunds, die ein unangenehmes Bremsen, im Fachjargon »Stoppen«, auslöst. Die Schanze musste also zuerst vom Schnee befreit werden. Während das im Anlauf mittels Besen noch sehr leicht möglich ist, tut man sich im Aufsprung schon bedeutend schwerer. Die Fläche ist riesig, und in der steilen Landezone findet man bei Feuchtigkeit kaum Halt.

Die gute Laune schwindet, denn alle haben sich auf das Training gefreut, doch die Hürde scheint unüberwindbar. Wir stehen vor einer Absage des Trainings. Wer soll den Schnee aus der Landefläche herausräumen, und vor allem, wie? Wir sind nur eine kleine Mannschaft, und es fehlt an Manpower. »Jungs, ich habe eine Idee. Gebt mir ein paar Alpinski, und ich rutsche auf einer

Körperseite liegend den Hang hinunter und verwende die Skier als Schneepflug. Wenn ich das acht- bis zehnmal mache, haben wir den Hang befreit und müssen den verbliebenen Schnee nur noch seitlich hinausschieben.« Ich spüre die skeptischen Blicke meiner Mannschaft, aber ich bleibe hartnäckig und bin bereit voranzugehen, um zu zeigen, dass man auch in scheinbar aussichtslosen Situationen nicht so schnell klein beigibt.

Ganz sicher bin ich mir auch nicht, aber ich versuche, mir nichts anmerken zu lassen, und tief drinnen bin ich auch schon ein wenig neugierig, ob mein Plan funktionieren würde. Am Schanzentisch angekommen ziehe ich die Skier an, lege mich auf eine Seite und versuche, mit den Beinen voraus loszurutschen. Nur mühsam komme ich auf dem Flachstück voran, aber sobald es steiler wird, nehme ich an Fahrt auf und kann meine Körperlage nur mehr schwer kontrollieren und steuern. Der Schnee fliegt mir ins Gesicht, ich sehe kaum etwas, und langsam rinnt es mir kalt den Rücken hinunter vor lauter Eiswasser, das sich durch jede Ritze meiner Hose und meines Oberteils zwängt. Im flacher werdenden Teil des Aufsprunghanges komme ich wieder zum Stillstand und versuche, mich zu orientieren. Die Rutschspur ist sichtbar. Euphorisiert packe ich meine Ausrüstung und rufe den Leuten zu: »Auf geht's! Holt euch die Schaufeln und fangt an, den Schnee wegzuräumen. Das Rutschkommando begibt sich wieder zum Start!«

Ich werde nie herausfinden, was in den Köpfen meines Teams vorging, aber es reichte wohl von »Der ist ja völlig verrückt« bis »Wow, das scheint ja wirklich zu funktionieren!«.

Tatsache ist, dass wir zwei Stunden später mit dem Training beginnen konnten und eine ordentliche Qualität im Prozess hatten. Ob das Training »kriegsentscheidend« war, sei dahingestellt, aber alleine die Tatsache, dass man nicht unverrichteter Dinge wieder abzieht, hat einen positiven Effekt. Voranzugehen und als Teil des Teams zu agieren hat eine enorme psychologische Bedeutung. Ich will zeigen, dass ich für das Team durchs Feuer – oder durch den Schnee – gehe und Probleme aus dem Weg räume. Damit nehme ich alle anderen in die Pflicht, in vergleichbaren Situationen das Gleiche zu tun.

D er Sommer-Grand-Prix in der Saison 2008/09 beginnt in Hinterzarten. Ein erster großer Test für mich und mein Team. Als neuer Bundestrainer stehe ich beim Auftakt im Heimatland unter besonderer Beobachtung. Ich spüre die Anspannung. Die deutschen Meisterschaften eine Woche zuvor in Klingenthal waren nicht nach Wunsch gelaufen. Gewonnen hatte ein junger Springer namens Pascal Bodmer, was an und für sich ein gutes Lebenszeichen des Nachwuchses war, aber gleichzeitig darauf hindeutete, dass die etablierten Namen, die die Kohlen aus dem Feuer holen sollten, dem internationalen Vergleich eventuell nicht gewachsen sein könnten.

Wir bereiten uns am ersten Trainingstag wie gewohnt mit einer kurzen Vorbelastung in der Halle vor. Dazu spielen wir zum Aufwärmen eine Partie Volleyball. Da man bei internationalen Bewerben für gewöhnlich nur sechs Startplätze für die Athleten zur Verfügung hat, zum Volleyball aber mehr Leute gebraucht werden, ist es Usus, dass beim Aufwärmspiel auch Betreuer mitspielen, um zumindest ein »Fünf gegen fünf« zusammenzubringen. Ich spiele fast immer mit und freue mich schon auf diese Termine, weil mir sonst ohnehin sehr wenig Zeit bleibt, selbst Sport zu treiben. Außerdem macht es einfach Spaß, sich spielerisch bewegen zu können und die koordinativen Fähigkeiten nicht verkümmern zu lassen.

Mir wird nachgesagt, ich sei zu fanatisch bei diesen Aufwärmspielen. Das mag richtig sein, aber mir ist bis zu einem gewissen Grad doch wichtig, den Leistungsanspruch in allen Tätigkeitsbereichen hochzuhalten. Ein guter Sportler verliert nicht gerne. Egal ob in seiner Paradedisziplin oder nur bei einer Partie

Backgammon. Der Anspruch in einem Sportlerleben sollte sein, sich immer verbessern und dazulernen zu wollen.

Es entwickelt sich ein gutes Spiel mit tollen Ballwechseln und großem Einsatz von allen Seiten. Die Athleten und Betreuer geben im Rahmen ihrer Möglichkeiten ihr Bestes, auch wenn man mit bloßem Auge erkennen kann, dass in der sportlichen Grundausbildung nicht an jeder Ecke Deutschlands ein Ball zur Verfügung steht. Wir Betreuer tauschen ein wenig durch, damit jeder zum Spielen kommt. Auch der Arzt, der nur selten beim Team dabei ist, meldet seinen Anspruch an mitzuspielen. Ich mache für ihn Platz und schaue mir das Treiben ein wenig von außen an. Der erste Aufschlag des Doc ist sehr unkoordiniert, und Gelächter bricht aus. In weiterer Folge häufen sich die Fehler unseres Teamarztes derart, dass der Spielrhythmus hinüber ist. Ich kann auch von seiner Seite aus keinerlei Ambitionen erkennen, die Fehler abzustellen und einen konstruktiven Beitrag zum Spiel zu leisten. Er gefällt sich in der Rolle des Spaßvogels und genießt die Aufmerksamkeit. Ich koche innerlich, da ich ganz andere Vorstellungen von einem Aufwärmspiel für Leistungssportler habe. Es darf schon gelacht werden, aber nicht aufgrund von ausgiebig zelebrierter sportlicher Inkompetenz.

»Bitte geh vom Feld und eigne dir zuerst die Grundelemente des Volleyballspiels an!«, rufe ich ihm zu und fordere ihn auf, wieder für mich Platz zu machen. Stille im Raum. Alle Beteiligten sind verunsichert, weil sie einen derartigen Schritt noch nicht erlebt haben. Meint das der neue Chef wirklich ernst? Ich füge eine kurze Erklärung hinzu und fordere mein Team zum Weiterspielen auf. Sofort merke ich, dass ich sehr weit gegangen bin. Die Stimmung im Raum schwankt spürbar zwischen Solidarität mit dem Doc und Akzeptanz meiner Führungskultur.

Ich bin aber überzeugt, dass dieser unpopuläre Schritt absolut notwendig war, eine neue Leistungskultur in diesem Team zu etablieren. Wer erfolgreich sein will, muss täglich an seine

Grenzen gehen, und wer im Team erfolgreich sein will, muss sich mit Leuten umgeben, die ähnlich ticken. Die ersten Spiele mit dem deutschen Team erinnerten mich eher an ein Ferienlager: Gemeinsam Spaß haben und sich gegenseitig nicht wehtun. Doch um Erfolg zu haben, braucht es einen Leistungsanspruch in allen Teilbereichen und Leute, die diese Idee mittragen.

Vertrauen erarbeiten

Fortbildung für Fortgeschrittene –
Schülerübungen für Martin Schmitt

Wir haben die Radtour von Garmisch nach Oberstdorf gut überstanden, und es geht zum ersten richtigen Technikkurs nach Hinterzarten. Eine Woche zuvor haben wir dem sportlichen Leiter Horst Hüttel zuliebe bei einem regionalen Springen in Bischofsgrün teilgenommen. Dort habe ich die Mannschaft auf der Schanze erstmals gesehen und betreut. Da sich in Bischofsgrün nur eine 60-Meter-Schanze befindet, waren die gezeigten Versuche noch nicht besonders aufschlussreich.

Zuerst muss man eine gemeinsame Sprache finden auf der Schanze. Diesen Prozess hatte ich in der Schweiz schon einmal durchgemacht, und auch in Deutschland musste das Ganze noch einmal durchlaufen werden. Jedes Land hat in der Ausbildung seine Besonderheiten und Schwerpunkte, und die sprachlichen Beschreibungen sind schon regional höchst unterschiedlich. Inhaltlich gibt es sowohl im Kraft- als auch im technischen Bereich unterschiedliche Ansätze in der deutschen Trainerschaft. Immer wenn ich in der Vergangenheit zugleich mit einem deutschen Trainerteam an einer Schanze gewesen war, fiel mir auf, dass die Filmaufnahmen im 90-Grad-Winkel zur Schanzentischkante gemacht wurden. Die Tatsache, dass mein neuer Co-Trainer auch wieder gleich auf die Position des 90-Grad-Filmers an der Schanzentischkante losstartet, gibt mir zu denken. Das Technikleitbild in Deutschland ist von Knotenpunkten, ja man könnte fast sagen von Vorgaben geprägt. Die Schanzentischkante ist so ein Marker, bei dem die unterschiedlichen Körperwinkel herausgerechnet und mit einem »Idealbild« verglichen werden. Hier wurde, so vermute ich, punktuell ein Fehlerbild herausgearbeitet, das als sprungentscheidend betrachtet wird. Mein Ansatz ist die ganzheitliche Betrachtung des Skisprungs mit all seinen Zusammenhängen und Wirkungsweisen, also die gesamte Bewegung vom Anlaufbalken bis zur Landung.

Hier gilt es, Überzeugungsarbeit in meinem Kernteam zu leisten. Bei internen Diskussionen mit meinem neuen Trainerteam erläutere ich meinen Ansatz und versuche den Vergleich, dass ich an einem einzelnen Standbild doch auch nicht erkennen könne, ob ein Film meinem Geschmack entspricht oder eben nicht. Ich stelle die Aussagekraft eines Einzelbildes infrage.

In Hinterzarten angekommen beschließe ich, nach den Erfahrungen der ersten Sprungeinheit eine interne Fortbildung zu machen. Tief in mir drinnen macht sich Unsicherheit breit. In diesem Raum sitzen Athleten, die sich schon mindestens zehn Jahre lang mit dem Skispringen beschäftigen und vermutlich auch mindestens schon drei verschiedene Trainer hatten. Zudem sind meine Trainerkollegen auch keine Anfänger mehr, und ich möchte einerseits niemanden vor den Kopf stoßen und schulmeistern und mich andererseits natürlich auch nicht der Lächerlichkeit preisgeben. Das Gefühl, dass diese Maßnahme jetzt notwendig ist, überwiegt aber, und vorsichtig beginne ich mit meinen Ausführungen. Fast schon prophylaktisch entschuldigend ringe ich um Verständnis für die Notwendigkeit einer gemeinsamen Sprache. Ich beginne mit meiner Theorie, die ich Gleichgewichtstheorie nenne, und erläutere die Eckpunkte meiner Skisprungvorstellung. Kernaussage dabei ist, dass meiner Meinung nach der gesamte Bewegungsablauf zusammenhängt und alles in letzter Konsequenz ein Ringen nach der richtigen Balance ist. Befindet sich im Verlauf des Skisprungs, beispielsweise bei der Anfahrtsposition, der Körpergesamtschwerpunkt zu weit hinten, versucht man das schnellstmöglich zu kompensieren und richtet sich bei der nächsten Gelegenheit wieder nach vorne, wobei es meist zu Überkompensationen kommt. Ich will vermitteln, dass jeder Fehler eine Ursache hat. Wenn man den Fehler vermeiden will, muss man zuerst die Ursachen kennen, und es genügt nicht, nur den Punkt ins Visier zu nehmen, an dem der Fehler sichtbar wird. Ich denke, dass es sich manche Trainer auch zu einfach machen, wenn sie das Standbild an der Schanzentischkante als Referenz nehmen und den Sportler mit einem klassischen Ist-Sollwert-Vergleich über seine Defizite aufklären. Ein Trainer muss konstruktive Lösungen anbieten und sich nicht hinter reinen Zahlen und Fakten verstecken, weil er damit die Verantwortung nur dem Sportler überträgt.

Die Blicke im Raum zeigen Erstaunen bis Zustimmung. Es entsteht eine rege Diskussion, bei der sich vor allem Martin Schmitt sehr aktiv beteiligt. Er stellt einige kritische Fragen, vermittelt aber Zustimmung, fast Dankbarkeit für meinen vorgetragenen Ansatz. Bei anderen spürt man, dass es noch ein wenig dauern wird, bis sie sich von gewohnten Denk- und Handlungsmustern lösen werden, aber ein erster Schritt ist getan.

Meine vorherigen Bedenken, es könnte grenzwertig sein, mit gestandenen Profis über die Basics des Skispringens zu diskutieren, sind ausgeräumt. Man stelle sich vor, ein Fußballtrainer spricht mit seiner neuen Mannschaft über Passen und Stoppen, oder ein Volleyballtrainer thematisiert Annahme und Aufspiel. Aber nicht selten scheitert es genau an den einfachen Dingen im Leben. Entscheidend ist, dass man die Zusammenhänge gut und schlüssig erläutern kann. Athleten spüren sehr schnell, ob das

Gesagte Hand und Fuß hat, und ohne Grundvertrauen verhallen jegliche Korrekturen im Wind.

Die ersten Trainingseinheiten verlaufen gut, und es sind auch schon Leistungssteigerungen erkennbar. Einzig Martin Schmitt, bei dem ich eigentlich die größte Zustimmung verspüre, kommt sprungtechnisch nicht so recht vom Fleck. Zu tief ist ein falsches Technikmuster in seinen neuronalen Strukturen verankert, und mit knapp 30 Jahren und Tausenden Versuchen auf dem Buckel lässt es sich auch nicht so schnell verändern. Martin hat das Problem, dass er kurz vor Absprungbeginn immer einen Arm tiefer fallen lässt als den anderen, damit seitlich aus der Balance kommt und nicht mehr die erforderliche Absprungdynamik entfalten kann. Das wiederum hat zur Folge, dass er in der ersten Flugphase mit einem verdrehten Oberkörper verzweifelt das Luftgleichgewicht sucht und manchmal sogar abrudern muss.

Ein paar Wochen später in Oberwiesenthal sage ich zu meinem Co-Trainer Rolf Schilli, der Martin schon lange kennt und auch im Heimtraining begleitet: »Rolf, was hältst du davon, Martin einen Holzstab in die Hände zu geben mit der Anforderung, ihn während der Luftfahrt nicht mehr loszulassen.« Diese Übung ist normalerweise für den Schülerbereich reserviert, aber vielleicht können wir bei Martin die Armaktivitäten während der Absprung- und Flugphase einschränken und damit Erfolge erzielen. Rolf zieht inhaltlich total mit, meldet aber seine Skepsis an, ob ein vierfacher Weltmeister mit dieser »Degradierung« wohl Freude hätte. Ich bin wild entschlossen und auch mit der nötigen Portion Unbefangenheit ausgestattet, begebe mich während der laufenden Trainingseinheit zum Liftausstieg und erkläre Martin den Sachverhalt. Vorher habe ich noch im Wald einen Ast abgebrochen, den ich ihm gleich mit auf den Weg gebe. An und für sich ist für einen routinierten Springer ein derartiger Eingriff in das Bewegungsmuster nicht gefährlich, aber der Blick von Martin Schmitt vermittelt, wie von Rolf vorhergesehen, keine Begeisterung.

Martin sitzt auf dem Zitterbalken, bekommt das Freizeichen und stößt sich in die Spur. Pflichtbewusst den Holzstab in beiden Händen haltend nähert er sich dem Schanzentisch, springt ab und fängt plötzlich an, hektisch mit beiden Armen zu rudern. Mit Mühe kann er einen Sturz vermeiden. Konsterniert blicke ich zu Rolf und zweifle meine Maßnahme an. Rolf jedoch beruhigt mich und meint lächelnd: »Da muss er durch.«

Martin kommt zum Funkgerät, und ich hege die ärgsten Befürchtungen. Von Beschimpfungen bis zur Abkehr der Maßnahme bin ich auf alles gefasst. Zu meinem Erstaunen reagiert er sehr gelassen und meint, er probiere weiter, mit dem Ast in der Hand zu springen. Erleichtert zwinkere ich Rolf zu und hoffe, dass sich die Übung auszahlt und die Hartnäckigkeit des Athleten weiterbesteht. Die Einheit verläuft nicht unbedingt wunschgemäß, doch plötzlich ist ein Sprung dabei, bei dem Martin komplett gleichmäßig vom Schanzentisch abhebt, die Flugphase schnell stabilisiert und fast zehn Meter an Weite gewinnt. Rolf und ich klatschen uns ab und treten zufrieden den Weg ins Hotel an.

Beim Videostudium kommt es zu einer intensiven Diskussion mit meinem Athleten, aber man spürt, dass er den Weg fortsetzen will. Das Vertrauen ist gewachsen, die intrinsische Motivation sehr hoch und eine Verbesserung des Technikmusters nur mehr eine Frage der Zeit. Schon bei den Sommerwettkämpfen häufen sich die gelungenen Versuche, und der Bann ist gebrochen. Die Vertrauensbasis zwischen Trainer und Athlet ist die Wurzel für eine erfolgreiche Zusammenarbeit, und wenn man dafür manchmal auf Schülerübungen zurückgreifen muss.

Leben für die Sache

Eggi vor Schlieri –
Telefonate nachts um halb zwölf –
In den Osterferien mit dem Flieger nach Oslo

Im Jahr 2002 bekomme ich als Nachwuchstrainer in Stams einen jungen Springer namens Markus Eggenhofer in meine Trainingsgruppe. Ein körperlich retardierter, schüchterner Sportler, der gerade schwer verletzt war, aber sich durch motorisches Geschick und Leidenschaft auszeichnet. Zudem verfügt er über einen schlanken, feingliedrigen Körper, der ihm zu einem späteren Zeitpunkt – wenn alle Sportler ausgewachsen sind – zugutekommen sollte. Ich halte es für möglich, Markus auf ein sehr gutes Niveau zu verhelfen, aber es entpuppt sich als sehr mühsames Unterfangen, die Lücke zum Rest der Trainingsgruppe leistungsmäßig zu schließen. Es wirkt, als hätte er Angst. Vorsicht und Zurückhaltung prägen seinen Bewegungsablauf. Auch nach drei Jahren ist er immer noch nicht imstande, sicher von einer 120-Meter-Schanze zu springen. Ich versuche, ihm bei einer Ansprache den Druck zu nehmen, und bereite ihn auf eine Vorspringerkarriere vor. Entgeistert sieht er mich an und sendet klare Signale, dass er weiterhin Ambitionen habe, es an die Spitze zu schaffen. Danach kommt langsam Bewegung in die Sache, und Markus macht kleine Schritte vorwärts. Im darauffolgenden Herbst sollte es dann so weit sein, und wir planen eine Flugeinheit auf der Tourneeschanze in Innsbruck.

Ich stelle Markus bestmöglich ein und gebe ihm klare Handlungsanweisungen, was bei einem Jungfernsprung auf einem derartigen Monsterbakken zu tun ist. Dabei versuche ich, größtmögliches Vertrauen auszustrahlen, um auch beim Athleten jeglichen Zweifel im Ansatz zu ersticken. Man spürt, dass Markus Angst hat, aber auch er möchte keinerlei Schwächen zeigen, packt seine Sachen und marschiert Richtung Aufzug.

Gespannt und ein wenig unruhig beobachte ich die Windverhältnisse, bevor ich Markus das Freizeichen gebe. Ein Sturz wäre fatal. Der erste Versuch muss sitzen, um das notwendige Selbstvertrauen für weitere Karriereschritte unternehmen zu können. Mit einem mulmigen Gefühl winke ich ab, und innerlich aufgewühlt hoffe ich, dass alles gut geht und mein Athlet handlungsfähig bleibt. Er stürzt sich in die Spur, hebt vom Schanzentisch ab und erreicht sicher die stabile Fluglage, die ihn auf über 100 Meter Weite trägt. Das erste Mal die 100-Meter-Marke zu überspringen ist ein Meilenstein in jeder Karriere. Ein Gefühl, das man nie vergisst.

Ich renne zur Liftausstiegsstation, weil ich Markus persönlich in die Augen schauen will nach seinem ersten Sprung auf diese magische Marke. Er strahlt über beide Ohren, und man kann erahnen, was ihm der Sprung bedeutet. Ich versuche, sein Gefühl zu verstärken, aber gleichzeitig nicht in Euphorie zu verfallen, um nicht übertriebene Risikobereitschaft hervorzurufen. Alle weiteren Versuche laufen reibungslos ab. Er kann sich sogar auf knapp 115 Meter Weite steigern.

Wenn man bedenkt, dass andere Sportler im zarten Alter von 12, spätestens 14 Jahren die 100-Meter-Marke überspringen, dann ist das keine besondere Leistung, aber wenn man den individuellen Entwicklungsweg dieses Sportlers mitverfolgt hat, dann ist es nicht hoch genug zu bewerten, dass dieser Tag überhaupt noch gekommen ist. Die leuchtenden Augen und das glückliche Gesicht von Markus Eggenhofer sind mir bis heute im Gedächtnis geblieben, und tief im Inneren bin ich auch ein klein wenig stolz, dass ich meinen Beitrag leisten konnte, dass wir gemeinsam diese Tür zum Glück öffnen konnten. Vier Jahre später sprang Markus sogar im Weltcup und erreichte dort passable Ergebnisse. Viele Sportler, die ihn jahrelang belächelten, haben solche Resultate niemals erreicht.

Ein Jahr nach Markus' 100-Meter-Sprung in Innsbruck wird Gregor Schlierenzauer Juniorenweltmeister und gewinnt im Dezember 2006 sein erstes Weltcupspringen. Diese Erfolge sollten mir als Referenz dienen für eine Trainerkarriere auf höchstem Level. Die Entwicklung von Markus Eggenhofer hat vielleicht seine Eltern und ein paar Insider interessiert. Oft habe ich mich in dieser Zeit gefragt, was eigentlich mein bisher größter Erfolg war als Trainer. Beachtet man Medaillen bei Juniorenweltmeisterschaften, Alpencuperfolge und die Entwicklung, war es ohne Zweifel Schlierenzauer. Ich habe immer versucht, jungen Leuten das Skispringen beizubringen oder anders gesagt: junge interessierte Sportler an ihr individuelles Leistungsmaximum heranzuführen. Dies kann sehr unterschiedlich ausgeprägt sein.

Was ist schwieriger: Das Ausnahmetalent Gregor Schlierenzauer als Topspringer im Weltcup zu etablieren oder dem Nachzügler Markus Eggenhofer zu einem 100-Meter-Sprung mit freier Anlaufwahl zu verhelfen? Auch wenn es vielleicht provokant klingt: eher Letzteres!

D ie Arbeit als Trainer kennt keine Arbeitszeiten. Mit Dienst nach Vorschrift kommt man nicht sehr weit. Manchmal musste ich zwar meine Arbeitszeiten aus abrechnungstechnischen Gründen dokumentieren – speziell bei Einsätzen an Wettkampfwochenenden, die extra bezahlt wurden –, aber größtenteils war ich immer für mein »Werk« angestellt. Auf Werkvertragsbasis gilt es, ein Projekt zu betreuen, A-Kader, B- oder C-Kader. Man hat Vorgaben, die nach Entwicklung und Resultaten beurteilt werden und die einen, je nach Verlauf, für ein weiteres Jahr qualifizieren oder auch nicht. Wie man dieses Projekt anlegt, bleibt jedem selbst überlassen. Abgerechnet wird man nach Erfolg.

Ich habe meine Stunden, die ich gearbeitet habe, nie aufge-schrieben und meinen Einsatz, den ich für die Sache gebracht habe, nie dokumentiert. Ich weiß nicht, ob das eine Stärke oder eine Schwäche von mir ist. Vermutlich habe ich es aus Selbst-schutz nie gemacht. Bei meinem Fanatismus wäre die Rechnung unvorteilhaft für mich ausgegangen.

Man unterstellt mir, nicht abschalten zu können. Nachts um halb eins an der Bar mit Kollegen schneide ich wieder ein neues Thema an, das mit Skispringen oder den Ereignissen des abgelaufenen Tages zu tun hat. Meine Mitstreiter versuchen verzweifelt über Kinder, Frauen, Urlaube oder Sonstiges einen Austausch zu beginnen, aber mir gelingt es immer wieder, auf das Skispringen zurückzukommen. Eine Fähigkeit hilft mir da-bei: Ich empfinde es nicht als belastend, mich in der Thematik zu verheddern. Spreche ich nicht darüber, schwirrt das Thema wei-terhin in meinem Kopf herum, weshalb es gesundheitlich besser ist, zumindest für mich, den Austausch zu suchen. Dass man damit aber manchmal den Kollegen auf die Nerven geht und sie gelegentlich überfordert, muss ich zähneknirschend, aber auch verständnisvoll zur Kenntnis nehmen.

Am meisten stößt man aber die eigene Familie vor den Kopf. Kinder haben geregelte Abläufe in Kindergarten und Schule, und meine Frau Annika richtet in dieser beruflich intensiven Phase zu meinem Glück ihr Leben zum Wohl der Familie aus. Sehr viele Jahre war ich ohnehin im Winter kaum zu Hause. Nichts ist dann störender, als wenn im Moment des gemeinsa-men Abendessens das Mobiltelefon läutet und ich aufstehe und sage: »Ist ein wichtiger Anruf, komme gleich wieder.« Damit stößt man alle vor den Kopf, besonders die Frau, die einem im-mer den Rücken freihält, und gibt ein schlechtes Vorbild ab. Was ist wirklich wichtig und unaufschiebbar? Was passiert, wenn die Kinder größer werden, meine Frau wieder zu arbeiten beginnt und sich alle das gleiche Recht herausnehmen?

Ich habe viele Telefonate spät in der Nacht geführt oder den Essenstisch verlassen, um einen wichtigen Anruf entgegenzunehmen. Ob alles wirklich von essenzieller Bedeutung war, werde ich nicht mehr herausfinden. Im Nachhinein gesehen hätte mir zwar eine etwas bessere Struktur im Tag gutgetan, aber ohne meinen bedingungslosen Einsatz wäre es auch nicht gegangen. Für den Erfolg muss man Opfer bringen, zumindest temporär. Man kann nur von Glück sprechen und Dankbarkeit ausstrahlen, wenn die Familie das mitträgt und bedingungslos hinter einem steht. Zu sehr ausreizen sollte man es nicht.

Die Saison 2015/16 ist beendet. Ein Jahr ohne Großereignisse mit dem Höhepunkt Vierschanzentournee und Skiflug-WM. Beides haben wir mit Platz zwei abgeschlossen. Zum Ende der Saison haben wir große Probleme, die Erfolge zu halten, und es zeichnet sich ab, dass das Trainerteam umgebaut werden muss. Stefan Horngacher erhält ein Angebot als polnischer Cheftrainer und bekommt dadurch die Möglichkeit, zu Athleten zurückzukehren, die er in den Anfangsjahren seiner Trainertätigkeit im Juniorenbereich an die Spitze herangeführt hat. Zudem spüre ich, dass es ihn reizt, Verantwortung zu übernehmen und sein Führungspotenzial unter Beweis zu stellen. Ersatz ist nicht so einfach zu finden, da wir nach einer Eier legenden Wollmilchsau suchen: fachliches Know-how, athletische und technische Kompetenz, Materialerfahrung und auch die Bereitschaft, sich selber an die Nähmaschine zu setzen, menschliche Qualitäten, Teamfähigkeit, Reisebereitschaft und vieles mehr.

Normalerweise stimme ich mich bei derartigen Fragen nicht mit Athleten ab. Zwei Athleten, drei Meinungen, aber in diesem Falle frage ich meinen Vorzeigespringer Severin Freund um seine Ansicht. Schließlich sind es in letzter Konsequenz die Athleten, die Vertrauen ins System haben und sich mit Haut und Haaren darauf einlassen müssen. Auch ihm fällt im Inland kein adäquater Ersatz ein, und er regt auf Basis seiner geliebten Trainingsaufenthalte in Skandinavien an, doch einen Blick zu den Trainerkollegen in Norwegen zu werfen, die seines Erachtens sehr umgänglich und kompetent wirken. Vermutlich hat er Angst, dass ich einen weiteren Österreicher ins deutsche System lotse, aber mir gefällt sein Ansatz, den Kandidatenkreis weiter zu fassen. Ich spiele meine Kontakte aus, rufe einen langjährigen Trainerkollegen und Freund in Trondheim an und bitte ihn um Rat. Er freut sich über meinen Anruf und erbittet sich Bedenkzeit.

Die Zeit drängt. Es sind gerade Osterferien, und alle sind noch ein wenig platt von den Strapazen der vergangenen Wintersaison. Mein sportlicher Leiter Horst Hüttel verbringt gerade seinen wohlverdienten Familienurlaub in Südtirol und kann mir nur telefonisch helfen. Seine Vorschläge beziehen sich ausschließlich auf junge Trainer im Inland und überzeugen mich nicht. Ich spüre große Verantwortung gegenüber der Mannschaft, die sich in den letzten Jahren so gut entwickelt hat, dass ich ihr keinen Azubi zumuten will. Ich brauche einen Trainer, der uns auf diesem hohen Niveau noch einmal hilft, uns weiterzuentwickeln. Ich spüre den Zeitdruck und die Notwendigkeit, schnell handeln zu müssen, sonst würde Horst Hüttel ein Machtwort sprechen und einen seiner Kandidaten durchbringen.

Mein norwegischer Trainerkollege ruft mich zurück und präsentiert mir einen höchst interessanten Vorschlag: Roar Ljøkelsøy. Mich haut es fast um. Der ehemalige Weltklassespringer, mehrmalige Skiflugweltmeister und Medaillengewinner Ljøkelsøy soll mein neuer Assistent im deutschen Team werden? Mein Vermittler versichert mir, dass er für Roar die Hand ins Feuer lege. Kompetent, fleißig, umgänglich, alles, was man sich in einem Team wünscht. Zudem verfügt er über eine großes Sprunganzug-Know-how. Genau die Fähigkeit, die wir mit Stefan Horngacher im kommenden Jahr verlieren würden.

Roar Ljøkelsøy (rechts) bringt seine große Erfahrung als Spitzenspringer ins Team ein.

Ich will nichts unversucht lassen und bin besessen von dem Gedanken, mich schnellstmöglich mit Roar zu treffen. Freudig teile ich Horst Hüttel meinen Plan mit und bitte ihn um Erlaubnis, nach Norwegen fliegen zu dürfen, um mir persönlich ein Bild machen zu können. Horst reagiert verdutzt, aber er stimmt meinem Plan zu. Ich vereinbare mit Roar ein Treffen in Oslo, und die Sekretärin des Deutschen Skiverbandes sucht mir Flüge heraus. Alles ist organisiert, nur meine Familie weiß noch nichts davon.

Meine Frau ist alles andere als begeistert von meinem Vorhaben. In Österreich haben wir nur zehn Tage Ferien, und dem Deutschen Skiverband war es in den vorhergehenden Jahren nicht selten gelungen, eine Klausur mitten in diese Ferientage zu legen. Obwohl wir keine besonderen Pläne haben, geht wieder wertvolle Familienzeit verloren, in der man mit den Kindern Skifahren oder mit der Familie Oma und Opa besuchen könnte. Den ganzen Winter hält mir meine Frau den Rücken frei und freut sich auf ein paar gemeinsame Tage in der Osterzeit, und dann fällt mir nichts Besseres ein, als an einem dieser Tage nach Norwegen zu fliegen, um ein Personalgespräch zu führen. Ihr Verständnis hält sich, zu Recht, in Grenzen. Ich argumentiere mit allem, was ich zur Verfügung habe, um ihr ein Zugeständnis abzuringen, im Besonderen mit der Tatsache, dass die Sache unaufschiebbar ist und die Entscheidung richtungsweisend für die nächsten Jahre sein könnte.

Ich komme mir vor wie ein Manager, nur ohne Aktenkoffer. In der Früh um sechs nach München, Flug nach Oslo, Meeting, und dann am Nachmittag wieder zurück. Roar und ich sind uns schnell einig, und begeistert unterrichte ich Horst Hüttel von den Einzelheiten unseres Gespräches. Es folgen, an Medaillen gemessen, die drei erfolgreichsten Jahre in meiner Zeit als Bundestrainer. Ohne diesen bedingungslosen Einsatz und ohne meine Hartnäckigkeit hätte es durchaus anders kommen können. Wer weiß das schon.

Hintenangestellt habe ich ein weiteres Mal die Familie. So viel Dank kann ich gar nicht aussprechen.

Die meisten Menschen, mit denen ich mich über Werner Schuster unterhalte, erleben ihn als sehr charismatisch. Diese Aussage kommt oftmals mit einem leichten Neid – diese Einschätzung durch andere wünschen sich viele – und der resignierten Aussage, dass man das nun leider nicht lernen könne.

Kann man nicht? Jein ist hier die Antwort. Sicherlich gibt es Merkmale wie etwa eine extrovertiertere Persönlichkeit, die eher Voraussetzung sind (und dem einen gegeben, dem anderen weniger). Aber ich glaube, dass es durchaus eine Menge an Verhaltensweisen gibt, die zu einer Wahrnehmung als charismatische Person führen können.

Heutzutage sind viele Führungskräfte tendenziell eher mit wenig Ecken und Kanten ausgestattet. Das mag sicherlich auch an der Sozialisierung in Organisationen liegen (man hat es mit einer gewissen Stromlinienförmigkeit in vielen Fällen leichter, Karriere zu machen). Aber es führt auch dazu, weniger greifbar zu sein.

Aus vielen Mitarbeiterbefragungen weiß man, dass eine der wichtigsten Eigenschaften einer guten Führungskraft die Berechenbarkeit ist. Das, was gestern galt, gilt auch noch heute und morgen. Die Launen wechseln nicht täglich oder gar stündlich. Und den Worten folgen auch Taten.

Berechenbar kann ich aber auch mit einem klaren Profil, mit gelebten Werten und all meinen Macken und Besonderheiten sein. Wahrscheinlich bin ich es damit sogar noch mehr.

Was also können Verhaltensweisen sein, die mich für andere Menschen greifbarer, berechenbarer und damit vielleicht auch charismatischer erscheinen lassen? Eine klare und gelebte Werteorientierung gehört hier sicherlich dazu. Und sich hierbei auch seiner Vorbildfunktion bewusst zu sein (ich kann als Führungskraft, wie auch als Eltern, nichts von anderen fordern, wenn ich es nicht selbst lebe ...). Meinungen und Positionen zu haben und diese auch zu äußern. Dies aber in einer Form, die andere Menschen nicht verletzt oder ausgrenzt. Fehler eingestehen zu können und daraus zu lernen. Bei Fehlern oder Schwächen im Team mit breitem Kreuz vor diesem zu stehen und es zu schützen (wie es Werner in schwierigen Zeiten in vielen Interviews mit seinen Sport-lern tat). Bei Erfolgen sich nicht in den Vordergrund drängen, sondern anderen die Bühne zu gönnen. Einsatz zeigen und die berühmte Extra-meile gehen. Und dabei eine sichtbare intrinsische Motivation für das eigene Handeln, die Profession zeigen.

Im Spitzensport sind meines Erachtens große Erfolge nur durch eine manchmal harte, extreme Ehrlichkeit zu erreichen. Als Trainer muss ich dem Athleten unter vier Augen schonungslos die Wahrheit sagen können – und dabei dennoch die (Arbeits-)Beziehung nicht kom-plett aufs Spiel setzen. Dies kann ich nur, wenn ich zuvor in genügend schwierigen Situationen ein berechenbarer Partner war, der sich bei Bedarf auch schützend vor seinen Schützling gestellt hat. Wenn ich nicht nur bei Erfolgen meine Aufmerksamkeit auf einen Athleten lenke, sondern auch im Alltag und in schwierigen Phasen für ihn da bin.

KAPITEL 4

ERSTE ERFOLGE SICHTBAR MACHEN – QUICK WINS REALISIEREN

EURO-2008-Sieg am Bergisel –
Schorschi wunderbar –
Die Silberne von Liberec

Die ersten Schritte mit dem deutschen Team im Jahr 2008 sind gemacht: Die Radtour von Garmisch nach Oberstdorf wurde verletzungsfrei absolviert, die ersten Sprungkurse liegen hinter uns. Die Arbeit ist in vollem Gange, als mich mein ehemaliger Kollege und Chef Alexander Pointner, zu diesem Zeitpunkt österreichischer Nationaltrainer, anruft und mir von einem Projekt EURO 2008 am Bergisel erzählt. Dort werde im Bergiselstadion im Rahmen einer Public-Viewing-Session zum geplanten Vorrundenspiel der Fußball-Europameisterschaft zwischen Deutschland und Österreich ein Rahmenprogramm auf der Schanze zusammengestellt. Als »Anheizer« könnten die zwei Skisprungnationalmannschaften ein Duell auf der Schanze austragen, den Modus wolle man uns überlassen. Es gäbe also noch Spielraum.

Die Sache klingt verlockend und würde auch zeitlich perfekt passen, da wir uns zu diesem Termin im Juni ohnehin in Tirol für einen Trainingskurs in Stams und Innsbruck aufhalten würden. Das Problem: Der sportliche Abstand zwischen dem gerade überragenden Team Österreich und dem gebeutelten, sich im Neuaufbau befindlichen deutschen Team ist so groß, dass das Ergebnis eigentlich von vornherein klar ist.

Mit Alexander Pointer (rechts) vor dem EURO-2008-Duell

Ich zögere noch, aber Alex lässt nicht locker und kommt mir ein wenig großzügig entgegen, indem wir uns darauf einigen, unsere Sportler in fünf Duellen gegeneinander springen zu lassen und die Paarungen so zusammenstellen, dass es sportlich für Deutschland nicht ganz hoffnungslos ist. Mit der Zeit kann ich der Sache immer mehr abgewinnen und stelle meine Mannschaft darauf ein. Ich merke, dass es kribbelt und sich die Spannung im Training leicht erhöht, weil man sich gegen den Erzfeind auf keinen Fall blamieren will. Zudem können wir uns trösten, dass zumindest das anschließende Fußballspiel mit einer sehr hohen Wahrscheinlichkeit zugunsten von Deutschland ausgehen wird.

Im Sprungtraining auf der von Innsbruck nicht weit entfernten Anlage in Stams spüre ich erstmals einen Aufwärtstrend. Georg Späth, ein groß gewachsener, schlanker Springer, gibt den Ton an, und auch die Routiniers Michael Uhrmann und Michael Neumayer machen Fortschritte. In den Pausen tüfteln wir ein wenig an den Paarungen, wobei ich merke, dass die Zuversicht steigt und man den Duellen offensiv entgegenfiebert. Michi Neumayer möchte beispielsweise gegen Wolfgang Loitzl springen. Loitzl sollte im darauffolgenden Jahr die Vierschanzentournee gewinnen und Weltmeister werden, aber das konnte man im Juni 2008 natürlich noch nicht wissen.

Das Public-Viewing-Event im denkwürdigen Bergiselstadion ist perfekt organisiert. Auf der einen Seite des Kessels ist Platz für die Zuschauer, auf der anderen steht die Großbildleinwand. Sonniges Wetter prägt die Woche, und alles deutet auf einen lauen Sommernachmittag mit dem Höhepunkt des entscheidenden Gruppenspiels der EURO 2008 zwischen Österreich und Deutschland hin. Zuvor bleibt es uns überlassen, den Vormittag im noch leeren Stadion für das Abschlusstraining zu nutzen, um dann am Nachmittag die Stimmung der Zuschauer anzuheizen. »Geplant« ist natürlich ein Sieg der österreichischen Skisprungmannschaft, denn im Fußball liegen die Vorteile eher bei den Deutschen, auch wenn natürlich hier die Hoffnung auf eine Überraschung lebt.

Ich spüre eine hohe Konzentration und Vorfreude meiner Mannschaft auf das Event. Die Trainingswoche war sehr ertragreich, und die technischen Komponenten stabilisieren sich, wenngleich die Angst vor einer weiteren Niederlage spürbar ist. Zu tief wurde diese Mannschaft in den vergangenen Jahren verletzt und immer wieder mit Tiefschlägen konfrontiert, wodurch das Selbstvertrauen schon schwer gelitten hat.

Wir versuchen als Trainerteam ein wenig Druck herauszunehmen, verweisen mit einem Lächeln auf das Fußballspiel, das auf alle Fälle gewonnen werden würde, und dass wir ja eigentlich nur positiv überraschen können. Für mich als Österreicher ist die Situation ein wenig seltsam. Weiß ich doch einerseits über die springerischen Qualitäten der Konkurrenten Bescheid (immerhin hatte ich den einen oder anderen selber ausgebildet) und andererseits habe ich oft genug im Fußball Österreich die Daumen gedrückt, um dann einsehen zu müssen, dass David gegen Goliath eben doch selten gewinnt. Konnte ich mich glaubhaft auf die Seite der Deutschen schlagen?

Mein Kollege Pointner ist entspannt und siegessicher. Die Auswahl und Aufstellung der Paarungen ist schnell erledigt, und wir scherzen ein wenig über den bevorstehenden Fußballabend. Zu überlegen und zu erfolgsverwöhnt ist diese Mannschaft aus dem Winter gekommen, als dass sie sich hier Sorgen machen müsste.

Das Stadion ist schon gut gefüllt, und die Zuschauer scheinen Spaß zu haben am Rahmenprogramm. Enthusiastisch begleiten sie unsere Trainingssprünge und sorgen für positive, ausgelassene Stimmung. Der Sprecher tut sein Übriges, und die fünf Duelle können losgehen. Meine Mannschaft springt entfesselt, und es steht überraschenderweise zwei zu zwei nach vier Duellen. Wolfgang Loitzl und Michael Neumayer stehen noch am Ablauf, und die Sensation liegt in der Luft. Neumayer legt vor und landet bei 125 Metern. Reicht diese Weite? Loitzl, ein Mann mit herausragenden Qualitäten, kann diese Marke normalerweise locker überbieten, aber überraschenderweise unterläuft ihm gerade in diesem Moment ein kleiner Fehler, und er setzt bei 124 Metern auf.

»3:2 für Deutschland! Jetzt haben auch die Skispringer ihr Cordóba!«, hallt es aus der Sprecherkabine durchs Stadion. Die Zuschauer raunen, aber der Vorfreude auf das abendliche Fußballspiel tut das keinen Abbruch. Man träumt von der Revanche am Rasen.

Mein Co-Trainer Rolf Schilli und ich klatschen uns ab und strahlen um die Wette. Die österreichischen Kollegen wirken im ersten Moment ein wenig zerknirscht, aber letztendlich nehmen sie die Niederlage gelassen zur Kenntnis, wohlwissend um ihre generelle Stärke. Für uns ist das ein erster Meilenstein, so unbedeutend er nach außen erscheinen mag. Die Mannschaft hat so viele Prügel einstecken müssen, dass jedes noch so kleine Erfolgserlebnis willkommen ist, um das angeknackste Selbstvertrauen wieder aufzupeppen. Noch mehr hat das Event aber für die Chemie zwischen Trainerteam und Mannschaft bewirkt. Folgte das Team den Anweisungen bisher aus einer gewissen Neugier oder vielleicht auch Pflicht heraus, so wächst jetzt das gegenseitige Vertrauen, dass der eingeschlagene Weg eines Tages ziel- und gewinnbringend sein wird.

Es folgt der gemütliche Teil. Mehr als 10 000 Menschen haben sich inzwischen im Stadion eingefunden, und die Stimmung ist genial. Wir mischen uns in einem eigens abgesperrten Bereich unter die Zuschauer und lassen die Trainingswoche noch einmal Revue passieren. Die Mannschaft herzt Michael Neumayer, der uns schlussendlich den Sieg gebracht hat, man spürt direkt die Erleichterung und auch ein wenig Genugtuung in den Gesichtern.

Als dann Michael Ballack noch den Freistoß zum 1:0-Sieg für Deutschland verwandelt und damit das Aus des Gastgebers in der Vorrunde besiegelt, ist unser Abend aus deutscher Sicht perfekt. Und ich als Österreicher mittendrin …

Eine Woche vor Beginn des Sommer-Grand-Prix in Hinterzarten im August im eigenen Land steht noch die deutsche Meisterschaft in Klingenthal auf dem Programm. Ein letzter Test vor dem ersten Highlight, aber auch ein interner Härtetest. Zum ersten Mal trifft man wieder alle Funktionäre, Heim- und Landestrainer, und ich spüre die Blicke der Beteiligten. Was ist passiert in den ersten drei Monaten? Kann der Neue was? Springen die jetzt wirklich besser? Auch treffen hier alle Trainingsgruppen, die sich sonst nur sporadisch sehen, aufeinander, und mit Argusaugen wird darauf geachtet, ob die Hierarchie noch gewahrt oder nach kurzer Zeit schon ins Wanken geraten ist.

Das Wetter ist scheußlich und der Wettkampf von starkem Rückenwind beeinträchtigt. Aus der Vergangenheit wissen wir ungefähr, aus welcher Anfahrtsluke wir losstarten sollten, um dem internationalen Vergleich standhalten zu können. Wir sind schon drei Luken höher, und unsere weitesten Sportler erreichen auf dieser Monsteranlage mit einem Schanzenrekord jenseits der 140-Meter-Marke nicht einmal 130 Meter. Zur Halbzeit führt der talentierte Nachwuchsspringer Pascal Bodmer, und der verantwortliche Rennleiter will den Anlauf weiter verlängern. Trotzig stelle ich mich dagegen, weil es mein Stolz nicht zulässt und ich einen Test unter Wettkampfbedingungen für die kommende Grand-Prix-Woche im Auge habe. Kopfschüttelnd nimmt die Jury mein Veto zur Kenntnis, und das Springen endet mit dem überraschenden Ergebnis Bodmer vor Späth. Die 130-Meter-Marke war nicht geknackt worden.

Bei mir macht sich Unsicherheit breit. Wie sollen wir nur nächste Woche im internationalen Vergleich bestehen? Was passiert, wenn wir beim ersten Härtetest an die Negativergebnisse der vergangenen Saison anschließen? Ich versuche, die Gedanken zu verdrängen, nominiere die Mannschaft für den Grand-Prix-Auftakt und verlasse Klingenthal mit einem mulmigen Gefühl.

In Hinterzarten angekommen läuft es vom ersten Sprung an deutlich besser. Die Spannung ist spürbar, aber speziell die Routiniers Späth, Schmitt, Uhrmann und Neumayer gehen konzentriert ans Werk und platzieren sich im Training im Vorderfeld. Das Presseaufkommen ist enorm, und ich spüre, auf Schritt und Tritt unter Beobachtung zu sein. Auch für uns Betreuer ist das eine Belastungsprobe. Zuversicht geben uns die Sprünge von Georg Späth, der sich vom Schanzentisch in eine enorme Höhe katapultiert und Spitzenweiten in den Aufsprunghang setzt.

Am Wettkampftag bilden mehr als 3000 Zuschauer einen würdigen Rahmen und hoffen auf eine Renaissance der deutschen Skispringer. Natürlicher kann man in vier Monaten nicht die Welt auf den Kopf stellen, aber ein deutlicher Fingerzeig in puncto Ergebnisse würde enorm helfen, um nicht nur das Vertrauen der Mannschaft weiter zu stärken, sondern auch das Umfeld wieder mitzunehmen. Funktionäre, Presse, Fans, alle müssen in Zukunft wieder daran glauben, dass unser Konzept aufgeht und unsere Arbeit Substanz hat. Neue Höhenflüge können nur entstehen, wenn alle Beteiligten Zuversicht versprühen. Bekommen die Zweifler Oberhand, ist es fast unmöglich, die Schwelle des Erfolges zu überwinden.

Das Resultat kann sich sehen lassen: vier Deutsche unter den Top Ten. Auch Martin Schmitt platziert sich mit einem achten Platz wieder im vordersten Drittel aller Wettkampfteilnehmer, was auf den ersten Blick unbedeutend erscheinen mag, sich auf den zweiten Blick aber noch als sehr wertvoll herauskristallisieren sollte. An der Spitze kommt es zu einem dramatischen Duell von Georg Späth mit den zwei österreichischen Spitzenspringern Morgenstern und Kofler, das der »Schorschi« mit einem fabelhaften Flug auf 110 Meter eindeutig für sich entscheidet.

Sieg im ersten Springen! Deutschland ist wieder zurück auf der Skisprunglandkarte. Der Wettkampf übertrifft alle meine Erwartungen. Habe ich doch vor einer Woche noch mit tiefen Zweifeln die deutsche Meisterschaft beäugt, so überraschend kommt jetzt der Erfolg auf internationalem Parkett. Man spürt die Erleichterung bei allen Beteiligten, am besten kann man es wohl am Gesicht der langjährigen Physiotherapeutin Carolin Otterbein ablesen. Sie empfängt die Sportler immer als Erste nach den absolvierten Versuchen, und wie oft musste sie tröstende Worte finden und die Launen der enttäuschten Sportler abfedern und aushalten. Diesmal ist es ihr nach langer Zeit vergönnt, sich wieder mitzufreuen und den Schorschi zur Siegerehrung begleiten zu dürfen.

D er Winter 2008/09 beginnt denkbar schlecht. Waren die Vorzeichen nach dem Sommer-Grand-Prix recht positiv, erwischt uns zum Start in Kuusamo ein sprichwörtlich kalter Schauer. Retten wir uns im Team noch auf den dritten Platz, kommt es im Einzelbewerb mit drei Mann in den Top 30 und keinem einzigen unter den ersten zehn der Welt knüppeldick. Zum Glück fängt Martin Schmitt in den kommenden Wochen wieder an zu schweben, und die Vorzeichen für die Vierschanzentournee sehen wieder etwas besser aus.

Ich bin ziemlich geflasht vom Medieninteresse rund um die Weihnachtszeit. Die Auftaktpressekonferenz im großen Saal des Kurhauses in Oberstdorf vor über 50 Journalisten übersteigt alles, was ich bisher erlebt habe. Die Erwartungshaltung ist riesig, und ich spüre die Last, als Bundestrainer für die Vorstellung der besten Skispringer in Deutschland Rede und Antwort stehen zu müssen. Bisher hatte ich es hauptsächlich mit Journalisten mit bemerkenswertem Sachverstand zu tun gehabt. Bei der Vierschanzentournee tummeln sich jedoch Berichterstatter, die normalerweise andere Sportarten moderieren und von der eigentlichen Materie so weit weg sind wie die Erde vom Mond. Ich werde mit Fragen konfrontiert, die mir sichtlich Mühe bereiten, und mir werden Szenarien vor Augen geführt, die eher aus dem Fußballgeschäft kommen, aber nicht unbedingt typisch für die Arbeitsbedingungen der nordischen Skifamilie sind. »Treten Sie zurück, Herr Schuster, wenn Sie heuer die Tournee nicht gewinnen?« Fragen wie diese befremden mich, aber ich versuche, gute Miene zum eigenartigen Spiel zu machen.

Martin Schmitt springt schon im Training richtig gut, liegt beim Auftaktspringen zur Vierschanzentournee in Oberstdorf zwischenzeitlich auf dem dritten Rang und beendet das Springen als Fünfter. In Garmisch wiederholt sich das Geschehen, und er fällt nach der Halbzeitpodestplatzierung auf den achten Platz zurück. Die vielen lila Mützen im Publikum erinnern an eine glorreiche Zeit, und man spürt den Respekt des Publikums, auch wenn der große Wurf ausbleibt. Nachdem Martin in Innsbruck sogar das Podium erreicht und im Endklassement den unglücklichen vierten Platz belegt, macht sich trotzdem so etwas wie Zufriedenheit breit, denn nach knapp sechs erfolglosen Jahren kann man das durchaus als bemerkenswertes Lebenszeichen deuten.

Die Presse, vor allem die Bild-Zeitung, weiß nicht so recht, wie man mit dieser Tournee umgehen soll. »Zu wenig zum Leben, aber zu viel zum Sterben«, lautet ein Spruch, der die Szenerie ein wenig beschreibt. Man entschließt sich schlussendlich für Anerkennung, bin ich doch ein Neuling und habe so etwas wie einen Startbonus. Ich jedenfalls bin in Bischofshofen der glücklichste Mensch und komplett erschöpft von dieser Vierschanzentournee. Niemals hätte ich mir vorstellen können, dass Verantwortung zu tragen so anstrengend sein kann.

Die weiteren Weltcupstationen verlaufen eher unspektakulär mit Teilerfolgen, bevor es dann im Februar zu meinen ersten Weltmeisterschaften nach Liberec geht. Ich hatte schon einige Teams bei Juniorenweltmeisterschaften geleitet, aber bei den »Großen«, das ist für mich Neuland. Ein wenig naiv und mit vollem Enthusiasmus organisiere ich dieses Event für meine kleine Springergruppe analog meiner Vorerfahrungen als Juniorentrainer. Ich poche auf ein eigenes Quartier mit eigenem Koch und kurzen Wegen, um mit Ruhe und Gelassenheit die Vorbereitungen vor Ort in Angriff nehmen zu können. Wir mieten für zwei Wochen die *Pension Dario* an, eine kleine Privatzimmervermietung mit zwei Sternen, und müssen sogar zusätzlich noch ein Wohnmobil vor die Türe stellen, damit alle Teammitglieder einen Schlafplatz finden. Die Pension selber ist sehr schlicht eingerichtet. Herzstück ist aber ein Aufenthaltsraum mit offener Theke, in dem wir unsere Dartscheibe aufstellen und uns erbitterte Duelle liefern. Der Spaß ist groß, und wir schaffen eine familiäre Atmosphäre, was mir immer schon ein großes Anliegen gewesen ist. Skispringen ist ein sensibler Sport, und Stimmungsschwankungen und Verkrampftheit tragen nicht zur Leistungssteigerung bei.

Sportlich läuft es mit einem fünften Platz von Martin Schmitt auf der kleinen Schanze passabel an, aber bei einer WM zählen eben die Medaillen, und davon gibt es nur drei. Wir müssen eine weitere Woche überbrücken bis zum nächsten Event auf der großen Anlage, und das Training fällt immer wieder den Wetterkapriolen zum Opfer. Um dem Lagerkoller prophylaktisch vorzubeugen, schmiede ich mit meinem Pressebetreuer Ralph Eder die Idee, einen Relaxtag im nahe gelegenen Deutschland einzuschieben. Wir googeln nach einem Wellnesscenter in der Nähe von Bautzen und planen einen anschließenden Kinobesuch im dortigen Filmpalast ein. Was für ein verrückter Plan, hat man doch eher das Bild vor Augen, dass der Spitzensportler sich isoliert und fokussiert seinen Tätigkeiten nachgeht. Doch wir versuchen, die menschliche, soziale Seite in den Vordergrund zu schieben und damit den Nährboden für Spitzenleistungen zu bereiten. Die Mannschaft ist ein wenig überrascht, zieht aber dann voll mit. Wir rumpeln über schlechte Straßen in den Osten der Bundesrepublik und verbringen einen entspannten Tag. Der Tapetenwechsel geht voll auf: Man spürt neue Energie im Team, und das Großschanzenspringen kann kommen.

Martin Schmitt springt auf der großen Schanze von Beginn weg vorne mit, aber schnell wird klar, dass es mindestens zehn Medaillenanwärter gibt und man auch das nötige Quäntchen Glück brauchen wird. Wir leisten uns den Luxus, auf den geplanten Qualifikationstag zu verzichten, denn Martin ist vorqualifiziert. Im Nachhinein stellt sich das als kluger Schachzug heraus, denn es spart Energie und stärkt das Selbstvertrauen. Am Wettkampftag läuft es für uns. Der erste Durchgang gelingt grandios, und Martin sichert sich mit Rang zwei hinter dem überraschend führenden Schweizer Andreas Küttel eine glänzende Ausgangsposition. Andererseits lauern hinter ihm noch die starken Österreicher Morgenstern, Loitzl und Schlierenzauer. Die Medaille ist also alles andere als sicher. Im zweiten Durchgang wird der einsetzende Schneefall so stark, dass sich die Jury dazu durchringt, ihn aus Fairnessgründen abzubrechen. Dadurch wird das Resultat des ersten Umlaufs zum Endresultat: Martin Schmitt gewinnt Silber. Der vierfache Weltmeister aus den Jahren 1999 bis 2001 erreicht nach einer langen Durststrecke wieder eine Medaille, die ihm fast niemand mehr zugetraut hatte. Die deutschen Skispringer tragen endlich wieder eine Medaille zum Medaillenspiegel bei und sind zurück auf der Landkarte.

Thomas Pfüller, der Generalsekretär des Deutschen Skiverbandes, und Präsident Alfons Hörmann umarmen sich im Auslauf der Ještěd-Schanze und feiern die Medaille ausgiebig. Auch bei ihnen fällt der Druck ab, hatten sie doch einem jungen, annähernd unbekannten Trainer aus Österreich die Verantwortung für das deutsche Skispringen gegeben. Marketingtechnisch ist außerdem die Sportart von enormer Bedeutung im Gesamtgefüge des DSV, weshalb sich hier der Druck nicht nur in sportlicher, sondern auch in finanzieller Hinsicht bemerkbar macht.

Am Folgetag erleiden wir zwar mit dem Verpassen des zweiten Durchgangs im Teamspringen ein Debakel, und zwei fünfte Plätze allein hätten uns in der öffentlichen Wahrnehmung nicht viel geholfen. Doch Medaille ist Medaille, und nach der wird man bei einer WM beurteilt. Dass ausgerechnet Martin Schmitt diese Medaille für Deutschland holt, hat nach meinem Empfinden auch die Fantasie der beiden Funktionäre überstiegen. Mit allen möglichen Szenarien hatten sie gerechnet, aber nicht mit diesem. Profiteur dieses Ereignisses bin in letzter Konsequenz auch ich mit meinem Trainerteam, denn das Vertrauen der Verbandsführung verfestigt sich anhand dieses kolossalen Erfolgs.

Dass ich diesen Kredit im kommenden Jahr auch tatsächlich brauchen würde, konnte ich zu diesem Zeitpunkt noch nicht ahnen.

In der Psychologie gibt es unterschiedliche Schulrichtungen. Eine sehr populäre und weitverbreitete ist der systemische Ansatz. Vereinfacht gesagt postuliert er, dass man immer das Gesamtsystem im Blick haben sollte und nur dann passende Interventionen finden kann, wenn einem die Zusammenhänge bekannt und bewusst sind. Zudem liegt der Fokus stärker auf Ressourcen und Lösungen denn auf Problemen. Eine Art des Denkens, die auch im Spitzensport gut passend ist.

Innerhalb dieses Ansatzes gibt es sogenannte systemische Grundprinzipien, nach denen Menschen schon über unzählige Generationen hinweg zusammengelebt haben. Drei davon lauten: Wer älter ist, hat die höheren Rechte. Wer länger dabei ist, hat die höheren Rechte. Und wer sich besser auskennt, hat die höheren Rechte.

Im Alltag konnte man dies zum Beispiel lange beim Dorfältesten und bei der Auswahl von Führungskräften finden: Wer die notwendige Seniorität und entsprechendes Fachwissen hatte, wurde zum Vorgesetzten (auch wenn dies sicher nicht alle Qualifikationen sind, die eine gute Führungskraft mitbringen sollte, und diese Voraussetzungen manchmal eher einer Eignung zum Experten entsprächen ...).

Heutzutage werden diese Grundsätze oftmals nicht mehr gelebt: Die Führungskraft ist jünger als seine/ihre Mitarbeiter/innen, kommt von außen und hat weniger Fachkenntnisse. Dementsprechend schwer fällt es oft, Akzeptanz zu finden. Wenn ich dann im Coaching mit diesen Personen arbeiten darf, stelle ich ihnen oft eine ganz einfache Frage: Was haben Ihre Kolleginnen und Kollegen davon, dass Sie da sind? In vielen Fällen ist die Antwort dann ein langes Zögern. Wenn ich aber meinen Mehrwert nicht relativ früh nach Übernahme einer neuen Tätigkeit sichtbar machen kann, gibt es oftmals keine zweite Chance dafür.

Deswegen ist es zur Gewinnung von Akzeptanz und dem Aufbau von Vertrauen essenziell, schnell erste Erfolge zu realisieren (im Unternehmenslang gerne »quick wins« oder »low hanging fruits« genannt).

Werner und seinem Team ist dies mit konsequenter Arbeit und dem im Sport notwendigen Quäntchen Glück zu Beginn seiner Tätigkeit gelungen. Nicht nur mit den von ihm beschriebenen ersten Erfolgserlebnissen, sondern auch mit einem aktiven, klaren und charismatischen Auftreten (einer notwendigen Vorbildfunktion), gepaart mit dem notwendigen Fachwissen. So konnte er, obwohl noch jung und nicht aus dem deutschen System stammend, schnell das Vertrauen der Athleten und seiner Trainerkollegen gewinnen. Was aber fast noch wichtiger war: Es brachte ihm die notwendige Rückendeckung von Verband und Funktionären ein, die sich in ihrer Entscheidung bestätigt fanden (oder zumindest keine Munition für Angriffe bekamen).

Auch der richtige Umgang mit Erfolg erfordert Feingefühl. Hat mein Team Erfolge, sollte ich als Führungskraft diese nur sehr bedingt für mich reklamieren, sondern mein Team in den Vordergrund stellen. Bei eigenen guten Ideen ist es wichtig, stets auch das Team einzubinden und daran teilhaben zu lassen. Fehler des Teams sind auch meine Fehler – hier muss ich klar vor dem Team stehen und es in Schutz nehmen. Nur meine Fehler gehören mir allein; dafür sollte ich keinen Schuldigen suchen, sondern die Größe haben, Fehler auch einzugestehen (das macht menschlicher und führt bei nicht zu großer Häufung auch zu mehr Akzeptanz als Führungskraft). Werner lebt diese klassischen Führungsprinzipien sehr konsequent (auch ausgedrückt in seinem Motto »Profiliere deine Athleten und nicht dich selbst!«): In frustrierenden Momenten, von denen es über die Jahre auch viele gab, hat er sich stets medial vor seine Athleten gestellt und diese verteidigt (um dann intern die kritischen Dinge sehr direkt anzusprechen). In Momenten des Erfolges wusste er sich zurückzunehmen.

Allerdings hilft es oftmals nicht, nur eine gute Arbeit zu machen – man muss diese auch vermarkten (und in das Bewusstsein der relevanten Personen bringen). Im Sport ist hier die Bedeutung der medialen Arbeit in den letzten Jahren noch einmal mehr gestiegen. Und in meiner Wahrnehmung hat Werner hier eine seiner größten Stärken: Mit rhetorischem Geschick, Wortwitz, einer Portion ehrlicher Direktheit und doch stets fundierter fachlicher Analyse vermarktete er die Erfolge seiner Athleten und die Arbeit des Teams vorbildlich. Gerade im Kontrast zu manchem Fußballer-Interview eine echte Wohltat ...

KAPITEL 5

VISIONEN HABEN –
REALISTISCHE ZIELE SETZEN
Entwicklung in Schritten

Inhalt vor Resultat – 2008–2011–2015 –
Verpflichtung Pernitsch – Die Kollegen überfordert –
Ruhe und Stabilität

Die Zuspitzung im Sport hat ein extremes, ja schon fast bedenkliches Ausmaß angenommen. Es zählen nur mehr Medaillen, und manchmal ist schon der Zweite der erste Verlierer. Verbände, Vereine, Trainer und Sportler stehen unter enormem Druck, weil wirtschaftliche Interessen extrem erfolgsabhängig sind und Geld die Basis für jegliches Handeln darstellt. Trainer müssen angestellt, Trainingslager müssen finanziert werden, Sportler brauchen eine Lebensgrundlage. Da nur drei Sportler aufs Podium passen, kann man sich vorstellen, dass die Verlierer quantitativ überwiegen. Im Fußball wollen in der Liga jedes Jahr mindestens fünf Mannschaften Meister werden. Dabei ist schon vor Beginn klar, dass mindestens vier ihr Saisonziel nicht erreichen werden. Immer gibt es mehr Bewerber als verfügbare Plätze.

Zum Glück haben wir im Skisport eine andere Situation. Schon rein aus monetärer Sicht können es sich Verbände gar nicht leisten, Trainer während des Saisonverlaufs zu kündigen und zu ersetzen. Abhängig vom Erfolg sind sie trotzdem, und es hängt vom Anspruch und Vertrauen des Verbandes und der sportlichen Führung ab, wie lange ein Trainer mit seinem Team arbeiten kann.

Ich habe diesen Druck in meiner Nachwuchstrainertätigkeit nie gespürt, wir waren ein Team. In der Schule in Stams genoss ich Vertrauen, und der Erfolg war fast ein »Nebenprodukt«. Leidenschaft hat mein und unser Arbeiten geprägt. Mit einem guten Konzept, guten Bedingungen und willensstarken Athleten ist eine Weiterentwicklung fast unvermeidbar, sozusagen die logische Konsequenz aus dem gemeinsamen Handeln.

»Kann man Medaillen produzieren?«

Diese Frage hätte ich vor meiner Tätigkeit als Nationaltrainer mit einem entschiedenen »Nein« beantwortet. Umso überraschter war ich, als ich in den ersten Sitzungen in Deutschland immer wieder mit diesem Anspruch, ja sogar diesem Wortlaut konfrontiert wurde.

Bei meiner Antrittspressekonferenz in Deutschland am 1. April 2008 spreche ich überzeugt, aber in gewisser Weise naiv davon, dass ich Trainer bin und kein Zauberer. Ich will mich auf keinerlei Versprechungen festnageln lassen. Da ist mir noch nicht bewusst, dass ich schon sehr bald intern durch die sportliche Führung, aber auch extern durch Medienvertreter darauf aufmerksam gemacht werde, dass man sich in naher Zukunft Medaillen erwarte.

Mit Horst Hüttel, dem sportlichen Leiter, bin ich schnell auf einer Wellenlänge, und wir wissen beide ganz genau, dass ein schneller Erfolg nahezu unmöglich ist. Zu groß ist der Abstand des derzeit besten deutschen Athleten zur Weltspitze, dass man realistisch von Einzelmedaillen reden kann. Die Altersstruktur der aktuellen Topleute spricht zudem gegen den schnellen Erfolg. Die zu diesem Zeitpunkt jungen Athleten Wank und Freund zeigen vielversprechende Ansätze, aber der Sprung an die Spitze würde noch ein weiter sein. Der dünne Mittelbau ist die große Unbekannte, diese Athleten sind jedoch meist schon ein wenig gezeichnet vom permanenten Kampf nach vorne, und der Weg wird mit jedem Jahr steiniger.

Horst und mir ist klar, dass der Weg zum Erfolg einerseits nur über das Team gehen kann, dass uns aber andererseits auch der Spagat gelingen muss, aus arrivierten Athleten das Maximale herauszukitzeln und parallel dazu im Hintergrund an der Entwicklung junger, frischer Gesichter zu arbeiten. Dieser Prozess würde dauern. Mindestens zwei Jahre, vielleicht sogar länger. Würde ich diese Zeit bekommen?

Der Pressebetreuer Ralph Eder, Horst und ich sitzen in Planegg im Büro zusammen und besprechen die Medienstrategie für den Winter. Ralph gibt uns mit seiner riesigen Erfahrung einen Einblick in die Denkweisen der verschiedenen Medien, die uns im Winter erwarten werden. Der Boulevard tickt anders als die Qualitätsmedien, zudem gibt es noch regionale Interessen, die eine Rolle spielen. Ich bin ein wenig verzweifelt, weil ich mich nicht auf ein Resultat festnageln lassen will. Ich halte es für unrealistisch, dass wir im nächsten Jahr Medaillen holen werden. Konnte man das nach außen kommunizieren? Ralph redet mir zu, und wir einigen uns darauf, gebetsmühlenartig immer wieder unsere inhaltlichen Ziele zu wiederholen. Die Medaille ist voraussichtlich nur im Team realistisch, und das werden wir auch so sagen. Ich weiß, viele würden anders an die Sache rangehen. Da wird oft viel versprochen und wenig gehalten. Aber das widerstrebt mir, und manchmal kommt es mir so vor, als würden manche Leute hoffen, dass man ihre großspurigen Ankündigungen wieder vergisst, bis es so weit ist. So bin ich nicht. Ich stehe für ehrliche, seriöse Arbeit und realistische Zielsetzungen. Gehe ich in der Arbeit vollkommen auf, ist es eine Frage der Zeit, bis sich der Erfolg einstellt. Hier muss ich aber zum ersten Mal feststellen, dass die Erwartungshaltung und der Druck von außen von einem anderen Kaliber sind und bedient werden müssen. Dem inhaltlich zu begegnen ist meine einzige Chance.

2009 macht Martin Schmitt, entgegen unserer Annahmen, doch eine Einzelmedaille, und wir können dafür als Team die

Erwartungen nicht erfüllen, aber 2010 gehen unsere Hoffnungen und Strategien voll auf. Das Team zeigt eine Weiterentwicklung, und mit Andreas Wank und Pascal Bodmer qualifizieren sich zwei junge Springer für die Olympischen Spiele in Vancouver. Da wir im Einzel nicht die notwendigen Vorleistungen bringen, ruhen unsere Hoffnungen auf dem Teambewerb, den wir dann tatsächlich auf Platz zwei beenden und damit überraschend die Silbermedaille holen.

Ich habe einerseits immer das Gefühl, dass wir als Team auf einem guten Weg sind, aber andererseits bleiben gleichzeitig stets Restzweifel, ob unsere Strategie wirklich so vollkommen ist, dass der maximale Erfolg sich in absehbarer Zeit einstellen wird. Neben der tragenden Säule »Technik«, die wir meines Erachtens gut im Griff haben, macht mir vor allem die leistungsbestimmende Säule »Athletik«, also die muskulären beziehungsweise körperlichen Voraussetzungen, Sorgen. Die Konzepte sind im großen Deutschland mit seinen vielfältigen Möglichkeiten regional immer noch zu unterschiedlich.

Als Jugendtrainer in Stams wächst man mit einer großen Gesamtverantwortung auf und muss alle relevanten Teilbereiche eigenständig abdecken. In einem großen Team kann und muss man sich für einzelne Teilbereiche Spezialisten an Bord holen und schlüpft mehr in die Rolle eines Koordinators. Die athletische Entwicklung behalte ich zunächst in meiner Verantwortung und arbeite mit der TU München zusammen, aber mehrere andere deutsche Institute melden wieder Ansprüche darauf an.

Nach zwei Jahren in Deutschland bin ich der vorwiegend politisch motivierten Diskussion müde. Ich gehe daher zu Horst Hüttel und sage: »Horst, wir müssen Hari Pernitsch holen!« Hari ist ein Trainingswissenschaftler aus Österreich, der sich einem Lebensprojekt verschrieben und das Krafttraining mit seiner Muskelleistungsdiagnostik neu aufgerollt hat. Ich kenne Hari seit ewigen Zeiten und habe schon in Stams mit ihm zusammengearbeitet. Das Besondere an seiner Philosophie ist einerseits die Individualisierung des Krafttrainings (bedürfnisorientiert und nicht jahreszeitlich gestaltet) und andererseits die enge Verzahnung von Kraft- und Techniktraining, um die Transferleistung zu erhöhen. Eigentlich wollte ich es vermeiden, einen weiteren Österreicher ins deutsche Team zu holen, aber nach zwei Jahren habe ich gemerkt, dass dieser Grundgedanke weder mir noch dem Team nützt und letztlich die Qualität entscheidend ist. Hari war zudem über viele Jahre an der Entwicklung des aktuell dominierenden österreichischen Teams beteiligt und verfügt dadurch über einen immensen Erfahrungsschatz, der uns nun zugutekommen soll.

Es ist der visionären Grundhaltung des damaligen Generalsekretärs im DSV Thomas Pfüller zu verdanken, dass dieses Projekt realisiert werden kann. Hari weiß um seinen Wert und pokert finanziell hoch. Die bisherige Entwicklung im Skisprungteam in den letzten zwei Jahren überzeugt Pfüller davon, dass er aus der Not eine Tugend machen muss, und er knüpft die Verpflichtung Pernitschs an den Weiterverbleib meiner Person.

Wir schreiben das Jahr 2010, und ich bekomme weitere vier Jahre Zeit, um den deutschen Skisprung nachhaltig zu entwickeln. Die Verpflichtung von Hari soll der mühsamen politischen Diskussion ein Ende bereiten, uns dabei helfen, die Qualität im Athletiktraining zu erhöhen und gleichzeitig eine Vereinheitlichung und Verbesserung der Durchlässigkeit im System zu gewährleisten.

Es mag wie ein Frevel klingen, dass man in Skisprungdeutschland auf einen österreichischen Wissenschaftler setzt, aber der Erfolg gibt uns recht, und manchmal ist eine Verpflichtung von außen die einzige Möglichkeit, interne Diskussionen zu beenden.

I n der Saison 2010/11 spüre ich Aufbruchsstimmung. Den jungen Sportlern gelingt es, vermehrt Verantwortung zu übernehmen, aber es sind nicht Wank oder Bodmer, sondern ein gewisser Severin Freund, bisher im Schatten der anderen, der durch kontinuierliche Entwicklung überzeugt. Freund gelingt in Sapporo im Januar nach drei Jahren deutscher Durststrecke der erste Weltcupsieg, und er wiederholt das Kunststück ausgerechnet beim traditionellen Heimweltcup in Willingen vor mehr als 20 000 Zuschauern. Für eine Einzelmedaille bei der Weltmeisterschaft in Oslo ist er noch ein wenig zu »grün« hinter den Ohren, aber es gelingt uns wieder, das Verbandssoll mit der Teammedaille zu erfüllen.

Ich spüre, dass wir vor einer guten Zukunft stehen, und es Zeit wird, die Ziele nach oben zu schrauben. Die jungen Sportler werden sich kontinuierlich weiterentwickeln, und die routinierten Sportler werden die junge, aufstrebende Garde unterstützen. Der Spieß ist umgedreht. Die Frage wird sein, ob das Selbstverständnis nach der langen Durststrecke mit dem gleichen Tempo zurückkehrt wie die Leistungsentwicklung von Severin Freund. Weiters ist offen, ob der junge Mann die Last, Skisprungdeutschland zu repräsentieren, alleine stemmen kann beziehungsweise wer ihn dabei unterstützen wird.

Bei der Vorbereitung zur jährlichen internen Analysesitzung im April kommt mir ein interessanter Gedanke: Ich muss den ganzen Verband, alle Beteiligten, auf die neue Situation vorbereiten und einschwören! Inspiriert hat mich ein Interview des österreichischen Formel-1-Fahrers Gerhard Berger, damals Teamchef vom Nachzügler-Rennstall Minardi, der nach dem sensationellen Sieg vom jungen Vettel in Monza auf die Frage, wie denn die Sensation möglich wurde, geantwortet hat: »Das Problem war nicht der Vettel. Das Problem war, bei der gesamten Crew bis hin zum letzten Mechaniker den Glauben zu verankern, dass wir in der Lage sind, Rennen zu gewinnen.«

Mich erinnert die Sache an den viel zitierten Vergleich mit der Apfelkiste: Ist nur ein Apfel in der großen Kiste faul, verfaulen auch die restlichen Äpfel. Meine Aufgabe wird es sein, den Fahrplan und die Ziele, die in meinem Kopf verankert sind, auf das gesamte Team zu übertragen, um eine vollständige Identifikation zu erreichen und dem Gedanken die Zeit und die Kraft geben zu können, Realität zu werden.

Die Saison 2010/11 beenden wir auf dem vierten Platz in der Nationenwertung und weisen nicht einmal die Hälfte der Punkte der siegreichen Österreicher auf. Mir ist klar, dass ich die Strategie, über ein starkes Team wieder zu Einzelerfolgen zu kommen, fortsetzen muss. Dafür versuche ich, einen realistischen Zeitplan zu entwerfen. Bei der Analysesitzung projiziere ich eine Folie an die Wand, auf der Folgendes steht:

VISIONEN (resultatsmäßig)

- Bis 2013 Nummer 2 in der Welt
- Bis 2015 Nummer 1
- Jeweils eine Einzelmedaille pro Großereignis

Die Unterscheidung zwischen Handlungszielen und Resultatszielen behalte ich bei, aber ich erachte es für realistisch und notwendig, die Trainerschaft auf die veränderte Situation einzustimmen, ja einzuschwören.

Stille im Raum. Die Reaktionen sind sehr unterschiedlich. Während der eine oder andere sehnsüchtig auf ein klares Statement gewartet hat, flößt die Zielsetzung den meisten Angst ein, und Skepsis macht sich breit. Die zweitplatzierten Norweger sind mehr als 1500 Punkte weg, und die soll man in zwei Jahren überholen? Ganz zu schweigen von den Österreichern, die den Weltcup mit fünf Siegspringern in den eigenen Reihen nach

Belieben dominieren und Jahr für Jahr die Punkterekorde überbieten?! Wie soll das gehen? Ich glaube wahrzunehmen, dass ich einen Teil meiner Kollegen gerade überfordert habe, aber gerade diese Reaktion stärkt mich und führt mir die Wichtigkeit und Notwendigkeit der Maßnahme vor Augen.

Um es aufzulösen: 2013 stehen wir immer noch auf Rang drei in der Nationenwertung, und Einzelmedaillen gewinnen wir in Predazzo auch keine, aber 2015 sind wir tatsächlich im Nationencup die Nummer eins der Welt, und Severin Freund holt zwei Einzelmedaillen in Falun. Zudem gewinnt er den Gesamtweltcup.

Hätten wir die gleiche Entwicklung ohne die Ausformulierung der resultatsmäßigen Ziele im Jahre 2011 geschafft? Eine hypothetische Frage. Mit meiner tiefsten inneren Überzeugung sage ich: Nein!

Hätte es Sinn gemacht, die Zielsetzung der Kollegenschaft schon 2008 zu unterbreiten? Mit tiefer Überzeugung sage ich auch dazu: Nein!

Der Zeitpunkt muss gut gewählt und die Ausgangsposition realistisch und nüchtern bewertet werden, ansonsten droht die große Gefahr, dass man sein Team überfordert und frustriert. Handlungstheoretische Grundsätze bilden die Basis – der Erfolg ist, wie das Wort schon sagt, eine Folge davon. Mit der notwendigen Erfahrung und einer Portion Fingerspitzengefühl erahnt man, wann die Zeit für den nächsten Schritt reif ist.

E in altes Sprichwort sagt: »Vater werden ist nicht schwer, Vater sein dagegen sehr.« Umgemünzt auf die Teamentwicklung bedeutet das: Sollte man jemals in die Lage kommen, die (Welt-)Spitze zu erklimmen, stellt sich die Frage, wie man den Erfolg wiederholen beziehungsweise bestätigen kann. Energie- und Arbeitsaufwand sind enorm und lassen sich nicht so leicht wiederholen, aber die Konkurrenz schläft nicht, und ohne weiterhin

Der vorläufige Höhepunkt: Gewinn des Nationencups 2015

das Limit zu suchen, ist der Überholvorgang der Mitbewerber nur eine Frage der Zeit. Meines Erachtens gibt es zwei Möglichkeiten, auf Erfolg zu »reagieren«. Man kann alles auf den Kopf stellen und neue Reize setzen und damit den Prozess extrem dynamisch gestalten – mit der Gefahr, die Stärken und die Basis zu verlieren. Oder man kann ruhig und bedächtig weiterarbeiten – mit der Gefahr, dass sich Selbstzufriedenheit ausbreitet und die viel zitierte Komfortzone der größte Feind der Weiterentwicklung wird. Die Wahrheit liegt, wie meistens, in der Mitte.

Für das Jahr 2015/16 lassen wir das Trainerteam gleich und versuchen, mit Ruhe und Geduld das noch offene große Saisonziel Vierschanzentourneesieg zu erreichen. Wir scheitern. Severin belegt hinter einem überragenden Peter Prevc den zweiten Gesamtrang (wenn der unglückliche Sturz im Probedurchgang in Innsbruck nicht gewesen wäre … wer weiß). Ab Mitte der Saison werden die Topresultate rarer, und Team Deutschland schleppt sich über die Ziellinie. Einzig Severin Freund bestätigt mit Platz zwei im Gesamtweltcup seine Ausnahmestellung, aber der Rest des Teams tritt auf der Stelle. Ist eine Veränderung notwendig? Braucht es neue Reize und neue Ziele für eine neue Dynamik? Stecken wir in der Komfortzone fest?

Mit Ende der Wintersaison brodelt wie immer die Gerüchteküche, und die polnische Nationalmannschaft braucht einen neuen Trainer. Stefan Horngacher, ein Mann mit enormen Allroundqualitäten, wird als potenzieller Nachfolger gehandelt. Für ihn würde sich ein Kreis schließen, hat er doch vor knapp zehn Jahren in den Anfängen seiner Trainerkarriere die polnischen Junioren mit einem gewissen Kamil Stoch erfolgreich gecoacht. Ich rechne täglich damit, dass er in mein Zimmer kommt und mir die Nachricht seines Wechsels überbringt. In Neustadt ist es so weit, und ich bin gezwungen, mich ernsthaft mit dem Gedanken zu befassen, einen exzellenten Fachmann ersetzen zu müssen. Ich bin einerseits traurig, aber andererseits sehe ich auch eine Chance darin, durch den Wechsel eine neue Dynamik im Trainerteam zu entfachen. Alle sind gezwungen, die täglichen Abläufe zu hinterfragen und sich auf die neue Situation einzustellen. Doch erst einmal gilt es, die fachliche Lücke zu schließen.

Tief in meinem Herzen bin überzeugt, dass Harmonie im Arbeitsalltag eine gute Basis für eine gesunde Leistungsentwicklung darstellt. Mir ist bewusst, dass Reibung Energie erzeugt, aber auch viel Kraft kosten kann. Skispringen ist sensibel, und die Athleten sind es auch, weshalb Ruhe und Kontinuität im Trainingsalltag eine wichtige Basis sind. Gleichzeitig ist das Team über die Jahre sehr gewachsen, und der Qualitätsanspruch ist hoch. Mit anderen Worten: Ich kann es mir nicht leisten, der Mannschaft einen Azubi vorzusetzen, und ich will das der Mannschaft auch nicht zumuten.

Mit der Verpflichtung des Norwegers Roar Ljøkelsøy und der Hereinnahme des ehemaligen nordischen Kombinierers Jens

Deimel werden viele überrascht und den Skeptikern wird genug Raum geboten. Für mich sind aber nach wie vor Qualität, Kontinuität und Harmonie die dominierenden Themen. Speziell der ehemalige Weltklasseathlet Ljøkelsøy bringt interessante Aspekte aus einer anderen Skisprungkultur ein. Neben großem Know-how im Materialbereich besticht er durch eine ruhige Arbeitsweise, und seine Erfahrung bei Großanlässen kommt uns in den intensiven Jahren 2017–2019 zugute. Jens Deimel besticht mit hoher Sozialkompetenz und mit dem Blick für die »Lücke«. Er ist einer, der sich nie in den Vordergrund drängt, der sich aber auch für keine Arbeit zu schade ist.

Es sollten medaillenmäßig die drei ertragreichsten Jahre in meiner elfjährigen Amtszeit folgen. Hätte man mit neuen, höheren Zielen und kraftraubenderen Methoden noch mehr erreichen können? Meines Erachtens ist es eine große Leistung, ein erfolgreiches Team auf einem derart hohen Niveau stabil zu halten, und die Tatsache, keine »verbrannte Erde« hinterlassen zu haben, gibt mir ein gutes Gefühl.

Leute entwickeln

Der Unterschied zwischen Bayern und dem DSV –
Hocke und Mechler, bringt mir Bessere – Die Akte Freund –
Als Wellinger vom Himmel fiel

Skispringen läuft unter dem Dach der FIS (Fédération Internationale de Ski) und ist Verbandssache. Seit der österreichische Skirennläufer Marc Girardelli sich nach Streitigkeiten mit dem Österreichischen Skiverband dem luxemburgischen Verband FLS angeschlossen hat und anschließend bei Olympia starten wollte, ist auch die Staatsbürgerschaft eine unabdingbare Voraussetzung für eine Starterlaubnis. Der Verband hat sozusagen das Monopol, seine Athleten für Wettkämpfe zu melden. Aber angesichts der Tatsache, dass er auch für die Ausbildungskosten aufkommt und – speziell im Skispringen – eine wesentliche Rolle bei der Bereitstellung der infrastrukturellen Voraussetzungen spielt, ist das gerechtfertigt. Schließlich kann sich nicht jeder eine eigene Schanze im Garten bauen. Die Bereitstellung der Gelder durch Land, Bund und Gemeinde hängt von fachlich begründeten Verbandsempfehlungen ab. Zudem leben die Mannschaftsbewerbe von dem Kampf nationaler Identitäten und bilden damit eine wesentliche Voraussetzung für die Identifikation der Fangruppen.

Wenn ein renommierter Fußballclub wie Bayern München den Champions-League-Platz verfehlt, macht der verantwortliche Funktionär die Geldschatulle auf, und es wird neues Personal verpflichtet. Egal wo der Spieler her ist und wie viel Herzblut der ausbildende Trainer oder der Klub in den Menschen hineingesteckt hat, bei einem entsprechenden Angebot wird die Trikotfarbe gewechselt. Nicht selten werden auch Trainerteam und Cheftrainer trotz laufender Verträge beurlaubt oder ausgetauscht. Geld scheint dabei keine Rolle zu spielen. Sportlicher Erfolg ist dort von wirtschaftlichen Faktoren abhängig. Fehler in der Nachwuchsausbildung können bei entsprechender monetärer Grundausstattung schnell korrigiert werden. Mit einer guten Konzeption kann man sogar Erfolg sprichwörtlich kaufen. Dass in letzter Konsequenz wieder zutiefst menschliche Verhaltensweisen wie Einstellung, Teamwork, Kommunikation, Leidenschaft, Zusammenarbeit das Tüpfelchen auf dem i sind, steht auf einem anderen Blatt.

Verbände leben davon, dass sie ihre Sportler selbst ausbilden. In diesem langwierigen, stufenförmigen Prozess liegt es dann letztlich an den Topsportlern, genügend Medieninteresse und Sponsoren zu lukrieren und damit wieder die Nachwuchsausbildung der nächsten Generation zu sichern. Ein sportlicher Generationenvertrag also. Es kommt nicht selten zu Streitereien, weil gerade zu Beginn einer Karriere Eltern, ehrenamtliche Vereinstrainer und lokale Sponsoren eine wichtige Rolle spielen, im späteren Abschnitt aber kein Mitspracherecht mehr haben. Zudem möchte der Sportler, der den steinigen Weg beschritten hat, möglichst selbst davon profitieren und sich nicht von der Allgemeinheit vereinnahmen lassen.

Der Prozess läuft häufig in Wellen. Eine Generation von Sportlern erklimmt die Spitze. Der Verband und die handelnden Personen sonnen sich im Lichte des Erfolges und vernachlässigen die Ausbildung der Nachfolgegeneration. Es liegt in der Verantwortung der handelnden Personen, das Rad in Schwung zu halten, keine Lücke entstehen zu lassen und schon während des aktuellen Erfolges den Grundstein für die kommende Generation der Leistungsträger zu legen.

Der deutsche Verband hat diesen Fehler in der Hochphase von Hannawald und Schmitt nach der Jahrtausendwende gemacht. Danach hat eine Generation von Sportlern gefehlt, dieser Fehler ist jedoch nicht so schnell korrigierbar wie im Spitzenfußball. Man kann nicht einfach einen Springer »einkaufen«.

In der Saison 2011/12 geht es bei der Saisonanalysesitzung wieder um die Aufstellung der Kader. Die Sportler Maximilian Mechler und Stephan Hocke sind weiterhin aktiv, aber der erhoffte neuerliche Sprung an die Weltspitze ist wieder ausgeblieben. Beide, schon bald 30 Jahre alt, haben eine bewegte Karriere hinter sich, gespickt mit Highlights, aber auch gepflastert mit Tiefschlägen. Hocke wurde im zarten Alter von knapp 20 Jahren Olympiasieger mit der Mannschaft in Salt Lake City und gewann ein Weltcupspringen in Engelberg. Mechler galt in seiner Schüler- und Jugendzeit als Ausnahmetalent, bei dem der Durchbruch an die Weltspitze nur eine Frage der Zeit schien.

Nach einem Sieg beim Sommer-Grand-Prix am Bergisel folgten ein paar einstellige Weltcupplatzierungen, aber von Stabilität keine Spur. Zwischenzeitlich kaderlos zeichnen ihn ein enormer Kampfgeist und die bedingungslose Liebe zum Skisprungsport aus.

Wieder einmal geht es um das Thema Förderungswürdigkeit. Soll man diesen Sportlern eine erneute Chance geben? Wie groß ist der Glaube an eine neuerliche Leistungssteigerung? Wie groß ist die Wahrscheinlichkeit, dass noch eine Entwicklung möglich ist?

Es mehren sich die Stimmen, dass diese Sportler genügend Vertrauen bekommen haben und dass man jüngeren Sportlern eine Chance geben sollte. Hart formuliert: Es gibt Trainerkollegen, die meinen, dass diese Sportler nur mehr springen, weil sie keinen anderen Lebensplan haben, und die dadurch die Weiterentwicklung der nächsten Generation (unbewusst) blockieren.

Ich bin ein leidenschaftlicher Jugendtrainer und liebe es, junge Sportler auf dem Weg nach oben zu begleiten und zu entwickeln, aber ich stehe jetzt auch an vorderster Front und muss das System medial »verkaufen«. Ich habe gelernt, was es heißt, im Weltcupzirkus seinen Mann zu stehen und den täglichen Belastungen standzuhalten, Woche für Woche seine Leistung zu bringen und sich auch bei Misserfolgen wieder aufzurappeln. Ein Blick auf die Namensliste der potenziellen Topsportler ist nach wir vor ernüchternd. Trotz großer Bemühungen ist es bisher noch nicht gelungen, in Deutschland eine Generation von künftigen Spitzenspringern aus dem Boden zu stampfen.

Landestrainer und Stützpunkttrainer machen mir junge Sportler schmackhaft, aber diesmal bleibe ich hart und sage: »Bis wir die auf das Niveau von Mechler und Hocke bringen, brauchen wir auch wieder Zeit, und wenn ein absolutes Toptalent dabei wäre, dann wäre der schon lange an diesen beiden vorbeigezogen. Wir werden beide noch brauchen!«

Maximilian Mechler springt im Jahr 2011/12 seine persönlich beste Saison und trägt seinen Teil dazu bei, dass die deutsche Mannschaft bei der Skiflug-WM in Vikersund die Silbermedaille gewinnt. Seine erste und einzige Medaille bei den Erwachsenen im Alter von 28 Jahren!

Im Jahr 2010, als Severin Freund noch weit davon entfernt ist ein Weltcupsieger zu sein, kommt er im Frühjahr auf mich zu und möchte mich über seine Zukunftspläne unterrichten. Wir attestieren Severin, der bis dahin sportlich zwischen Liga 1 und 2 pendelt, Potenzial, aber warten noch auf den entscheidenden Schritt für die Etablierung im Weltcup. Doch wir hegen eine leise Hoffnung, dass er einmal eine stabile Mannschaftssäule werden wird.

»Ich möchte studieren und zieh jetzt nach München.« Verdattert antworte ich: »Haben sie jetzt dort eine Schanze gebaut oder habe ich was verpasst?« »Nein, aber meine Freundin geht auch nach München, dort kann ich am Olympiastützpunkt mein Athletiktraining absolvieren, und Skispringen tue ich abwechselnd in Berchtesgaden, Oberstdorf oder auf meiner Heimatschanze in Rastbüchl.« Alle Schanzen sind knapp zwei Stunden entfernt, und ich bin mit der Entscheidung sehr unglücklich. Geknickt sinniere ich über die Zukunft des deutschen Skispringens und frage mich, wie es mir gelingen soll, mehr Professionalität und Struktur in das System zu bringen. Zögerlich versuche ich, ihn von dem Vorhaben abzuhalten, aber er wirkt sehr entschlossen. Ich vertröste ihn mit einer endgültigen Entscheidung und kündige ihm an, die Situation mit dem sportlichen Leiter Horst Hüttel zu besprechen.

Horst und ich sind uns schnell einig, dass wir das nicht in dieser Form zulassen können, und suchen ein weiteres Gespräch: »Severin, wir stimmen deinem Vorhaben nur zu, wenn du dich in allen Zwischenwochen, wenn wir nicht auf Lehrgang sind, mindestens drei Tage in der Woche der Trainingsgruppe in Oberstdorf bei Assistenztrainer Christian Winkler anschließt, um Kontinuität in deinen Prozess zu bekommen. Ansonsten können wir dich nicht in der Lehrgangsgruppe 1 fördern, da die Professionalität im Umfeld nicht gewährleistet ist.« Wir setzen ein markantes Zeichen und stellen klar, dass der Skiverband nicht nur in der Geberposition ist, sondern vom Athleten auch einiges fordern kann. Severin kämpft um sein Vorhaben und bringt ein, dass er die Kosten für die drei Tage nicht stemmen könne, da er keine relevanten Zusatzeinkünfte besitze. Wir sichern ihm Hilfe zu, wohlwissend, dass wir hier einen Sonderfall kreieren und das weitere Kreise ziehen könnte. Würden dann weitere Athleten auf uns zukommen und aus diesem Sonderfall Ansprüche ableiten? Sollen wir Systemtreue bewahren oder Raum für individuelle Lösungen schaffen?

Oft traut man sich nicht, maßgeschneiderte Lösungen zuzulassen aus Angst, das System zu verunglimpfen. Aber wir haben keine andere Wahl. Ziel ist es, vorhandene Athleten bestmöglich zu fördern und zu entwickeln. Da muss man einen kreativen Kompromiss suchen und finden, der einerseits der Professionalität des Spitzensports Genüge tut und andererseits die individuellen Bedürfnisse des Springers nicht ganz außer Acht lässt.

Severin stimmt ein wenig zähneknirschend zu und macht sich in den Zwischenwochen auf den Weg nach Oberstdorf. Christian Winkler und er wachsen sehr schnell zusammen, und eine sehr erfreuliche Entwicklung setzt ein. Das führt sogar so weit, dass er manchmal auch dann den Weg nach Oberstdorf auf sich nimmt, wenn er gar nicht müsste. Dieses System wird zu einem einzigartigen Erfolgsmodell, sodass sich Jahre später sogar Andreas Wellinger an die Fersen dieser beiden heftet und ebenfalls zu Höhenflügen ansetzt.

Dass dieses aus der Not geborene, aus der Norm ausbrechende und auf Severin Freund zugeschnittene Trainingsmodell das

Das Erfolgstrio vom Stützpunkt Oberstdorf: Trainer Christian Winkler (links) mit Andi Wellinger und Severin Freund (rechts)

Vorzeigemodell schlechthin wird, konnte zum damaligen Zeitpunkt niemand erahnen.

In der Vorbereitung zur Saison 2012/13 steht wieder der alljährliche gemeinsame Trainingskurs in Courchevel in Frankreich auf dem Programm. Dieser Lehrgang ist inzwischen etabliert, dient der Verbesserung der internen Kommunikation und sendet innerhalb des deutschen Skisprungsystems ein Signal von Transparenz und Durchlässigkeit. Für mich ist es eine willkommene Möglichkeit, mir wieder einen Überblick über die Nachwuchsathleten zu verschaffen und zusätzlich die Kommunikation mit den Trainerkollegen der anderen Ebenen zu forcieren. Severin Freund und Richard Freitag haben inzwischen leistungsmäßig das Zepter in Skisprungdeutschland übernommen. Beide sind in der Lage, im Weltcup zu gewinnen, und sind auch an nicht optimalen Tagen im Kreise der besten zehn der Welt zu finden. Dahinter tummeln sich einige Athleten, die jederzeit für Spitzenplätze gut sind. Doch mehr Dynamik mit jungen Athleten würde uns sicherlich guttun. Aus diesem Grund lade ich nicht nur das A- und B-Team nach Courchevel ein, sondern auch die besten Athleten aus dem C-Team. Die Auswahl überlasse ich dem verantwortlichen Trainer Bernhard Metzler.

Diesmal ist die Gruppe besonders groß, und ich habe Mühe, mir beim ersten gemeinsamen Abendessen alle Gesichter und Namen der jungen Nachwuchsspringer, die teilweise zum ersten Mal dabei sind, zu merken. Über 20 Athleten und fast 15 deutsche Betreuer finden sich in dem kleinen Bergdorf ein.

Am ersten Tag auf der Schanze nehme ich die Position des Beobachters ein, der versucht, sich einen Überblick über das derzeit vorhandene Leistungsvermögen zu verschaffen. Die Nationalmannschaft, bei der ich natürlich alle Athleten schon aus 100 Metern Entfernung am Zitterbalken sitzend erkenne, trainiert auf der großen Olympiaschanze, während alle anderen Nachwuchssportler zuerst einmal versuchen, auf der kleinen Schanze ein Gefühl aufzubauen. Entspannt und voller Vorfreude beobachte ich bei schönstem Wetter das Treiben und versuche, sehr schnell die Nachwuchsathleten namentlich zuordnen zu können. Viele davon habe ich schon sehr oft springen gesehen, und deren Stil ist auch nach einer längeren Pause unverwechselbar schnell wiederzuerkennen. Mühe bereiten mir die C-Kader-Athleten, deren Namen ich vom Vortag nicht mehr vollständig präsent habe.

Da ist schon wieder dieser Athlet mit dem blauen Sprunganzug, der zum wiederholten Male auf dem kritischen Punkt der 90-Meter-Schanze landet. Ich grüble und studiere, aber ich kann den talentierten Mann nicht zuordnen. Der Funkverkehr ist in vollem Gange, und mir ist es peinlich, die Zwischenfrage nach dem Namen des besagten Athleten zu stellen. Wer könnte das sein? Ich bin völlig begeistert von seiner Sprungtechnik und seiner Flugform. Diese Leichtigkeit, mit der sich der junge Bursche auf der Schanze bewegt, ist nicht alltäglich und zaubert mir auch nach bald 15 Trainerjahren ein Lächeln ins Gesicht.

Zur gleichen Zeit tummeln sich auch ein paar französische Nachwuchsspringer auf der Anlage, und mir kommt plötzlich der Gedanke: Hoffentlich ist das kein Franzose! Nach einem weiteren gelungenen Versuch, ich glaube es war sein fünfter Sprung an diesem Tag, halte ich es nicht mehr länger aus und funke den (hoffentlich) verantwortlichen deutschen C-Kader-Trainer Bernhard Metzler an: Wer verdammt noch mal ist der Kerl mit dem blauen Sprunganzug? Gehört der zu uns?« »Das ist der Andi Wellinger«, antwortet Metzi, wie er von seinen Kollegen genannt wird, trocken. Andi Wellinger? Das ist doch der junge Mann, den wir bei der letzten Analysesitzung probeweise in den C-Kader aufgenommen haben, weil wir seinen Leistungsstand aufgrund seines kurzfristigen Wechsels aus der Nordischen Kombination noch nicht einschätzen konnten.

Das Training ist beendet. Freudestrahlend renne ich den Aufsprunghang hinunter und möchte meinen Enthusiasmus über das Gesehene mit meinen Kollegen teilen. Manche sind ein wenig verwundert über meine Einschätzung und relativieren die Leistungen von Wellinger mit der etwas höheren Anlauflängenwahl. »Das ist das Beste, was ich seit langer Zeit von einem deutschen Nachwuchsspringer gesehen habe!«, behaupte ich entschlossen und lasse mir die Freude über den Vormittag nicht nehmen.

Mich beeindrucken vor allem die Flugform und die Natürlichkeit in seinem Sprung. Er scheint keine Angst zu kennen und besticht durch aggressives Absprungverhalten. Mit seinem großen, schlaksigen Körper schwebt er mühelos ins Tal. Im Laufe der Woche stehen auch Einheiten auf der großen Schanze an, die er, betrachtet man sein noch junges Trainingsalter und seinen geringen Erfahrungswert auf derartigen Anlagen, mühelos bewältigt. Bei einem abschließenden Trainingswettkampf mit allen Trainingsgruppen belegt er überraschend den dritten Platz.

Mir ist in diesem Moment klar, dass hier etwas Besonderes in der Luft liegt und es eine große Verantwortung ist, diesen jungen Mann sorgfältig zu fördern und zu entwickeln. Dass er schon im darauffolgenden Winter ins Weltcupteam integriert werden kann und zu einem Schlüsselspringer im deutschen Team der Zukunft werden wird, konnte man an diesem denkwürdigen Tag im Bergdorf Courchevel nicht ahnen, aber ohne diese gemeinsame Maßnahme wäre er gar nicht so schnell aufs Radar gekommen, und die Entwicklung hätte sich verzögert. Aufzuhalten wäre er sowieso nicht gewesen.

Wunsch und Ziel

Urlaubsplan für Felix –
I ko eigentlich ois, nur a bissl mental

Am Beginn einer neuen Vorbereitungssaison lassen wir in persönlichen Gesprächen die vergangene Revue passieren und fragen die Sportler nach ihren Zielen für die neue Saison. Ich bin eigentlich kein großer Freund der überschwänglichen theoretischen Abhandlung von abstrakten Plänen und Zielen, aber eine pointierte jährliche Reflexion kann beim internen Abgleich trotzdem hilfreich sein. Schließlich sollen Trainerteam und Athlet mit ähnlichem Tempo in die gleiche Richtung marschieren.

Felix Schoft ist ein talentierter Nachwuchsspringer und hat in der Saison 2008/09 den Sprung in den Weltcup, ja sogar ins WM-Team für Liberec geschafft. Dort kam er leider nicht zum Einsatz und musste sich mit der Rolle des Ersatzmannes begnügen, aber immerhin hat er wertvolle internationale Erfahrung gesammelt. Die Türen für eine gezielte Weiterentwicklung stehen damit offen. Felix macht neben dem Sport eine Ausbildung bei der Bundespolizei und muss direkt nach Ende der Saison wieder für ein paar Monate die Schulbank drücken.

Die Behörden unterstützen den Spitzensport in Deutschland auf beeindruckende Art und Weise. Zoll, Bundeswehr und Bundespolizei stellen für den Spitzensport Arbeitsplätze und eine duale Ausbildung zur Verfügung. Die »Randsportarten«, also die Sportarten mit weniger finanzieller Unterstützung, könnten ohne diese Möglichkeit schwer überleben. Wintersportler bei der Bundespolizei absolvieren eine vierjährige Ausbildung, wobei das Abschlussjahr das intensivste ist.

Felix Schoft befindet sich in diesem Abschlussjahr. Meine Aussichten, ihn in den permanenten Lehrgangsprozess integrieren zu können, sind also gering, und ich muss mich bis Mitte August gedulden. So wertvoll diese Möglichkeit der Berufsausbildung auch ist, so ungeschickt liegt sie manchmal in der entscheidenden Phase der Weiterentwicklung junger Athleten. Gerade der Übergang von der Jugendklasse in den Erwachsenensport, den Profisport, verlangt jungen Menschen alles ab und verträgt wenig Ablenkung.

Felix steht vor einer entscheidenden Phase seiner Karriere. Die Tür zum Spitzenspringer hat er mit seiner WM-Teilnahme schon aufgestoßen. Jetzt gilt es, den nächsten Schritt zu machen. Dementsprechend optimistisch fallen sein Saisonfazit und seine Zielsetzung für die neue Saison aus. Er möchte unter die ersten zehn der Welt im Gesamtweltcup kommen. Bei Olympia teilnehmen. Zum ersten Mal Skifliegen gehen.

Ich hadere ein wenig damit, dass ich Felix von Mai bis August nicht begleiten und entwickeln kann, aber ich versuche, Kontakt zu halten und einen optimalen, individuellen Plan zu erstellen. Ich reserviere einen Startplatz beim Sommer-Grand-

Prix im August in Japan für ihn und fahre deswegen extra zum Ausbildungsstützpunkt Bad Endorf, um mit ihm die Vorbereitung darauf zu besprechen. Dort angekommen unterbreitet mir mein Athlet als Erstes seinen Urlaubsplan. Er müsse jetzt erst mal runterkommen und brauche nach den anstrengenden Prüfungen Erholung. Schnell wird klar, dass der Urlaub in seiner Prioritätenplanung ganz oben steht.

»Wie soll ein junger Springer den Durchbruch schaffen, wenn er statt der erforderlichen achtmonatigen Vorbereitungszeit nur vier Monate zur Verfügung hat und dann noch einen Urlaub vor dem intensiven Trainingseinstieg priorisiert?«, frage ich mich. Ich halte ihm den Zettel mit seinen Zielsetzungen unter die Nase und sage: »Das sind keine Ziele, die du hier aufgeschrieben hast. Das sind Wünsche! Wünschen kann man sich etwas zu Weihnachten, aber für Ziele muss man hart arbeiten!«

Ich bin dem jungen Sportler nicht persönlich böse, denn der letzte entscheidende Schritt zum Profi ist ein harter und entbehrungsreicher, aber es ist meine Pflicht als Trainer, geradlinig darauf hinzuweisen, was der Unterschied zwischen Zielen und Wünschen ist. Die Priorisierung in seinem Lebensplan passt nicht mit einem Sprung in den Spitzensport überein, so verständlich sein Wunsch nach Erholung nach der anstrengenden Ausbildung auch ist.

Nach der Saison 2010/11 versuche ich etwas Neues und lade die Sportler Ende März zu einem Trainingskurs ein. Nach einer anstrengenden Saison mit dem traditionellen Abschluss auf der Skiflugschanze in Planica sind die Athleten und Betreuer ausgelaugt und müde, aber die Erinnerungen sind noch sehr präsent, und ich möchte diese Phase nutzen, um die neue Saison auf einem anderen Niveau starten zu können. Es braucht einige Überredungskunst, um die Sportler alle nach Oberstdorf zu bringen, aber schließlich haben wir als Team Deutschland im internationalen Vergleich immer noch Aufholbedarf. Die Leistungen von Severin Freund und auch die des jungen Richard Freitag geben Anlass zur Hoffnung, doch die Kluft zu den B-Kader-Athleten ist immer noch zu groß. Deshalb vergrößere ich die Gruppe und lade auch die Talentiertesten aus der zweiten Mannschaft zu den Analysegesprächen ein.

Wir springen halbtags auf der in Anbetracht der frühlingshaften Temperaturen bestens präparierten Schanze in Oberstdorf, und man merkt den Sportlern die Müdigkeit der langen Saison an. Die Nachmittage und Abende nutzen wir für Gespräche und Analysen. Es geht auch darum, die frischen Eindrücke zu verarbeiten und die Weichen für die kommende Vorbereitung zu stellen. Außerdem wollen wir den Leuten klarmachen, dass der April für Athletiktraining genutzt werden muss, um frühzeitig die Basis für den kommenden Winter zu schaffen. Deswegen führe ich die Gespräche gemeinsam mit unserem Trainingswissenschaftler und Physiologen Harald Pernitsch. Er ist mir mit seiner psychologischen Zusatzausbildung eine große Hilfe, weil er mit seinem Blick aus der Distanz weniger emotional in der Sache verhaftet ist und auch leichter den Finger in die Wunde legen kann.

Wir stellen den Athleten nur drei einfache, offene Fragen: Wie sie die vergangene Saison beurteilen, was sie sich für die neue Saison vornehmen und wo sie am meisten Entwicklungspotenzial sehen. Es ist erstaunlich, wie unterschiedlich die Reflexionen ausfallen. Während das Prozedere für die bewährten Kräfte im Team Routinearbeit ist, kommen die Nachwuchssportler ganz schön ins Schwitzen. Es entsteht ungewollt eine Art Prüfungscharakter, und man bekommt das Gefühl, dass die Sportler eher darüber nachdenken, was wir Trainer hören wollen, als ehrlich und offen zu reflektieren.

Ganz anders der junge Markus Eisenbichler. Er konnte schon einige Erfolge im Continentalcup feiern, kam in der vergangenen Saison zu seinem ersten Weltcupeinsatz und gilt als begnadeter Flieger. Auf die Frage, wo er denn die größten Ressourcen für die Zukunft sehe, antwortet er in zutiefst bayrischem Slang: »I ko eigentlich ois, nur a bissl mental!«

Er ist tatsächlich der Ansicht, schon ein kompletter Springer zu sein, und denkt, dass es ihm nur mehr daran fehle, mit der notwendigen mentalen Stärke die vorhandenen Fähigkeiten sichtbar zu machen. Dies mag für einige Zeitgeistpsychologen eine schlüssige Erklärung sein, entspricht aber nicht dem Ansatz von Hari Pernitsch und mir. Die mentale Stärke muss man sich durch konsequente Arbeit erst aneignen, und der Weg zum Vollprofi ist ein steiniger.

Der Trainingsplan eines Skispringers ist quantitativ nicht so vollgepackt, dass sich nichts mehr anderes ausginge, aber die Trainingseinheiten sind von einer unglaublich hohen Intensität. Das bedarf wiederum einer gezielten geistigen Vor- und Nachbereitung und eines sehr verantwortungsvollen und gezielten Umgangs mit dem Thema Regeneration. Anders gesagt: Es reicht nicht, die zwei Stunden auf der Schanze oder in der Trainingshalle abzuarbeiten und dann die Türe abzuschließen, sondern es braucht ein professionelles Verhalten mit klarer Fokussierung über den ganzen Tag hinweg. Und das über Wochen, Monate und Jahre. Markus Eisenbichler hat diesen Schritt letztlich gemacht und wird in den Folgejahren zu einem der erfolgreichsten Skispringer Deutschlands. Versteht man das nicht, werden Ziele wieder nur zu Wünschen.

Geballte Energie: Vollprofi Markus Eisenbichler 2017 beim Training in Zypern

Filtern

Nölke und die Ressourcen –
Mit Conrady auf der Stiege

Für die Umsetzung von Zielen und Visionen muss man sich für einen bestimmten Weg entscheiden. Zick-Zack-Kurse bringen selten Erfolg. Die erste nicht ganz einfache Aufgabe besteht darin, die zukünftigen Anforderungen vorausschauend zu antizipieren und festzulegen. Danach zu handeln, und zwar in möglichst konsequenter Art und Weise, ist dann noch einmal eine große Hürde auf dem Weg zum Erfolg.

Nach den Olympischen Spielen 2010 in Vancouver, bei denen wir uns mit dem Gewinn der Teammedaille ein wenig Luft verschafft haben, entschließen wir uns für eine Veränderung im Trainerteam, um weitere Impulse zu setzen. Rolf Schilli geht zurück auf die regionale Ebene, um dem schwächelnden Team Baden-Württemberg neues Leben einzuhauchen, und wir können Marc Nölke gewinnen.

Der Deutsche Nölke, beruflich ein Tausendsassa mit sehr überzeugendem Auftreten, arbeitete zuvor vier Jahre als Co-Trainer im österreichischen Team. Seine Vita liest sich interessant: hochtalentierter Sportler, dann schwer verletzt, diverse Ausbildungen, Erfahrungen im Medienbereich und als Impulsgeber der Österreicher ein Baustein im aktuell dominantesten Team der Gegenwart. Menschlich hatte ich bis dahin einen guten Draht zu ihm und konnte mir eine Zusammenarbeit gut vorstellen.

Schon nach wenigen Wochen stellt sich heraus, dass das Vorbereitungsjahr ein anstrengendes werden wird. Nölke hat in den vier Jahren im österreichischen System sehr stark an Selbstvertrauen gewonnen und vermittelt mir ständig den Eindruck, dass wir in allen Teilbereichen zu weit weg von der Norm sind und ständig Ressourcen verschenken. Als Cheftrainer mit inzwischen reichem Erfahrungsschatz beurteile ich die Situation anders. Der Zustand des deutschen Teams ist mit dem Überfliegerteam aus Österreich rund um Morgenstern, Schlierenzauer und Co. nicht vergleichbar. Ich strebe eine schrittweise Verbesserung an, aber Marc möchte vom einen auf den andern Tag alles auf den Kopf stellen. Stundenlange Diskussionen am Telefon sind die Folge, und ich merke, dass ich zunehmend an Energie verliere. Mein Credo lautete immer, den Mitarbeitern genug Raum zur Entfaltung zu geben, aber in diesem Fall spüre ich, dass ich Grenzen ziehen muss, damit wir nicht Gefahr laufen, uns zu verzetteln.

Auf Druck von Marc holen wir im Laufe der Saison auch noch einen neuen Teampsychologen herein. Obwohl für mich die ständige Gefahr der Überfrachtung mit Impulsen wie ein Damoklesschwert über unseren Köpfen schwebt, stimme ich zu – nicht ahnend, dass dieser Impuls einmal sehr gewinnbringend für unser Team und mich sein wird.

Nölkes Umtriebigkeit nervt zunehmend das restliche Trainerteam, und ich meine zu spüren, auch den einen oder anderen Athleten. Als wir im Herbst bei einem Trainingslager in Garmisch-Partenkirchen einen Impulsvortrag des Teampsychologen einplanen, streikt kurzfristig der Beamer, und der Psychologe improvisiert mit Flipchart und Handzettel. Dies wiederum bringt Nölke auf die Palme, und er lässt mich mit aggressivem Unterton wissen: »Wir verschenken so viele Ressourcen! So kommen wir nicht weiter!« Kopfschüttelnd und ein wenig geknickt verlasse ich den Raum. Die Improvisation eines Impulsvortrags soll so qualitätsmindernd gewesen sein, dass wir »Ressourcen verschenken«!?

An diesem Tag wird endgültig klar, wie verschieden wir inzwischen ticken. Marcs Art beruht auf Unbequemlichkeit und

Konflikt, um damit Energie ins System zu bringen und letztlich alle Beteiligten herauszufordern, am Limit zu arbeiten. Meine Art zu arbeiten beruht auf Systematik und Konsequenz und letztlich auf Ruhe und Harmonie, um damit eine Basis zu schaffen, sich konsequent und schrittweise weiterentwickeln zu können. Beide Wege haben ihre Vor- und Nachteile, aber man kann sie nicht gleichzeitig gehen, und vor allem müssen der Zeitpunkt und das Timing passen.

Dass Marc Nölke das Team schließlich aus anderen Gründen verlassen musste, war vermutlich für alle Beteiligten die beste Lösung.

Team Österreich setzt in den Blütejahren 2008 bis 2012 immer wieder innovative Schritte und vermarktet diese auch sehr effektiv. Besonders die Medien sind äußerst dankbar für solche Geschichten, lassen sich diese, unter Beobachtung des Ursache-Wirkung-Prinzips, doch gut verkaufen. Ich wiederum habe gelernt, dass der Erfolg viele Väter hat und sehr komplex zusammengesetzt ist. Mit jedem Jahr, in dem wir den Abstand zu Österreich nicht entscheidend verringern können, wächst der Druck auf unser Team, weil es dem Trainerkollegen Pointner auch geschickt gelingt zu vermitteln, dass sein Team mit frischen Akzenten immer eine Nasenlänge voraus ist.

Eine dieser »Innovationen« ist die Integration des Experten Ulrich Conrady, der die AVWF-Methode, audio-visuelle Wahrnehmungsförderung, propagiert. Conrady hat sich im Sport mehrfach einen Namen gemacht. Er betreute das deutsche Handballteam, als es 2007 Weltmeister wurde. Zudem coachte er diverse Ski- und Biathlonteams und auch das österreichische Skisprungteam. Die Methode ist interessant. Neurowissenschaft und Hirnforschung stehen ja immer noch am Anfang und liefern täglich neue Erkenntnisse. Der Anteil mentaler Kraft und psychischer Stärke am Erfolg ist sowieso unbestritten.

Auch wir haben in der Saison 2010/11 ein Projekt mit Conrady und dem Athleten Georg Späth angestoßen. Als sich nicht schnell genug eine Verbesserung der sportlichen Situation einstellte, hat der Psychologe damit begonnen, die Simulationssprünge von Schorsch zu korrigieren. Das ist für mich ein Tabubruch und sagt eine Menge über den Charakter der handelnden Person aus. Unser Team lebt davon, dass die Mitarbeiter ihre Arbeitsbereiche kennen und sich darüber definieren, ihren Teil im komplexen Gesamtsystem beizutragen. Das Marketing von Conrady ist darauf ausgerichtet, den Erfolg eines Systems oder Teams auf seinen Anteil zu reduzieren und zu vermarkten. Dieser Art von Kausalattribuierung kann ich nichts abgewinnen und beschließe deshalb, die Finger davon zu lassen, obwohl ich mentalen Trainingsmethoden gegenüber aus tiefstem Herzen offen bin.

Seit dem Jahr 2011 haben wir mit Severin Freund und Richard Freitag wieder zwei Siegspringer in unseren Reihen, und die Formkurve unseres Teams zeigt weiterhin nach oben. Leider klappt es immer noch nicht beim jährlichen Saisonhighlight Vierschanzentournee, und manche Medien unterstellen uns mangelnde psychische Reife. Warum wir denn nicht auch auf AVWF setzen, werde ich von Medienvertretern gefragt. Ich spüre, dass wir noch einige Hausaufgaben zu erledigen haben, bevor uns der große Wurf vergönnt ist.

Wir arbeiten unbeirrt weiter, und die Erfolge häufen sich. Beim Weltcupfinale in Planica im März 2012 kommt es zu einer eigenartigen Begegnung. Das deutsche und das österreichische Team sind immer im gleichen Hotel untergebracht. Ich gehe gerade die Treppe hinunter zum Abendessen, als mir auf der Stiege Ulrich Conrady entgegenkommt und mir anbietet, mit meinem Team zu arbeiten. In mir steigt Ärger auf. Jetzt, wo sich das Rad unaufhaltsam nach oben dreht und große Erfolge der deutschen Skispringer nur noch eine Frage der Zeit sind, möchte der Mann schnell auf den fahrenden Zug aufspringen. Konsterniert, aber freundlich bedanke ich mich für das Angebot.

Ich wäge noch einmal die Fakten ab und muss an Federer, Nadal, Hamilton, Woods, Jordan oder Messi denken. Braucht man im Sport zwingend die AVWF-Methode, um Spitzenleistungen erzielen zu können, oder gibt es noch andere Wege? Wie würden die Medien reagieren, wenn bekannt wird, dass ich die Methode abgelehnt habe und wir niemals die Spitze erklimmen?

Ich fälle eine Grundsatzentscheidung. Wir setzen unseren eingeschlagenen Weg vertrauensvoll fort und erarbeiten uns den Erfolg auf unsere Art und Weise mit Konsequenz und Disziplin. Sollten wir nicht die angepeilte Weiterentwicklung erreichen, dann werde ich das mit Würde akzeptieren und im Extremfall meinen Hut nehmen, aber niemals würde ich des Erfolges willen mit diesem Menschen zusammenarbeiten.

Um Ziele zu erreichen, muss man immer wieder abwägen und filtern, und für mich ist es wichtig, dass ich mir dabei treu bleibe.

»Wer Visionen hat, der sollte zum Arzt gehen«. So lautet ein – das meist-missbrauchte – Zitat des früheren deutschen Bundeskanzlers Helmut Schmidt. Viele Unternehmen, Führungskräfte und auch Trainer ver-zichten vielleicht auch deshalb gleich auf Visionen und daraus abge-leitete Ziele. Damit wird eine große Chance der Motivation vergeben, denn Ziele und Visionen gehören zu den wichtigsten Ansatzpunkten für die Motivation der eigenen Mannschaft. Nicht nur, weil sie das Han-deln ausrichten, sondern auch, weil sie diesem einen Sinn geben.

Denn genau das ist es, was Teams von ihren Führungskräften er-warten: Eine klare Idee, eine Vision, wo der gemeinsame Weg hingehen soll, auf welche Ziele hingearbeitet werden kann.

Das gilt aber nur, wenn die Vision und die (Zwischen-)Ziele an-spruchsvoll, aber auch ansatzweise realistisch (eben SMART: Spezi-fisch, Messbar, Attraktiv, Realistisch und Terminierbar/Überprüfbar) sind. Häufig werden Ziele viel zu hoch angesetzt und verlieren damit jede motivierende Wirkung (ja können sogar ins Gegenteil kippen). Oder aber der eigene Einfluss zur Erreichung der Ziele wird nicht ge-sehen.

Passende Ziele zu setzen ist ein Grenzgang, bei dem man die gute Führungskraft erkennen kann. Im Sport gibt es dann noch eine Be-sonderheit, von der aber auch Unternehmen lernen können: Spitzen-sportler sollten sich stets Handlungsziele setzen und keine reinen Er-gebnisziele. In der Regel wollen alle Sportler am Ende des Tages ganz oben auf dem Siegertreppchen stehen. Erreichen werden dies aber nur jene, die auch wissen, was sie dafür tun müssen (sprich solche, die kla-re Handlungsziele hatten beziehungsweise haben und die sich auf den Weg und nicht auf das Ziel fokussieren).

Alle Ziele dieser Welt sind nichts wert, wenn es nicht regelmäßig Feedback dazu gibt. Hier ist der Sport dankbarer, da es sowohl im Trai-ning als auch in den Wettkämpfen kontinuierlich Rückmeldung gibt. In Unternehmen sind Führungskräfte hier deutlich stärker gefordert (denn für viele gilt immer noch: »Nicht geschimpft ist genug gelobt!«). Aber auch im Sport geht es darum, für jeden Athleten und jede Persönlichkeit die individuell passende Ansprache zu finden. Je breiter das Repertoire hier ist, desto mehr Personen in meinem Team kann ich erreichen. Doch selbst bei guten und erfolgreichen Führungskräften gibt es Menschen, die man nicht erreichen kann. In einer Disziplin, in der ich Teammitglieder nicht beliebig austauschen kann, ist es umso wichtiger, dass diese nicht zu viele sind.

Eine Vision zu entwickeln ist schwer genug. Diese in konkrete und vermittelbare Ziele zu übersetzen meist eine noch größere Herausforderung. Richtig schwierig wird es aber dann, wenn Ziele erreicht wurden. Sich selbst und das Team dann neu auszurichten ist eine Aufgabe, an der viele scheitern. Umso beeindruckender ist es, wenn man sich so lange wie Werner in der Position des Bundestrainers halten kann und dabei Athleten und das gesamte Team im Hintergrund immer wieder neu ausrichten und zu weiteren Erfolgen treiben kann. Dies gelang ihm meines Erachtens, weil er immer klare Visionen hatte – sowohl für das System als auch für die Mannschaft und die technische Seite des Sports – und diese kontinuierlich überarbeiten und anpassen konnte.

KAPITEL 6

(KNIFFLIGE)
ENTSCHEIDUNGEN TREFFEN

Der geplatzte Lebenstraum – Bodmer oder Wank? –
»Es wäre töricht, den Jungen zu Hause zu lassen« –
Mit 17 auf die Skiflugschanze –
Reruptur bei Severin

1 8. Februar 2018, der vorletzte Tag der Skisprungwettkämpfe
bei den Olympischen Spielen in Südkorea, Training für das ab-
schließende Mannschaftsspringen der Männer. Eigentlich sinn-
los, weil während der letzten zehn Tage schon genug trainiert
worden ist. Heute trainieren eigentlich nur mehr Sportler, die
in den letzten Tagen keine entsprechenden Ergebnisse erreicht
haben, oder Wettkämpfer, die von ihren Teamdelegationen auf
die Schanze gezerrt werden, um die finalen Entscheidungen für
Mannschaftsaufstellungen fällen zu können.

Nur circa 20 Sportler, nicht einmal ein Drittel aller teilneh-
menden Springer, tummeln sich auf der Wettkampfanlage in
Pyeongchang.

Team Deutschland sollte eigentlich im Quartier sitzen und
entspannen. Was haben wir nicht für spannende und erfolgreiche Tage erlebt! Zwei Medaillen, Gold und Silber für Andi
Wellinger, eine fantastische Teamperformance mit jeweils vier
Sportlern in den Top 10 beziehungsweise Top 15. Die Teammedaille ist abholbereit. Zu weit haben sich die Teams aus Norwegen, Polen und Deutschland vom Rest der Welt abgesetzt.

Die tägliche Vorbereitung in der Tiefgarage von Pyeongchang, 2018

Aber wir haben fünf Sportler dabei. Ich hätte es mir einfach machen und Markus Eisenbichler nominieren können. Keiner hätte sich beschwert. Stephan Leyhe hatte aber noch keinen Einsatz, und es ist ein Gebot der Fairness, diesem sehr guten und loyalen Sportler eine Chance auf einen Einsatz zu geben. Zudem lässt Markus Eisenbichler, der im Gesamtweltcup deutlich besser platziert war, die notwendige Konstanz vermissen. Solche Entscheidungen sind die schwierigsten.

Ich bin kein Neuling im Trainerbusiness. Fünf Weltmeisterschaften liegen hinter mir, es sind meine dritten Olympischen Spiele als deutscher Bundestrainer. Die Herausforderung liegt darin, jene vier Sportler zu finden, auf die man sich am Tag X in der Wettkampfsituation verlassen kann. Vorleistungen im Wettkampfgeschehen sind ein gewichtiges Argument, aber auch die unmittelbaren Trainingseindrücke auf der aktuellen Anlage sind zu berücksichtigen. Ich hasse es, mich nur hinter Zahlen zu verstecken und die Sportler in Qualifikationen aufeinander loszulassen. Die Einbeziehung von sogenannten »weichen« Faktoren gehört für mich zum Entscheidungsprozess dazu. Skispringen ist sensibel und Leistungsschwankungen sind an der Tagesordnung.

Ich liege wach im Bett und gehe ein mögliches Prozedere durch. Schafft es Markus doch? Lasse ich sie gegeneinander springen? Nominiere ich Stephan mit Vertrauensvorschuss? In den Trainings waren sie eng beisammen, aber Stephan hat noch keinen Wettkampf gemacht. Fragen über Fragen. Schnell gehe ich noch einmal in das Zimmer der Trainerkollegen und hole mir Stimmungen ein, aber zum wiederholten Male muss ich feststellen, dass man in solchen Situationen als Führungskraft sehr einsam ist. Niemand kann einem wirklich helfen, maximal ein wenig stützen.

Nein, ich lasse sie nicht wieder und wieder gegeneinander antreten, diesen Fehler habe ich schon gemacht: sich zu Tode qualifiziert und zu viele Federn für den entscheidenden Moment gelassen. Ich beschließe, nur mit Stephan an die Schanze zu gehen, und erhoffe mir dadurch eine Entscheidungshilfe. Ich traue mir zu, einen Quervergleich anstellen zu können und damit allen Kriterien gerecht zu werden. Wohlwissend, dass es schwer wird und ich dadurch angreifbar werden könnte.

Die Stimmung im Training ist traurig. Die Japaner, bisher ohne Medaille geblieben, sind mit voller Kapelle an der Schanze und schicken sogar Methusalem Kasai in die interne Qualifikation. Was man nicht alles macht in der Verzweiflung! Stephan macht einen fantastischen ersten Sprung, und bei mir geht das Kopfkino los. Wenn er so springt, kann er uns verstärken. Wie sage ich das nur Markus? Gespanntes Warten auf den zweiten Trainingsdurchgang. 131 Meter, nicht Fisch und nicht Fleisch. Der dritte ebenso. Bin ich jetzt schlauer? Ich fühle mich wieder wie am Start. Die Zeit drängt. Die Medien warten. Bloß keinen Fehler machen in der Kommunikation. Schritt für Schritt vorgehen. Schnell hinüber auf die andere Seite. Blitzbesprechung mit meinen Trainerkollegen Jens und Roar. Wir ziehen noch Horst, den sportlichen Leiter, hinzu. Die Beratung verläuft ruhig und sachlich, aber das Ergebnis ist nicht eindeutig.

Ich habe Bauchweh, aber der Mann vom Datenservice sitzt mir im Nacken. Die Frist ist um, und ich mache das Kreuz bei Stephan Leyhe.

Unser Medienbetreuer Florian Schwarz drängt, denn die Presse ist ungeduldig. Ich vertröste ihn, weil ich die Kommunikationsabläufe wie gewohnt einhalten will. Zuerst das persönliche Gespräch mit den beteiligten Athleten, dann die Presse. Niemals sollen Athleten über Dritte von meinen Entscheidungen erfahren. Das gebietet der Respekt! Ich gehe zu Stephan in den Container und versuche, ihm Vertrauen zu geben, indem ich noch einmal auf seinen ersten Sprung hinweise und ihm klarmache, dass ich davon überzeugt bin, dass er der Mannschaft helfen kann und wird.

Aber jetzt kommt der heikle Part. Da Markus nicht an der Schanze ist, rufe ich ihn an und erkläre ihm den Sachverhalt. Obwohl ich versuche, vorsichtige Worte zu wählen, spüre ich seine riesige Enttäuschung und sein Unverständnis durchs Telefon. Hier ist noch ein klärendes persönliches Gespräch vonnöten, aber das war ohnehin klar. Die Presse wird informiert und reagiert überrascht, aber nicht kritisch. Im Erfolg wird immer alles durch die rosarote Brille gesehen, und bis dorthin hatten wir Erfolg.

Bei der Rückfahrt mit dem Bus grüble ich vor mich hin. Wie soll ich das Gespräch anlegen? Wie wird Markus reagieren? Ich gehe mögliche Szenarien im Kopf durch und versuche, mich gedanklich bestmöglich vorzubereiten. Wohlwissend, dass ich hier eigentlich nichts richtig machen kann.

Nachts um zwei Uhr kommt Markus in mein Appartement. Seine Körpersprache vermittelt eine Mischung aus Frust und Angriffslust. Meine Erklärungen prallen an ihm ab. Seine Enttäuschung und sein Unverständnis sind riesig, und sein Frust richtet sich voll auf mich: »Seit ich ein Kind bin, träume ich von einer Medaille bei Olympia, und du hast mir heute meinen Lebenstraum genommen!«

Das sitzt. Habe ich das wirklich? Irgendwie schon, aber irgendwie auch nicht. Meine Versuche, ihm klar zu machen, dass er sich diesen Traum selber genommen hat, weil es ihm nicht gelungen ist, sich im Vorfeld unersetzlich zu machen, gehen ins Leere. Zu tief verletzt ist der sensible Athlet Eisenbichler, und ich kann ihn irgendwie verstehen.

Die Entscheidung ist nicht unumstritten, aber wir haben uns als Trainerteam nichts vorzuwerfen. Einer muss die Letztverantwortung übernehmen, einer muss die Botschaft überbringen. Das war in beiden Fällen ich.

Das Ergebnis ist bekannt. Deutschland holt nach einem spannenden Kampf mit den Polen Silber. Favorit Norwegen sichert sich mit einem herausragenden zweiten Durchgang Gold. Stephan Leyhe kann nicht über sich hinauswachsen und ist unser schwächster Mann. Ein »Was wäre, wenn« erübrigt sich in so einem Fall, man kann die Zeit nicht zurückdrehen.

Herausragend die menschliche Reaktion von Markus. Er nimmt an diesem Tag seine Rolle als Ersatzmann voll an, trägt den Athleten (mangels Betreuerakkreditierungen bei Olympia) die Schuhe und die Wärmekleidung in die Mixed Zone und geht am Abend ins deutsche Haus feiern. Legendär sein Schuhplattler zur Feier der erfolgreichen Kollegen, bei dem er enorme Sympathiepunkte sammelt. In diesen Momenten merkt man, dass es sich lohnt, alles dafür zu tun, um den gegenseitigen Respekt zu wahren und »das Tischtuch nicht zu zerschneiden«.

Ersatzmann Eisenbichler mutiert im Folgejahr zum dreifachen Weltmeister von Seefeld und Strahlemann Wellinger zum Ersatzmann. Der Sport schreibt einzigartige Geschichten.

Schon acht Jahre zuvor hatte ich eine schwere Entscheidung zu treffen: Zu dritt stehen wir bei strahlendem Sonnenschein in einem der idyllischen Gebirgszüge der Rocky Mountains. Im herrlich eingebetteten Schanzenareal hoch in den Bergen nahe Vancouver. Drei Trainer-Rookies, Rolf Schilli, Christian Winkler und ich, alle das erste Mal bei den Olympischen Spielen, haben vor zwei Jahren die Verantwortung für das schwächelnde Skisprungdeutschland übernommen und sollen jetzt dafür sorgen, dass nach acht Jahren wieder eine Medaille gewonnen wird. Letzte Chance: Mannschaftswettbewerb. Nach den Einzelbewerben standen zwei sechste Plätze zu Buche. Das war angesichts der Voraussetzungen, mit denen wir in das Großereignis hineingegangen sind, ein großer Erfolg. Alles ist auf diesen 22. Februar 2010 ausgerichtet, und jetzt geht es darum, den vierten Mann zu benennen. Die drei Routiniers Uhrmann, Neumayer und Schmitt haben ihren Startplatz aufgrund der Vorleistungen sicher. Pascal Bodmer oder Andreas Wank stehen zur Debatte. Beides aufstrebende Jungspunde mit unterschiedlichem Werdegang und unterschiedlichen Vorleistungen.

Der erst 19-jährige Bodmer ist der Aufsteiger der Saison. Erster Podiumsplatz in Kuusamo, und mit seinem siebten Platz bei der viel beachteten Vierschanzentournee hat er uns vor einem sportlichen Debakel bewahrt. Mit Fortdauer der Saison beginnt er inkonstant zu performen. Nur mehr punktuell blitzt sein Können auf.

Andreas Wank hat sich in das Team hineingekämpft und wird jetzt immer besser. Mit seiner unnachahmlichen Art ist er in der Lage, Berge zu versetzen. Die Voraussetzungen für das Skispringen sind, bezogen auf seine Körperstatur, weniger günstig, aber er ist ein sehr mutiger Springer und scheint dazu in der Lage zu sein, physikalische Gesetze umgehen zu können.

Beide hatten bisher einen Einsatz. Keiner hat geglänzt. Die Frage war nun, wer von den beiden die Routiniers ergänzen und im besten Fall verstärken kann. Und das bei einem Ereignis, das nur alle vier Jahre stattfindet und in manchem Sportlerleben einmalig ist. Die Konkurrenz ist stark, und wir brauchen eine Topleistung, um unser Ziel, eine Teammedaille, zu erreichen. Die Vorleistungen sprechen für Bodmer, die aktuellen Trainingsleistungen eher für Wank, der aber noch nie einen Teamwettkampf für Deutschland bestritten hat.

Ich frage in die kleine Runde mit Rolf und Christian, was sie denn von der Sache halten. Schweigen. Ich hake nach und werde ein wenig ungehalten. Zögerlich kommt von Rolf ein Für und Wider, ohne sich festzulegen. Christian, wie gewohnt ein wenig forscher im Ausdruck, listet auch nur Argumente auf und tut sich ganz gegen seine sonst übliche Klarheit ebenfalls schwer eine Entscheidung zu treffen. Jetzt reicht es mir, und ich werfe beiden vor, dass ich mich im Regen stehen gelassen fühle und mir mehr Unterstützung erwarte. Außerdem drängt die Zeit, und wir können hier, sei es auch noch so schön, nicht ewig stehen.

Eilig gehe ich noch einmal die Argumente durch und versuche, die Emotion zurückzudrängen und sachlich zu bleiben. Gefühlsmäßig bin ich für Bodmer, nüchtern betrachtet muss Wank springen. Es zerreißt mich fast, doch im letzten Moment siegt die Vernunft, und ich halte mich an die objektiven Fakten. Wank springt.

Den Trainerkollegen ungehalten zu begegnen war keine gute Idee, aber bei Olympischen Spielen stehen nicht nur Athleten unter Druck, sondern auch Betreuer, und letztlich ist unser aller Verhalten nur ein Ausdruck der Unsicherheit. Wir sind auch nur Menschen, mehr oder wenig gescheiterte Spitzensportler, und spüren die Anspannung bis ins Knochenmark.

Ich teile den beiden Sportlern in Einzelgesprächen die Aufstellung mit. Andi Wank strahlt über das ganze Gesicht, und der Protest von Pascal Bodmer bleibt aus. Athleten haben ein feines

Gespür für interne Hierarchien, und die Reaktion der Sportler gibt mir ein besseres Gefühl, als ich es noch auf der Schanze hatte.

Der Tag X ist da, und wir stimmen uns mit einem Motivationsvideo ein. Speziell Andi hat eine außergewöhnlich positive Körpersprache. Voller Energie und gleichzeitig fokussiert. Der Jungspund reißt die »Alten« mit. Wenn er mit den Teamkollegen abklatscht, dann fürchten sich diese davor, sich die Schulter auszukugeln. Jegliche Zweifel werden dadurch ausgeräumt, und es kann losgehen.

Jubeln über Team-Silber in Vancouver 2010:
Neumayer, Wank, Schmitt und Uhrmann (v.l.n.r.)

Es ist Andi Wank, der mit einer couragierten Leistung am obersten Rand seiner Möglichkeiten seinen Teil dazu beiträgt, dass Team Deutschland überraschend, aber verdient die ersehnte Medaille holt. Bei Rolf, Christian und mir fällt die Spannung ab, und wir genießen noch die Tage in Kanada. Olympia hat auch uns an unser persönliches Limit gebracht.

Die unmittelbare Vorbereitung auf die Wintersaison 2012/13 läuft auf Hochtouren. Es ist Oktober, wir befinden uns wie gewohnt in Oberstdorf auf einem Lehrgang und holen uns auf der Eisspur den Feinschliff für den Weltcupauftakt in Lillehammer. Noch circa fünf Wochen Zeit. Die Weltcupmannschaft ist nominiert, um in Ruhe arbeiten zu können. Kaum etwas ist abträglicher als zusätzlicher Qualifikationsstress unmittelbar vor dem Winterbeginn. Schließlich muss man individuelle Materialabstimmungen forcieren, Anzüge testen und gleichzeitig die geistige Frische erhalten. Nichts ist schlimmer, als schon vorermüdet beim Saisonstart auf dem Zitterbalken zu sitzen.

Für gewöhnlich haben wir die Schanze für uns alleine, um konzentriert arbeiten zu können. An diesem Tag teilen wir die Anlage mit den Nachwuchsathleten vom Christophorus Gymnasium in Berchtesgaden und deren Trainer Christian Leitner. Mit Christian hatte ich viele Schnittpunkte in den vergangenen vier Jahren, und ich wollte ihm die Chance zu trainieren nicht verwehren – zumal die Wertigkeit der Nachwuchsentwicklung bei mir ohnehin einen großen Stellenwert hat.

In dieser Gruppe befindet sich auch ein gewisser Andreas Wellinger, ein 17-jähriger ehemaliger Kombinierer, der schon im Sommer bei unserem internen Trainingslager in Courchevel eine außergewöhnlich gute Figur gemacht hat. Nachdem er dann auch noch zwei Podestplätze bei Continentalcup-Springen in Kuopio nachgelegt hat, wissen wir schon, dass hier ein potenzieller Spitzenmann lauert. Obwohl Entwicklungen beim Skispringen manchmal ein enormes Tempo aufweisen können, weiß ich aus Erfahrung, dass die Bäume nicht in den Himmel wachsen, und hatte in Absprache mit seinem Heimtrainer entschieden, den Burschen sukzessive aufzubauen.

Da ist er nun wieder, der Andi mit seinem spitzbübischen Grinsen und seinem sonnigen Gemüt. Seelenruhig absolviert er seine Sprünge mit einer unglaublichen Qualität und Konstanz.

Er braucht nicht viel mehr Anlauf als unser damaliger Spitzenmann Severin Freund und hat zudem »Stangenmaterial«: Sein Anzug hat schon schwarze Streifen vom Hinaufrutschen auf den Anlaufbalken und vermutlich über 200 Versuche am Buckel, seine Sprunglatten und seine Bindung sind Standardmaterial und weit weg von individuell abgestimmt und getunt. Unsere nominelle Nummer sechs im Team, Maximilian Mechler, hat aktuell technische Probleme und verliert auf Andi im Schnitt zehn Meter pro Sprung. Das ist auf einer 100-Meter-Schanze eine Welt. Wären die beiden Tennisspieler, ginge der Satz 6:1 aus.

Ich blicke zu meinen Trainerkollegen Stefan Horngacher und Tino Haase und versuche, nonverbal ein Stimmungsbild zu erhaschen. Wir alle spüren, dass hier gerade etwas Besonderes passiert. Nach der Trainingseinheit gehe ich auf meine Kollegen zu und sage:»Jungs, wir müssen über Andi diskutieren«. Ich spüre eine Ambivalenz. Wir haben doch ein fixes Prozedere, wie wir die Weltcupmannschaft aufstellen, und wir haben schon Zusagen gemacht. Und jetzt will der Chef über Andi reden. Natürlich ist keinem der beiden der aktuelle Leistungsstand verborgen geblieben. Aber Schwankungen sind in der Vorbereitung nichts Außergewöhnliches, und Standhaftigkeit und Konstanz prägen eigentlich unser Handeln seit Jahren.

Ich gebe meine Eindrücke wieder und bin fest entschlossen, die Entscheidung noch mal aufzuweichen, wohlwissend, dass das ein Risiko ist und unsere Glaubwürdigkeit vor den Athleten auf den Prüfstand stellen wird. Zusätzlich beharre ich darauf, keine erneute Qualifikation zwischen den beiden mehr anzusetzen, um nicht unnötig neue Spannungen und Stress ins Team zu bringen. Entweder trauen wir dem Jungen das zu und beweisen unkonventionell Mut, oder wir lassen es.

Stefan ringt mit sich, nicht zuletzt, weil Maxi Mechler »sein« Athlet ist und Kontinuität und Beharrlichkeit seine Handelsmaxime sind. Aber auch ihm ist nicht entgangen, welch hohe

Qualität Andi auf die Schanze zaubert, und nach anfänglichem Zögern stimmt er zu. Tino, von Haus aus ein zurückhaltender Zeitgenosse, denkt intensiv nach, bis er sich zu folgender Aussage hinreißen lässt:»Jetzt haben wir so lange auf einen qualitativ herausragenden Jugendspringer gewartet, es wäre geradezu töricht, den Jungen zu Hause zu lassen.«

Jetzt muss ich lachen. Typisch Tino. Lange, lange kommt nichts – aber wenn er sich zu einer Aussage überwindet, dann bringt er es überragend auf den Punkt.

Töricht. Ein Wort, das ich nicht in meinem gängigen Wortschatz führe, aber besser kann man die Situation nicht beschreiben.»Unklug, fast schon dümmlich«, sagt der Duden – aber korrekt ist die Sache, verglichen mit anderen Teamnominierungen, nicht. Nominiert ist nominiert, und um diese Entscheidung durchzudrücken, muss von bisherigen Grundsätzen mit einer wasserdichten Argumentation abgewichen werden, sonst kann der Schaden in der Glaubwürdigkeit den unmittelbaren Nutzen übersteigen. Wir gehen noch mal das Szenario durch und thematisieren auch das Risiko. Sollte die Sache schiefgehen und sich herausstellen, dass der Weltcup eine Schuhnummer zu groß für den Jungen ist, wird es Kritik hageln. Ich schwöre meine Trainerkollegen auf Zusammenhalt ein, denn wenn sich herausstellen sollte, dass einer im Hinterstübchen zweifelt und sich im Nachhinein bei der Mannschaft profilieren will, dann sprengt uns das Thema intern. Ich übernehme die Kommunikation mit den Athleten und den organisatorischen Part.

Begeisterung sieht anders aus, als ich Maxi Mechler von meinen Überlegungen in Kenntnis setze. Ein Athlet muss für sein Recht und seine Träume kämpfen, aber gleichzeitig auch Trainerurteile professionell wegstecken und weiter an sich arbeiten. Auch die Mannschaft nimmt es ziemlich sachlich auf, und ich spüre Vertrauen. Tief im Inneren können sich Athleten sehr gut hierarchisch einordnen, auch wenn sie es manchmal nicht zugeben. Andi freut sich wahnsinnig über die Nachricht, und das Abenteuer kann beginnen.

Vier Wochen später sind wir im hohen Norden angekommen, und das erste Training zur Weltcupsaison 2012/13 kann beginnen. Lillehammer K90 ist die Location, und Andi Wellinger hat die Startnummer 7. Die ersten beiden Sprünge gehen in die Hose, und erste Zweifel kommen bei mir auf. Hoffentlich kann er sich für das Teilnehmerfeld der Top 50 qualifizieren, ansonsten ist das Abenteuer schon wieder beendet, bevor es begonnen hat, und ich komme in Erklärungsnotstand.

Nervenstark und unbekümmert springt er in der Qualifikation dann aber auf 94,5 Meter und schafft es souverän ins Starterfeld. Meine Trainerkollegen und ich atmen einmal tief durch. Der Anfang ist gemacht. Von einer kompletten Fehlentscheidung kann man bei dieser Nominierung schon einmal nicht sprechen.

Am nächsten Tag folgt der Eröffnungswettkampf, und der Fokus im deutschen Team ist ohnehin auf Severin Freund, den Vorzeigeflieger, gerichtet. Er springt seit Wochen in grandioser Form und hat Chancen auf den Sieg. Die traditionell starken Norweger beginnen mit ihrer nationalen Gruppe und starten fulminant. Der wieder erstarkte Anders Jacobsen segelt auf unglaubliche 100,5 Meter und übernimmt die Führung. Verglichen mit den Trainingsweiten kann man erahnen, dass das eine Topleistung und auch für die etablierten Stars der Szene eine Richtmarke ist, die enorm schwer zu knacken sein wird. Die norwegische Trainerschar brüllt lautstark, klatscht sich ab und feiert mit einem Anflug von leichter Überheblichkeit diese Auftaktweite.

Unmittelbar nach Jacobson geht Andi in die Spur. Mit enormer Aggressivität und unfassbarer Leichtigkeit stemmt er sich vom Schanzentisch weg und schwebt auf 103 Meter.

Es ist ruhig am Trainerturm. Speziell die norwegische Trainerschar verstummt. Unsicherheit und Erstaunen machen sich breit. Was ist passiert? War der Sprung von Jacobson doch nicht von so hoher Qualität? Wer ist denn dieser Wellinger?

Ich grinse über das ganze Gesicht und klatsche mit Tino ab. Ein Funkspruch zu Steff. Tiefe Befriedigung macht sich breit. Der Auftakt ist geschafft. Wir haben ja noch Freund und Freitag. Uns kann nix mehr passieren. Team Deutschland ist auf dem besten Weg, einen erfolgreichen Auftakt in die Weltcupsaison hinzulegen, auch wenn ich die Leistung von Andi in diesem Augenblick letztendlich nicht einschätzen kann.

Am Ende des Durchgangs lautet das Zwischenklassement: Wellinger vor Jacobsen und Freund. Ein 17-Jähriger düpiert die Weltklasse, und am Start steht er nur wegen unserer mutigen, unkonventionellen, visionären Entscheidung. Sonst hätte die Skisprungwelt erst später erfahren, welch unglaubliches Talent da in Deutschland schlummert. Am Ende belegt er den fünften Platz. Freund gewinnt. Deutschland on top! Was für ein Abend. *A star is born.*

Am Ende des Winters steht traditionell immer das Skifliegen in Planica auf dem Kalender. Eine anstrengende Saison geht zu Ende. Die Letalnica-Schanze verlangt den Athleten und Betreuern noch mal alles ab – die letzten, vor allem psychischen Reserven müssen mobilisiert werden. Zum letzten Mal vor dem Umbau springen wir auf dieser altehrwürdigen Anlage, auf der so viele Weltrekorde erreicht und Tausende Siegesgeschichten, aber auch einige Tragödien geschrieben wurden.

Ich habe wenig gute Erinnerungen an diese Anlage. In meiner Zeit als Bundestrainer gab es bisher mehr Schatten als Licht. Eine ergebnismäßig enttäuschende Skiflug-WM 2010. Pascal Bodmer ist einmal kopfüber gestürzt und hat sich wie durch ein Wunder »nur« an der Schulter verletzt. De facto hat es seine Karriere beendet, weil ihm das Unterbewusstsein einen Streich gespielt hat und er nie wieder an sein persönliches Limit herangekommen ist. Martin Schmitt, an und für sich ein geborener Flieger, war einmal nach zwei missglückten Versuchen im Training so verzweifelt, dass ich ihm eine Schutzsperre geben musste. Für einen Athleten ist es enorm schwierig, eigenständig den Rückzug anzutreten, weil er damit sein Selbstbild zerstört. Man ist es gewohnt, Schwierigkeiten als Herausforderungen wahrzunehmen, und vor diesen läuft man nicht davon. Das verbietet das sportliche Ehrgefühl. Wie soll man denn weiterhin Grenzsituationen handlungsorientiert meistern können, wenn man den Hürden des Skispringerlebens einmal aus dem Weg geht?

Ich nahm ihm die Entscheidung ab, und tief drinnen war er mir, so glaube ich, dankbar. Der Sprung hätte ins Auge gehen können, und das ist die noch schlechtere Option. Pest oder Cholera.

Dieses Jahr stehe ich vor der Entscheidung, ob ich dem 17-jährigen Andi Wellinger erlaube, über diesen Monsterbakken zu gehen. Er will unbedingt fliegen.

Jahrelang hatte ich Skifliegen als Jugendtrainer nur im Fernsehen beobachtet und verfolgt, wie die verschiedenen Nationen mit ihren Talenten umgehen. Jungspunde gehen meist unbekümmert an die Sache heran. In diesem Alter fühlt man sich unverletzlich und glaubt, das Limit sei der Himmel. Begeistert feiern die Betreuer am Trainerturm die respektablen Leistungen ihrer Jungtalente. Diese Momente werden entsprechend euphorisiert wahrgenommen.

Ich meine zu beobachten, dass die meisten der hochgepuschten Talente wieder sang- und klanglos von der Bildfläche verschwinden. Man weiß zu wenig über die psychischen Langzeitfolgen von derartigen Belastungen. Wissenschaftliche Untersuchungen sind mir aus dieser Randsportart keine bekannt. Die Handlungssicherheit beruht auf Erfahrungswerten – ein gefährliches Halbwissen.

Als Jugendtrainer habe ich mir geschworen, einen Athleten niemals zu verheizen. Lieber ein Jahr länger warten, als zu früh in die Extreme zu gehen und sich hinterher Vorwürfe machen zu müssen. Trainer haben auch eine pädagogische Verantwortung.

Aber es gibt genauso positive Beispiele: Das österreichische Ausnahmetalent Gregor Schlierenzauer kam mit 16 Jahren in die Weltspitze und flog auch im Jahr darauf zu seinem ersten Sieg auf diesem Monsterbakken. Mit 18 Jahren wurde er Skiflugweltmeister und steht seitdem ununterbrochen an der Weltspitze. Negative Langzeitfolgen? Bisher keine sichtbar.

Jetzt will also dieser Wellinger unbedingt Ski fliegen. Ebenfalls ein Ausnahmetalent, aber ist er mit Schlierenzauer vergleichbar? Ich habe beide trainiert, ich kenne beide. Wellingers Flugsystem ist nicht ganz so stabil, weil er ab und zu mit den Sprunggelenken arbeitet, um den Ski-Körper-Abstand zu regulieren. Das sollte man auf einer Flugschanze keinesfalls tun, sonst wird es gefährlich.

Ich rufe mir in Erinnerung, dass Andi die größten Skisprungschanzen im Weltcupzirkus in seinem Debütjahr tadellos gemeistert hat, allen voran Kuusamo. Dieses finnische Monster ist wegen seiner wechselnden Winde berüchtigt und hat schon den einen oder anderen Sturz hervorgerufen. Andi hat diese Schanze vor knapp einem halben Jahr mit Bravour bezwungen.

Ich lasse mich weichklopfen und gebe dem Drängen des Athleten nach. Außerdem ist zu erwarten, dass wir seine Leistung brauchen würden, da einige seiner Teamkollegen ihre Form zu Jahresende verloren haben und die interne Auswahl an Topspringern begrenzt ist. Schließlich steht ja noch ein Mannschaftsspringen auf dem Programm.

Ich nehme mir fest vor, dass ich Andi nur das Freizeichen gebe, wenn der Wind günstig und bewältigbar ist, unabhängig davon, wie die Jury entscheidet. Schließlich brauchen wir diesen Mann noch für kommende Aufgaben. Ich will das Risiko so

Andreas Wellinger bei seinem ersten Skifliegen in Planica, 2013

gering wie möglich halten. Den Athleten stelle ich wie gewohnt ein. Rufe ihm nochmals die Basics ins Gedächtnis, Fluss, Länge, Rhythmus, immer vom Hang wegarbeiten, den Ski aufnehmen und ruhig und klar agieren.

Der erste Sprung ist wie aus einem Guss. Genau so habe ich es mir erhofft und im stillen Kämmerlein erwartet. 192 Meter. Persönlicher Rekord, nur knapp die magischen 200 Meter verfehlt. Die knackt er schon mit seinem zweiten Skiflug und platziert sich in der Qualifikation auf Rang 15.

Leichtigkeit und Klarheit zeichnen seine Aktionen aus. Die gesunde Mischung aus Ernsthaftigkeit und Spitzbübigkeit hilft ihm in allen Lebenslagen. Der Rationalist in mir warnt: Nur nicht übermütig werden. Gleichzeitig kommt auch in mir Begeisterung auf und trägt mich, trotz bescheidener Leistungen vom Rest der Mannschaft, durchs Wochenende.

Am Samstag steht das Teamspringen auf dem Programm. Unsere Aussichten sind nicht gerade rosig, aber vielleicht können wir überraschen und im Kampf ums Podium ein Wörtchen mitreden. Andi ist nach den bisherigen Vorleistungen Fixbestandteil der deutschen Mannschaft, und wie immer beginnt der Wettkampf mit der Einstimmung über den Probedurchgang. Aufgrund des bisher Gezeigten mache ich mir in puncto Sicherheit keine Sorgen mehr. Zu souverän hat Andi Wellinger in seinen bisherigen Versuchen gewirkt.

Bei diesem Sprung jedoch kommt er sehr spät vom Schanzentisch weg, der Ski schnellt zum Körper, und im gleichen Moment zeigt die Skispitze des rechten Skis schon Richtung Boden. Eine ruckartige Reaktion – der verzweifelte Versuch, das System Ski–Körper wieder ins Gleichgewicht zu bringen. Ich verliere ihn vom Trainerturm aus über dem Vorbau aus den Augen.

Spontan schmettere ich die Abwinkfahne zu Boden. Verzweiflung macht sich breit. Blitzschnell ziehen Gedankenfetzen durch meinen Kopf: »Jetzt hast du eine Karriere zerstört! Hoffentlich hat er sich nicht schwer verletzt – ist der Arzt schon bei ihm? Wer soll ihn ersetzen?«

Ich starre auf den kleinen Monitor, den uns der Veranstalter zur Verfügung stellt, und sehe ihn die letzten Meter den Auslauf hinunterrutschen. Er steht auf und geht umher. Offensichtlich hält er Ausschau nach seinen Skiern, die er beim Sturz verloren hat.

»Unglaublich, wie er das gemacht hat. Er ist noch auf den Beinen aufgekommen und nur zur Seite gefallen. Nix passiert! Nur sein Ski ist abgebrochen ...«, dringt eine Stimme aus dem Funkgerät in mein Ohr. Stefan Horngacher, der die Szenerie von der Flugposition aus beobachtet hat, bringt mich auf den aktuellen Stand.

Auf den Beinen aufgekommen? Wie ist das möglich? Die Skispitze hat doch schon nach unten gezeigt, der rechte Ski hatte sogenannte Oberluft. Ich bin verwirrt. Der Schock steht Tino und mir ins Gesicht geschrieben. Schnell nach unten, ich muss mir selbst ein Bild machen.

Auf halbem Weg treffe ich Stefan und frage ihn, wie er die Situation einschätzt. Wenn Andi unverletzt ist, kann man es verantworten, ihn noch mal springen zu lassen? Haben wir noch Ersatzmaterial für seinen gebrochenen Ski? Was ist, wenn es noch mal schiefgeht? Fragen über Fragen, und in diesem Moment spüre ich, dass auch mein ansonsten sehr meinungsstarker Co-Trainer an seine Grenzen kommt.

Unsere Tendenz: Versuchen, wenn es irgendwie geht! Nach einem Sturz sollte man, wenn möglich, schnell wieder nach oben. Ein ungeschriebenes Gesetz. Warum? Die missglückte Bewegungsausführung schnellstmöglich wieder mit einer geglückten »überschreiben«, um keine Zweifel aufkommen zu lassen.

Unten angekommen treffe ich auf einen erstaunlich gefassten Athleten, der völlig klar analysiert und sich für seinen technischen Fehler entschuldigen will. Ich nehme ihm den Wind aus den Segeln, versuche selbstbewusst aufzutreten und den Fokus auf einen möglichen nächsten Sprung zu legen. Er möchte wieder springen, und dass er das mit seinem Ersatzmaterial machen muss, mit dem er noch nie einen Versuch absolviert hat, scheint ihn nicht zu stören.

In Windeseile spiele ich gedanklich alle Möglichkeiten durch und bekräftige das Vorhaben. Mein oberstes Ziel ist es, keine Zweifel aufkommen zu lassen. Zweifel lähmen die Handlungsausführung und steigern die Wahrscheinlichkeit, dass es erneut schiefgeht.

Der Plan steht, und ich mache mich wieder auf den Weg nach oben. Dort treffe ich Walter Hofer, den FIS Race Director. Er meint: »Werner, du weißt schon, dass man nach dem Probedurchgang noch einen Athleten austauschen kann?« Zweifelt er etwa an meiner Entscheidung? Kurz werde ich unsicher, aber dann entgegne ich selbstbewusst: »Danke, Walter, wir haben alles im Griff.«

Die Fahrt mit dem Sessellift zur Mittelstation kommt mir ewig vor. Bin ich dabei, das aktuell größte Talent im deutschen Skisprung zu vernichten? Was passiert, wenn er noch mal den gleichen Fehler macht? Kann man zweimal am selben Tag mit Akrobatik Unheil abwenden?

Die quälenden Fragen hören nicht auf, aber tief in mir drinnen bin ich voller Hoffnung, dass alles gut wird, und überzeugt, dass wir dieses Risiko eingehen müssen, um zukünftigen Schaden abzuwenden.

Andi sitzt am Balken, der Wind ist im Toleranzbereich, und ich winke ihn ab. Souverän meistert er die knifflige Radiusdurchfahrt, stemmt sich rechtzeitig vom Schanzentisch ab und stabilisiert sein Flugsystem. Mühelos gleitet er den Hang hinunter und setzt bei 201,5 Metern auf.

Ein unheimliches Glücksgefühl, gepaart mit Erleichterung durchströmt meinen Körper. Wie aufregend war die letzte halbe Stunde! Welch ein Meilenstein in dieser jungen Karriere. Das Risiko hat sich bezahlt gemacht, und der missglückte Versuch ist von einem gelungenen überlagert worden. Natürlich hat er sich nicht am äußersten Limit bewegt, aber das war auch nicht das Ziel. Handlungsfähig bleiben und Besinnung auf die Basics.

Zu meinem Erstaunen vernehme ich keinerlei Reaktionen der Trainerkollegen. Tino und ich klatschen uns ab, aber der Rest der Trainerschaft nimmt das gerade Geschehene stoisch zur Kenntnis. Einzig der junge slowenische B-Kader-Trainer Igor Medved klatscht Beifall und erkennt an, welch außergewöhnliche Leistung Andi Wellinger gerade vollbracht hat. Das fehlende Einfühlungsvermögen der Kollegen ärgert mich kurz, aber ich hake das schnell ab. Alle im Ergebnistunnel. Gefangen in der eigenen (Schein-)Welt.

Wir beenden den Teamwettkampf auf Rang 6. Das Endresultat ist enttäuschend, aber ich fühle mich heute wie ein Sieger. Die

Grenzsituation wurde von allen Beteiligten mit Bravour gemeistert, und das wird sich in Zukunft noch bezahlt machen. Dessen bin ich mir sicher!

D ie Vorbereitung zur Saison 2016/17 verläuft holprig für Severin Freund. Eine Verletzung, die er sich beim Bergisel-Springen auf dem Weg zu einem möglichen Tourneesieg geholt hat, muss operativ versorgt werden. Wieder vier Monate Pause, wieder vier wertvolle Trainingsmonate, die mit Reha und nicht mit skisprungspezifischen Übungen gefüllt werden können.

Severin ist schon sehr erfahren im Umgang mit derartigen Situationen. Meist kam er stärker zurück, als er jemals vorher war. Diesmal ist es anders. Weder im Herbst noch Anfang des Winters kann er an seine gewohnte Form anknüpfen. Bei der Vierschanzentournee muss er krankheitsbedingt aufgeben, weshalb wir uns dazu entschließen, eine dreiwöchige Trainingsphase einzuschieben und ihn in Willingen Ende Januar auf seiner Lieblingsschanze in den Weltcup zurückkehren zu lassen.

Aber es kommt alles anders. Beim Abschlusstraining in Oberstdorf sackt er nach einer missglückten Landung zusammen und stürzt. Diagnose: Kreuzbandruptur. Wieder Reha, wieder Pause, und das für mindestens sechs Monate. Während wir die Saison erfolgreich zu Ende bringen, startet Severin parallel mit der Rehabilitation.

Zur Vorbereitung auf die neue Saison setzen wir uns wie gewohnt zusammen und machen individuelle Trainingspläne für die einzelnen Athleten. Bei Severin geht es darum, die Rehabilitation in allgemeines Training zu überführen, gefolgt von skisprungspezifischen Übungen und schlussendlich dann Schanzensprünge zeitlich und inhaltlich zu koordinieren. Darin haben wir Übung. Bei den früheren Verletzungen war uns das schon gelungen. Ärzte, Therapeuten, Heimtrainer, Bundestrainer, Physiologe und Athlet kennen sich in- und auswendig und stricken an einem Masterplan.

Ich drücke aufs Tempo, spreche über Eigenerfahrungen und will, dass Severin in sechs Monaten wieder auf der Schanze ist. Ein weiteres Trainingshalbjahr wird nach meiner Einschätzung nicht reichen. Schließlich gilt es etwas aufzuholen. Unterstützung bekomme ich vom Physiologen Hari Pernitsch. Die medizinische Abteilung und Christian Winkler wollen die Sache vorsichtiger angehen.

Severin entwickelt sich prächtig. Der Plan scheint aufzugehen. Die Muskulatur wird stärker, und die Koordination kommt zurück. Anfang Juli treffen wir uns in München im Olympiastützpunkt zu einem spezifischen Krafttraining. Physiologe Pernitsch, Heimtrainer Christian Winkler, Severin und ich. Fünfeinhalb Monate sind vergangen seit der Operation, und alle Werte zeigen in die richtige Richtung. Plötzlich sagt Hari: »Aus meiner Sicht bist du bereit für eine Schanzenrückkehr.«

Christian, Severin und ich sind im ersten Moment überrascht, aber ich nehme den Ball sofort auf und sage: »Ich sehe das auch so. Ich werde mit der medizinischen Abteilung sprechen, ob sie das O. K. geben.« Severin, ein Vollblutsportler, vertraut uns und versucht, sich langsam mit dem Gedanken anzufreunden. Einzig Christian bleibt ein wenig skeptisch.

Nachdem die Ärzte, etwas zögerlich, den Plan unterstützen, geht es noch darum, die Rahmenbedingungen abzustecken. Mit der Schanze in Oberstdorf HS 106 finden wir eine gewohnte Anlage. Wenig Anlauf nehmen, um Sprünge im hohen Weitenbereich zu vermeiden, und maximal drei Sprünge am Tag, um die spezifische Belastung zu reduzieren und das Vertrauen langsam wiederaufzubauen. Mit Christian Winkler, der die Anlage kennt wie seine Westentasche, wird ihm sein Vertrauenstrainer an die Seite gestellt. Aus meiner Sicht kann hier nichts mehr schiefgehen, und ich verabschiede mich in den jährlichen zweiwöchigen Familienurlaub.

Am Strand von Formentera klingelt plötzlich mein Handy. Normalerweise stelle ich im Urlaub auf lautlos – die einzigen zwei Wochen im Jahr. Ich lese Mark Dorfmüller auf meinem Display und freue mich über den Anruf meines langjährigen Teamarztes. Als ich das Mobiltelefon zum Ohr führe, kommen Zweifel auf: »Warum ruft mich Mark im Urlaub an?« Ein schauriges Gefühl läuft mir über den Rücken.

Mark redet nicht lange um den heißen Brei herum. »Werner, Severin hat sich erneut das Kreuzband gerissen. Er wird morgen operiert.« Wie konnte das passieren? Ich falle aus allen Wolken. Aber ich bin weit weg und kann nichts tun. Ich beschließe, den Leuten vor Ort zu vertrauen, und nehme mir fest vor, der Sache gleich nach meiner Heimkehr auf den Grund zu gehen.

Christian Winkler ist die Niedergeschlagenheit deutlich anzumerken. Ich lasse mir die genauen Abläufe schildern. Die Verletzung ist erst am zweiten Tag nach der Absolvierung von fünf gelungenen Versuchen passiert. Christian zeigt mir das entscheidende Video: Severin springt technisch außergewöhnlich gut ab, erschrickt in der Luft und verlagert den Schwerpunkt abrupt nach hinten. Die Landung erfolgt mit steifen Gliedmaßen, und die Kraftwirkungslinie ist derart unglücklich, dass sein Knie den Belastungen nicht standhält.

Bei Christian höre ich Vorwürfe durch. Man hätte die Sache, im wahrsten Sinne des Wortes, nicht übers Knie brechen dürfen. Er fühlt sich einerseits verantwortlich, andererseits signalisiert er, dass seine letzte Überzeugung für diesen frühen Trainingsstart gefehlt hat. Auch Operateur Peter Brucker merkt an, er werde nie wieder einen Athleten auf die Schanze lassen, bevor dieser den »Back-to-sports-Test« erfolgreich absolviert habe. Ich versuche, den Ball flach zu halten und allen klarzumachen, dass es an dieser Stelle niemandem nützt, wenn wir uns gegenseitig Schuldvorwürfe machen.

Ich bin heute noch davon überzeugt, dass die körperlichen Voraussetzungen gegeben waren, aber die mentalen nicht. Ich habe unterschätzt, dass die Situation des Landeanflugs im Kopf unbewusst gespeichert wird und in ähnlichen, vergleichbaren Situationen die Handlungsfähigkeit hemmt, wenn die Verletzung bei einem Sturz auf der Schanze passiert. Der Fehler von Severin glich auf den ersten Blick einem Anfängerfehler, aber da er kein Anfänger ist, muss es so etwas wie ein Blackout gegeben haben. Die Rückkehr auf die Schanze wurde zu wenig ganzheitlich vorbereitet, und das nehme ich auf meine Kappe. Es gibt auch Rerupturen nach elf Monaten. Niemand gibt dir die Garantie, dass eine spätere Rückkehr zu 100 Prozent klappt. Die Wahrscheinlichkeit steigt zwar, aber der Schlüssel ist der umfassende, ganzheitliche Plan. Und der hat gefehlt.

Werner Schuster brauchte in meiner Wahrnehmung selten Hilfe bei Entscheidungen. Dennoch wollte er ab und an über anstehende Themen reden. Hier standen dann vor allem Fragen der Nominierung für Mannschaftsspringen oder Großereignisse im Vordergrund (manchmal aber auch der Einsatz von Sportlern nach schweren Verletzungen auf bestimmten Schanzen oder die Zusammensetzung des Trainerstabs). Selten fühlt sich ein Trainer so alleine, hat so die Last der Verantwortung auf seinen Schultern wie in jenen Momenten, in denen er abwinken, Sportler aus der Mannschaft nehmen oder Co-Trainern ihre Aufgabe nehmen muss. Hier kann der Sportpsychologe lediglich Sparringspartner sein und gegebenenfalls noch zusätzliche Aspekte und Sichtweisen einbringen.

Entscheidungen treffen kann jeder (und tut dies auch unzählige Male pro Tag). Aber Entscheidungen werden dann schwer und belastend, wenn (Zeit-)Druck, eine unzureichende Menge an Informationen und größere Auswirkungen, speziell auf andere, eine Rolle spielen.

Damit hat man bereits die zentralen Ansatzpunkte für das leichtere Treffen auch schwieriger Entscheidungen benannt: Ich kann den (Zeit-)Druck hinterfragen, mehr Informationen sammeln und mir über die tatsächlichen Konsequenzen einer Entscheidung Gedanken machen.

Gehirn tendiert oftmals zu einer Vereinfachung von Situationen. In einer bestimmten Situation überlegen wir uns eine Lösung – oder bestenfalls noch eine Alternative dazu – und grübeln dann lange, ob wir dies tun oder jenes lassen sollen. Dabei übersehen wir oft eine bessere dritte Lösung (so muss es oftmals kein Entweder/Oder, sondern kann auch eine Sowohl-als-auch-Lösung sein). Dies geschieht auch dadurch, dass wir uns selbst unter Druck setzen. Oder setzen lassen.

So ist gerne die erste Frage des Coaches jene danach, bis wann denn tatsächlich eine Entscheidung getroffen werden muss. Da dies selten so kurzfristig nötig ist, wie der Betroffene glaubt, nimmt das oftmals schon etwas Druck heraus. Und mit mehr Gelassenheit und Distanz schaut man deutlich analytischer auf Themen und Probleme.

Der nächste Schritt ist dann das Suchen nach weiteren Optionen, nach möglichen Handlungsalternativen. Dabei hilft einem zumeist ein Sparringspartner sehr, da man immer dazu tendiert, an der ersten gefundenen Idee hängen zu bleiben.

Eine andere im Sport häufig genutzte Technik ist das sogenannte »Katastrophendenken«. Die Frage dazu lautet, was denn im schlimmsten Falle passieren könnte/würde beziehungsweise welche Konsequenzen eine Entscheidung, eine Handlung oder Nicht-Handlung haben würden. Damit werden Ängste nicht länger verdrängt, sondern einer Realitätsprüfung unterzogen. Dies führt in vielen Fällen dazu, dass angesichts deutlich geringerer Folgen ebenfalls Druck aus Entscheidungen genommen wird.

Informationen sammeln

Entscheidungen bei eindeutiger Faktenlage sind leicht. Schwierige Entscheidungen sind schwierig, weil keine Alternative besser als die andere erscheint. Wäre eine Option sichtbar besser, wäre es keine schwierige Entscheidung. Wenn der eine Sportler in der gesamten Saison stets bessere Ergebnisse als sein Konkurrent geliefert hat, ist die Frage der Nominierung quasi ein Selbstläufer. Bei nahezu gleich guten (oder manchmal auch schlechteren) Platzierungen hat es der Trainer schon viel schwerer. Dann kann er weitere Informationen sammeln: etwa das Alter des Athleten, seine bisherigen Wettkampfergebnisse unter großem Druck, seine charakterliche Eignung für die Mannschaft etc. Wenn dies aber immer noch zu keinem klaren Bild führt, geht es oftmals um das reine Bauchgefühl. Die Intuition. Für viele eher kopflastige Männer ein unheimlicher Part des eigenen Wesens. Und dennoch brauchen gute Entscheidungen stets eine stimmige Mischung aus Kopf und Bauch, aus Fakten und Gespür (das oftmals durch die Erfahrung gespeist wird).

Als Coach beschäftigt mich hier in der Zusammenarbeit die Frage, womit ich eine sinnvolle Ergänzung bieten kann. Ein reiner Kopfmensch braucht selten analytische Tools oder Hilfe in der Strukturierung – da geht es um einen Zugang zur Intuition. Und umgekehrt benötigt der

Gefühlsmensch selten mehr davon. Diesem helfen Struktur, Analyse, Zahlen, Daten und Fakten. Oder der Erfahrungsaustausch mit jemandem, der eine solche oder ähnliche Situation schon erlebt hat.

Da man es im Alltag häufiger mit Kopfmenschen zu tun hat, hierzu ein kleines Werkzeug aus der Praxis. Es handelt sich um einen Entscheidungswürfel. Auf seinen sechs Seiten gibt es die Antworten »Ja«, »Nein«, »Sofort«, »Später«, »Vielleicht« und »Besser nicht«. Er kann bei vermeintlichen 50:50-Entscheidungen eingesetzt werden, wenn sich der Gesprächspartner so gar nicht entscheiden mag. Er soll dann eine klare Frage stellen und diese mit dem Würfel beantworten. Natürlich soll einem der Würfel dabei nicht wirklich die Entscheidung abnehmen. Es geht vielmehr um die spontane Reaktion des Bauches auf eine vermeintliche Entscheidung (»Gott sei Dank, nun ist es entschieden!«, »Mist, so wollte ich das nicht!", »Das fühlt sich richtig oder eben auch falsch an!« etc.). Damit wird neben der Ratio auch das Bauchgefühl in den Entscheidungsprozess eingebunden.

Alternativ zu diesem nicht immer verfügbaren kleinen Tool kann auch die gedankliche Antizipation von getroffenen Entscheidungen hilfreich sein: »Nehmen wir an, du hast dich für ... entschieden. Welche spontane emotionale Reaktion kannst du feststellen?«

Konsequenzen bedenken

»Was kannst du damit kaputtmachen?«, war eine Frage, die ich Werner Schuster des Öfteren stellte, wenn er vor einer Entscheidung stand. Und was passiert, wenn man nicht handelt? Natürlich gehört es für eine verantwortungsvolle Führungskraft dazu, sich über die Folgen eigener Handlungen und Entscheidungen Gedanken zu machen. Aber oftmals gibt es kein klares Richtig oder Falsch. Und in vielen Situationen ist Nicht-Handeln oder ein halbherziges Verfolgen verschiedener Strategien ungünstiger als ein klar durchgezogener Weg. Ängste vor möglichen Konsequenzen führen oftmals dazu, in entscheidenden Situationen eher passiv zu werden. Hier hilft eine Konfrontation mit den denkbaren negativen Konsequenzen, um zu mehr Klarheit zu kommen.

AUS FEHLERN LERNEN

Schwächen/Fehler eingestehen und aktiv korrigieren

Wir stellen wieder auf Spitzensport um –
Durchtrainieren – Mit sechs Mann in Falun –
Weltmeister mit Rekordvorsprung

N achdem meine erste Saison in Deutschland gut gelaufen ist, gehe ich im Frühjahr 2009 unbesorgt davon aus, dass es wieder gelingen wird, den einen oder anderen Sportler im vorderen Feld zu platzieren. Weiterhin liegt der Fokus auf der Entwicklung junger Talente, weshalb wir bei der Trainingsgruppeneinteilung ein wenig von der Norm abweichen und die zwei vielversprechenden Youngsters Felix Schoft und Tobias Bogner in die Nationalmannschaft holen. Betrachtet man rein die Ergebnisse haben sie ihr Können in der vergangenen Saison noch nicht ausreichend bewiesen, aber wir als Trainerteam hoffen, dass unser Vertrauensvorschuss aufgeht. Im Gegenzug lassen wir den etablierten Springer Stephan Hocke in der zweiten Trainingsgruppe und erhoffen uns einerseits einen Vorbildeffekt für die anderen Springer, andererseits wollen wir ihn ein wenig pushen und die letzten Leistungsreserven aus ihm herauskitzeln.

Die Sommersaison 2009/10 geht jedoch sehr schleppend los, und wir können nicht annähernd an die Leistungen der vorigen Sommersaison, geschweige denn der Wintersaison anknüpfen. Keine Top-Ten-Platzierungen und immer nur zwei bis drei Springer in den Punkterängen sind viel zu wenig für unsere Ansprüche. Der Heim-Grand-Prix in Hinterzarten wird zum Desaster, und auch bei den folgenden Wettkämpfen muss ich sehr früh meinen Trainerstandplatz räumen, weil keine Athleten mehr am Start sind. Zunehmende Verkrampfung stellt sich ein, und ich finde kein Rezept, um den Negativkreislauf zu durchbrechen.

Den traditionellen Wettkampf im japanischen Hakuba – eine lange Reise, die von vielen Trainern und Athleten gerne gemieden wird – begleite ich diesmal selber, weil ich einerseits dort noch nie war und den Japanern die Ehre erweisen will und andererseits auch die Chance sehe, fernab der Heimat ohne medialen Druck ein gutes Ergebnis zu erzielen. Mit den etablierten Springern Georg Späth, Stephan Hocke und den drei vielversprechenden Talenten Bodmer, Schoft und Bogner breche ich als Alleinverantwortlicher auf.

Schon beim Training wird klar, dass es hier nur um Schadensbegrenzung geht. Einzig Georg Späth kann punktuell mit der Spitze mithalten, und Felix Schoft schafft in einem ausgedünnten Teilnehmerfeld von 54 Athleten nicht einmal die Qualifikation für die besten 50. Frustriert über die eigenen Athleten und gleichzeitig fasziniert von der Leichtigkeit und dem Mut der Konkurrenz verfolge ich das Wettkampfgeschehen. Georg Späth und Stephan Hocke schaffen mit Ach und Krach die Top 15, ansonsten sind wir chancenlos. Geknickt verlasse ich die Anlage und versuche mich abzulenken, aber auch nach zwei Bier finde ich am späten Abend keinen Schlaf.

Eigentlich bin ich kein Mensch, der viel aufschreibt, geschweige denn, dass ich mir kontinuierlich Notizen machen würde, aber in dieser Nacht kreisen so viele Gedanken in meinem Kopf herum, dass ich mich bemüßigt fühle, diese zu Papier zu bringen. »Der Niedergang des deutschen Skisprungsports« nenne ich mein Manuskript. Ich schreibe mir den ganzen Frust von der Seele. Punkt für Punkt liste ich auf, was schiefläuft in unserem System und was verbessert werden muss. Natürlich dramatisiere ich, aber ein wesentliches Ziel ist auch die Beruhigung meines Gemütszustandes.

Am nächsten Tag setzen sich die unbefriedigenden Ergebnisse fort und Stephan Hocke klassiert sich als bester Deutscher wieder auf Platz 14. Ansonsten gilt die Devise »Außer Spesen nix gewesen«. Einerseits tun mir die Athleten leid, weil sie sich redlich bemühen, andererseits bin ich geladen und spüre, dass es Zeit ist zu handeln, wenn ich vermeiden will, dass der ganze Winter schiefläuft. Ich trommle alle zusammen und lade zur Besprechung im Foyer des Hotels.

Nach einer Kurzzusammenfassung rede ich mich in Rage und erzähle den Jungs von meinen Plänen, die Trainingsgruppen ab Herbst wieder umzustellen. Dies ist im Skisport absolut unüblich und wurde im Deutschen Skiverband vermutlich auch noch nie praktiziert. Stephan Hocke kommt wieder in die Trainingsgruppe eins, und die Jungspunde Schoft und Bogner müssen in die Trainingsgruppe zwei.

»Wir stellen wieder auf Spitzensport um«, ist mein Nachsatz, und als ich in die Gesichter blicke, merke ich, dass ich zu weit gegangen bin. Meine Sportler sind verletzt. Sie haben sich den Wettkampfverlauf auch anders vorgestellt, aber mit einer derartigen Degradierung und mit diesen verbalen Keulen haben sie nicht gerechnet. Ich werde ein wenig unsicher und versuche, sachlich weiterzuargumentieren, aber ich merke, dass der Vorhang gefallen ist und meine Botschaften keinen Abnehmer mehr finden.

Vielleicht habe ich überzogen, aber der Frust in mir sitzt tief, und der Ausblick auf den Winter treibt mir die Schweißperlen auf die Stirn. Was passiert, wenn wir bei der Vierschanzentournee vor 20 000 Zuschauern im Stadion und fünf Millionen vor den Bildschirmen ähnlich abschneiden? Ich muss die Kräfte bündeln und hochqualitativ weiterarbeiten mit den besten verfügbaren Athleten. Die Youngsters Bogner und Schoft konnten die Vorschusslorbeeren nicht rechtfertigen und müssen sich erst wieder hocharbeiten. Es gibt keine andere Wahl. Nur beleidigen hätte ich sie trotzdem nicht dürfen.

Wir können zwar den Rückstand im Herbst wieder aufholen, und der Saisonstart gelingt ganz gut, jedoch gleicht die gesamte Saison einer Hochschaubahn. Debakel bei der Vierschanzentournee, Olympia Teamsilber, Debakel bei der Skiflug-WM im März. Bei der Saisonanalyse im April kristallisiert sich die Erkenntnis heraus, dass man sich Stabilität erarbeiten muss und es dafür längerfristige Zusammenhänge gibt. In der vergangenen Saison hatten wir die sogenannte »Übergangsphase«, also die Zeit nach der Wettkampf-Saison, die üblicherweise auf den Monat April fällt und maximal vier Wochen dauert, verlängert und erst Mitte Mai wieder mit dem Training begonnen. Dieser Rückstand potenziert sich aber, und man hechelt ständig seinen Ansprüchen hinterher.

Unterstützt wird diese Analyse von unserem neu dazugewonnen Trainingswissenschaftler Dr. Harald Pernitsch, der sogar fordert, im athletischen Bereich überhaupt keine Pause zu machen, weil durch die erzwungene Sprungpause der April die einzige Phase im Jahresverlauf ist, in der Krafttraining ohne Kompromisse möglich ist. Mir leuchtet diese These sofort ein, jedoch wird mir im Moment des Aussprechens klar, dass es ein hartes Stück Arbeit wird, die Athleten nach dem Winter davon zu überzeugen, unmittelbar im Anschluss an eine lange, kräftezehrende Saison wieder die Energie für intensives Krafttraining aufzubringen.

»Ein Landwirt hat auch keinen Urlaub«, lautet das geflügelte Wort von Hari Pernitsch – wohlwissend, dass der intelligent gesteuerte Trainingsprozess aus einer ausgeklügelten Mischung von Belastung und Erholung besteht. Nur verträgt der Leistungssport keine sechs Wochen Pause am Stück.

Der Stachel der Sommersaison 2009/10 mit den bescheidenen Leistungen sitzt bei mir so tief, dass ich mich allen Widerständen zum Trotz und mit aller Kraft für dieses Konzept einsetze. Ich will nie wieder der Form hinterherlaufen und mit hohem Energieaufwand Lücken schließen müssen. Durch die Etablierung des Konzeptes »Durchtrainieren« bekommen wir den notwendigen Spielraum und die erforderliche Substanz, um im Jahresplan auch mal eine kurze Pause, gewollt oder ungewollt, einlegen zu können. Immer mit dem Gefühl, von der Spitze aus zu agieren. Dieser Fehler war damit korrigiert, und das Konzept findet immer noch seine Anwendung.

In der Wintersaison 2014/15 steht die Weltmeisterschaft in Falun an. Die Vorzeichen sind gut. Severin Freund dominiert den Weltcup, und immer mehr junge Gesichter drängen in den Vordergrund. Richard Freitag, Marinus Kraus und Markus Eisenbichler bilden das Gerüst des Teams. Offen ist noch, ob der drei Monate zuvor in Kuusamo schwer gestürzte Andi Wellinger rechtzeitig wieder fit sein und in Form kommen würde. Und offen ist auch die Frage, ob er dann auf der windanfälligen Schanze dazu imstande sein würde, seine Bestleistung zu bringen. Zudem können wir noch auf Michael Neumayer zurückgreifen. Der schon 36-jährige Athlet ist immer noch ein Fixbestandteil der Mannschaft und punktuell für Spitzenleistungen gut.

Normalerweise fährt man mit fünf Mann zu einer WM. Pro Wettbewerb können vier starten, und zusätzlich braucht man einen Ersatzmann vor Ort im Falle von Krankheit, Verletzung oder Formschwäche. Laut Reglement darf man auch mit sechs Springern anreisen. Tief in meinem Herzen lehne ich diese Option ab, aber in diesem Jahr in Falun ist alles anders. Die Vorleistungen des Teams sind beeindruckend, und so bringe ich es nicht übers Herz, schon im Vorfeld einen Sportler auszusortieren. Daher belohne ich sechs Athleten mit einer WM-Teilnahme –

wohlwissend, dass bei jedem Wettbewerb ein Drittel der anwesenden Athleten zum Zuschauen verdammt ist und dadurch der interne Qualifikationsdruck steigen wird.

Schon beim ersten Training auf der kleinen Schanze zeigt unser Team Potenzial. Durch die vielen windbedingten Anlaufveränderungen der Jury sind die Leistungen nur sehr schwer vergleichbar, und zu allem Überfluss muss das zweite Training, das mehr Licht ins Dunkel bei dem Qualifikationsprozedere hätte bringen sollen, aufgrund von Sturmböen abgesagt werden.

Jetzt haben wir den Salat. Grundsätzlich möchte ich meinen bewährten Weg bei der Auswahl von Athleten für ein Großereignis fortsetzen. Saisonvorleistungen spielen eine Rolle, und auf dieser Basis besetze ich schon einmal mindestens 50 Prozent der Startplätze, um Ruhe in den Ablauf zu bringen. Die restlichen Plätze werden unter vergleichbaren Bedingungen vor Ort vergeben, und letztendlich lasse ich mir auch noch Spielraum für eine sogenannte »Trainerentscheidung«. – »Bauchgefühl« sage ich nicht gerne dazu, denn das klingt irgendwie nach Willkür, aber Erfahrungswissen und die Umweltbedingungen spielen im Beurteilungsbogen eine wichtige Rolle. Nach intensivem Studium der Ergebnislisten entscheiden wir uns gegen Markus Eisenbichler, obwohl er sogar einen Trainingsdurchgang gewonnen hat. Eine schräge Erfahrung.

Der Erfolg stellt sich ein: Severin Freund gewinnt seine erste Medaille bei einem Großereignis, und zusammen mit Richard Freitag und zwei Damen gewinnen wir auch überraschend Gold im Mixed-Bewerb. Auf der Großschanze geht das Qualifikationsprozedere wieder von vorne los. Ich spreche Freund und Freitag das Vertrauen aus, und somit bleiben zwei Startplätze für vier Athleten. Dadurch wird jeder Sprung zu einem Qualifikationssprung und kostet immense Energie. Obwohl die Jungs sehr professionell und sportlich mit der Situation umgehen, spürt man, dass der interne Druck hoch ist und am Nervenkostüm der Athleten zehrt. Beim täglichen Fußballtennis in der nahe gelegenen Sporthalle kommt es immer häufiger zu »Regeldiskussionen«.

Severin Freund zieht einsam seine Kreise und kürt sich auf der Großschanze souverän zum Weltmeister – und zwar mit Rekordvorsprung. Als Team sind wir unheimlich stolz, nach einem langen, beschwerlichen Weg einen Titelträger in unseren Reihen zu haben. Eigentlich müsste man feiern bis zum Abwinken, aber die WM ist noch nicht zu Ende. In zwei Tagen steht das viel beachtete und sehr beliebte Mannschaftsspringen auf dem Programm, und mit dem besten Springer in den eigenen Reihen ist die Chance, dass auch noch drei weitere deutsche Sportler mit Medaillen dekoriert werden, ziemlich hoch. Aber wir haben fünf Anwärter für diese drei Startplätze, und das nächste Training steht schon am darauffolgenden Tag auf dem Programm. Keine Zeit zum Feiern also.

Irgendwie haben wir trotzdem das Gefühl, dass wir über so einen Freudentag nicht so einfach hinweggehen können, und vereinbaren, uns zu später Stunde im Besprechungsraum zu treffen. Der Techniker hat noch eine Palette Dosenbier in Reserve und verteilt diese an Sportler und Betreuer. Ich sage ein paar Worte, und wir stoßen mit Dosenbier auf den größten Erfolg in meiner bisherigen Ära an. Die Stimmung ist bizarr. Irgendwo zwischen Erleichterung, Müdigkeit und Frust. Denn nicht alle Athleten haben ihr Ziel erreicht, und man sieht dem einen oder anderen an, dass er ins Bett möchte. Schließlich steht am nächsten Tag wieder eine Qualifikation an. Eine Dose Bier auf den Titel. Irgendwie unwürdig.

Am Qualifikationstag fällt die Kugel auf Neumayer. Wir machen uns große Hoffnungen, mit der Mannschaft Freitag, Eisenbichler, Neumayer und Freund um den Titel, zumindest aber um die Medaillen kämpfen zu können. Am Wettkampftag läuft alles schief, was schieflaufen kann. Trotz einer überragenden Leistung von unserem Titelträger, der zu allem Überfluss von der Jury von einem zu hohen Anlaufbalken abgelassen wird und seinen extrem weiten Sprung nicht stehen kann, kommen die restlichen Sportler nicht annähernd an die Obergrenze ihres Leistungsvermögens heran, und wir müssen uns mit dem enttäuschenden fünften Platz zufrieden geben.

Spät in der Nacht verlasse ich als einer der Letzten das Stadion und trete den zwanzigminütigen Fußmarsch ins Hotel an. Gedankenversunken sinniere ich über die Ereignisse der letzten Tage. Es war eine tolle Weltmeisterschaft mit drei Medaillen, aber es hätte eine denkwürdige werden können. Die ständigen internen Qualifikationen haben Kraft gekostet. Auch wenn es keine offensichtlichen Reibereien gab, ging den Sportlern mit der Zeit die Energie aus. Heute konnten wir nichts mehr zulegen, und ich mache mir Vorwürfe, dass es mir nicht gelungen ist, dem Weltmeister ein Team zur Seite zu stellen, das in der Lage ist, im Sog des Zugpferdes um den Titel zu springen. Zu allem Überfluss waren wir nicht einmal dazu fähig, an erfolgreichen Tagen unseren Emotionen freien Lauf zu lassen und zu feiern. Stattdessen nippten wir kontrolliert und schaumgebremst an einer Dose Bier.

Nie wieder würde ich mit sechs Mann zu einem Großereignis reisen, nehme ich mir vor, und wenn wir jemals wieder in die Lage kommen sollten, einen Erfolg auskosten zu dürfen, dann würden wir es auch tun. Man muss die Feste feiern, wie sie fallen.

Ich schleiche schließlich durch die Drehtüre des Hotels, hole mir beim Serviceman noch eine letzte Dose Bier und falle müde ins Bett.

Im Jahr zuvor bei den Olympischen Spielen in Sotschi schaffen wir mit dem Teamtitel unseren ersten großen Erfolg als Team Germany. Zunächst waren wir aber in zwei enttäuschend verlaufenden Einzelwettkämpfen, bei denen vor allem Severin

Freund schon um einen Titel hätte kämpfen können, leer ausgegangen: Nach dem unglücklichen Sturz im ersten Durchgang
auf der Kleinschanze und anschließend Platz 31 läuft es auf der
großen Schanze vom ersten Sprung an wie geschmiert, und Severin zählt zu den Topfavoriten. Trotz widriger Bedingungen
reiht er sich im ersten Durchgang auf Platz drei ein. Die Medaille ist in Griffweite, beträgt der Vorsprung auf den viertplatzier-
ten Slowenen Peter Prevc doch mehr als zehn Punkte. Zwischen
den Durchgängen besteht die Möglichkeit, den Athleten persönlich in der Umkleidekabine zu coachen, weil der Weg vom
Trainerstandplatz nicht allzu weit ist. Auf der kleinen Schanze
bemerkte ich eine gewisse Übermotivation bei meinem Athleten, weshalb ich mich diesmal dafür entscheide, Severin eher
defensiv auf den nächsten Sprung einzustimmen. Ich will einen
neuerlichen Gewaltakt seinerseits verhindern und frage ihn in
der Kabine: »Severin, wenn du normalerweise dazu in der Lage
bist, 60 Zentimeter hoch zu springen, wie hoch muss man bei
Olympia springen?« Er ist ein kluger Athlet und kennt mich jetzt
schon lange genug, dass er weiß, auf was ich hinauswill. »Alles
klar«, sagt er, »es reichen 58 Zentimeter!«

Nur mehr vier Springer stehen im Finaldurchgang am Start,
und Peter Prevc gelingt bei schwierigen Bedingungen ein ab-
soluter Traumsprung. Damit erhöht er den Druck auf Severin
Freund. Noch hat er alles in der eigenen Hand. Bildlich gesprochen reichen 58 Zentimeter, aber der Sprung misslingt. Severin
landet viel zu früh und verliert die sicher geglaubte Bronzemedaille an seinen ewigen Konkurrenten aus Slowenien. Geknickt
verlassen wir die Anlage. Ich mache mir Vorwürfe, ob ich vielleicht offensiver hätte coachen sollen. Schließlich wäre ja auch
noch Gold in Reichweite gewesen. Die Gedanken spielen verrückt. Das Geschehene wird zwar mit Teamgold zwei Tage später ausgemerzt, aber es bleibt der fahle Beigeschmack einer ver-
gebenen Chance. Ob die jemals wiederkommt?

Wieder zurück in Falun bei der WM 2015. Das Großschanzenspringen von Sotschi liegt jetzt ziemlich genau ein Jahr zurück. Severin Freund zählt nach sehr guten Trainingsleistungen wieder zu den Favoriten. Der erste Durchgang gelingt ordentlich, und Severin geht in Führung, aber der Vorsprung ist minimal. Wieder habe ich die Chance, zwischen den Durchgängen persönlich mit ihm zu sprechen und ihn auf das Finale einzustellen. Sotschi ist in meinem Kopf immer noch sehr präsent, auch wenn ein Jahr und viele Wettkämpfe dazwischen liegen. Diesmal ist die Ausgangsposition noch besser, aber der zweite Sprung kann alles noch einmal verändern. Ich entschließe mich diesmal zu offensivem Coaching. Einerseits habe ich das Gefühl, dass mein Athlet an Reife dazugewonnen hat, und andererseits will ich mir nicht wieder den Vorwurf machen müssen, eine große Chance nicht mit der notwendigen Zuversicht am Schopf gepackt zu haben.

In der Kabine angekommen frage ich ihn nach seinem Gefühl. Zufrieden beschreibt er mir gewohnt detailgenau seinen Sprung. Mit klarer, kräftiger Stimme signalisiere ich ihm, dass hier doch ein markanter Fehler zu sehen war und er noch viel besser springen könne – und auch müsse. Etwas verwundert, aber gewohnt stoisch nimmt er mein Feedback mit den Worten »Alles klar« zur Kenntnis. Ich verlasse die Kabine mit einem guten Gefühl. »Angriff ist die beste Verteidigung«, heißt es so schön, und ich denke, heute ist Severin bereit, diese Aufgabe zu lösen. Nicht dass ich den Fehler in den Mittelpunkt gestellt habe, aber ich habe ihm eine klare Aufgabe mitgegeben und emotional und vertrauensvoll versucht, ihm zu signalisieren, dass er auf dieser Schanze und an diesem Tag unantastbar ist, wenn er seine Hausaufgaben sauber erledigt.

Der zweite Wettkampfsprung ist eine Augenweide. Mit ungeheurer Dynamik und Präzision stößt er sich vom Schanzentisch ab und schwebt mit Entschlossenheit und Leichtigkeit ins Tal.

Eine butterweiche Telemarklandung jenseits der erforderlichen Mindestmarkierung macht ihn zum Weltmeister mit Rekordvorsprung – 22,3 Punkte vor Gregor Schlierenzauer und dem neuerlich starken Norweger Rune Velta.

Erleichtert falle ich meinem Co-Trainer in die Arme. Weltmeister. Gedankenfetzen ziehen vorbei. Was mussten wir nicht alles wegstecken! Etliche Hürden standen uns im Weg. Der Lohn für all die Mühen war eingefahren.

Nicht jeder bekommt im Leben eine zweite Chance. Der Stachel von Sotschi saß tief, und es war unklar, ob man den Fehler jemals wieder ausmerzen könnte. Ich habe mir damals in Russland geschworen, dass ich bei einer vergleichbaren Situation anders handeln würde, und das habe ich gemacht. Ob das letzte Coaching wirklich Einfluss auf das Ergebnis hatte oder ob der vierte Platz bei Olympia einfach Voraussetzung für den WM-Titel im darauffolgenden Jahr war, lässt sich im Nachhinein schwer sagen. Vielleicht war die Zeit einfach reif!

Krisenmanagement

Salto Nullo in Liberec – Vielleicht wird es ja noch schlechter –
Der Mann von der BILD-Zeitung – Uhris letzter Sprung

Die WM 2009 ist meine erste WM als Cheftrainer. Zuvor war ich zwar schon mehrere Male mit einem Team bei den Juniorenweltmeisterschaften gewesen mit teils beachtlichen Erfolgen, aber auch schmerzvollen Niederlagen. Das mediale Interesse war da jedoch gleich null gewesen, und rechtfertigen musste ich mich nur intern.

Liberec ist mit dem Gewinn der Silbermedaille von Martin Schmitt schon ein voller Erfolg, und das Teamspringen steht noch aus. Ich stricke mir am Vorabend eine Ansprache zusammen und versuche, das Team bestmöglich auf den Wettkampftag einzustimmen. Nicht vollends zufrieden, aber mit einer positiven Vorfreude gehe ich ins Bett und blicke dem nächsten Morgen zuversichtlich entgegen.

Der Wettkampftag beginnt gar nicht nach unserem Geschmack. Schon unser gewohnt verlässlicher Auftaktspringer Michael Neumayer ist nicht in der Lage, seine optimale Leistung zu bringen, und wir starten mit Rückstand in den Wettkampf. Da es zu der Zeit noch keine Wind-/Gateregel gibt und die Verhältnisse zum Ende der jeweiligen Gruppe immer kniffliger werden, fallen wir sogar hinter die Franzosen und Tschechen zurück. Unmittelbar vor Martin Schmitt fängt es zu regnen an, und die Anlaufspur beginnt klebrig zu werden. Unser Vizeweltmeister kommt bei diesen schwierigen Verhältnissen überhaupt nicht vom Schanzentisch weg und verliert ungewöhnlich viele Meter.

Das Undenkbare wird wahr. Deutschland, mit Außenseiterchancen auf eine Medaille gestartet, verpasst den Einzug unter die besten acht Mannschaften und muss den zweiten Durchgang vor dem Fernseher verfolgen. Alle sind konsterniert. Besonders die Medien können die Situation nicht einordnen. Euphorisiert von der Silbermedaille im Einzelspringen war die Erwartungshaltung besonders hoch gewesen. Der Einzug ins Finale der besten acht Teams wird als Pflicht gesehen, und ein Verpassen hatte einen meiner Vorgänger schon einmal den Job gekostet. Mir steht die öffentliche Erklärung des Debakels noch bevor.

Ruhig und gefasst stelle ich mich den circa 15 anwesenden Journalisten. Sie halten mir ihr Aufnahmegerät oder ihr Handy unter die Nase, und die Fragen sind gespickt mit negativen Superlativen. Debakel. Peinlichkeit. Desaster. Historische Niederlage und so weiter. Ich beschönige nichts und gehe auf die wechselnden Verhältnisse gar nicht ein, denn diese Ursachen-zuschreibung würde mir nur als Ausrede ausgelegt werden. Die Athleten nehme ich in Schutz. Transparent und offen versuche ich klarzustellen, dass Niederlagen zum Sport dazugehören, und gebe ein paar Einblicke in die komplexe Psychologie unserer sensiblen Sportart. Zudem bleibe ich selbstkritisch und räume ein, dass möglicherweise die unmittelbare Vorbereitung auch nicht optimal war.

Zufriedenstellend sind meine Erklärungen nicht, das ist deutlich zu spüren, aber zumindest Respekt bringen sie mir ein. Ich weiß natürlich, dass ich von den Medien massiv infrage gestellt worden wäre, wenn wir nicht zwei Tage zuvor die Silbermedaille errungen hätten, und wer weiß, ob der Skiverband mir dann noch die notwendige Rückendeckung gegeben hätte. Aber das bleibt alles hypothetisch. Für mich ist Offenheit der einzig gangbare Weg, ein paar Monate später blüht mir jedoch ein noch schwererer Gang vor die Journalisten.

Die Vierschanzentournee 2009/10 ist eröffnet, und Österreich stellt mit Andreas Kofler in Oberstdorf den strahlenden Sieger. Jener Kofler, den ich zu Beginn meiner Trainerkarriere in Stams als 14-Jährigen in meiner Trainingsgruppe betreuen durfte und auf den ich schon damals große Stücke hielt. Die Bedingungen sind widrig. Es regnet und windet in einer Tour, und der Wettkampf endet für uns mit einem Debakel. Von zwölf Sportlern, die angetreten sind, schaffen es gerade mal zwei unter die besten 30. Der schlechteste Tourneestart seit 1984 ist perfekt. Zu allem Überfluss ist am nächsten Tag ein Ruhetag geplant, und wir können diese Scharte nicht unmittelbar ausmerzen, sondern müssen mit diesem negativen Gefühl schlafen gehen.

Am nächsten Morgen kommt mein Pressebetreuer Ralph Eder beim Frühstück auf mich zu und meint: »Werner, wir müssen heute eine Pressekonferenz machen und eine Auftaktbilanz ziehen.« »Bist du verrückt!«, entgegne ich. »Wie soll ich das überleben? Ich kann ihnen doch nicht die Wahrheit erzählen. Die Journalisten werden mich in der Luft zerreißen!« Ralph beruhigt mich, aber er bleibt hart und meint, das öffentliche Interesse wäre riesig, und die Fans hätten das Recht auf eine Erklärung. Zusätzlich bestätigt er mich in meiner Absicht, ehrlich, offen und authentisch zu bleiben. Damit wäre ich immer gut gefahren, und es gäbe keinen Grund, die Strategie heute zu ändern.

Wir betreten den großen Saal, und ich traue meinen Augen nicht. Geschätzte 50 Journalisten warten mit Aufnahmegerät und Kugelschreiber bewaffnet auf unseren Auftritt. Pascal Bodmer, der bestplatzierte Deutsche nach dem gestrigen Wettkampf, muss uns begleiten, kann aber schnell wieder entlassen werden. Schließlich ist er ein junges, frisches Gesicht und der Hoffnungsträger für die nächsten Stationen. Die anwesende Meute wartet gespannt auf meine Erklärung zu dem desaströsen Auftritt der restlichen Mannschaft. Das Szenario wirkt bedrohlich auf mich.

Ich nehme meine Kraft zusammen und erkläre den Anwesenden die zwei gegensätzlich verlaufenden Leistungskurven. Junge Sportler wie Pascal Bodmer werden sich weiterentwickeln und in Zukunft wieder für deutsche Siege sorgen, aber sie benötigen Zeit. Diese Kurve führt unaufhaltsam nach oben. Arrivierte Sportler wie Martin Schmitt, immerhin zweitbester Deutscher des Vortags, werden nur mehr punktuell dazu in der Lage sein, Spitzenergebnisse zu erzielen. Diese Leistungskurve führt, allein schon biologisch begründet, nach unten. Unser Problem ist, dass wir nicht wissen, wo der Schnittpunkt ist. Es kann also durchaus sein, dass die Ergebnisse kurzzeitig noch schwächer werden.

Das hat gesessen. Der Bundestrainer erklärt das schwächste Ergebnis der letzten 30 Jahre mit der Tatsache, dass die Ergebnisse in unmittelbarer Zukunft vielleicht noch schlechter werden. Nachfragen beantworte ich weiterhin in sachlichem Tonfall und verspreche Kampfgeist auf den nächsten Stationen der Vierschanzentournee. Konsterniert, aber gefasst und nachdenklich machen die Journalisten Notizen in ihre Blöcke. Sie schwanken zwischen Enttäuschung und Ärger, aber geben sich vorerst mit der Erklärung zufrieden. Die Berichte fallen harsch aus, aber sie hätten noch viel schlimmer sein können.

Die Pressekonferenz ist zu Ende, und Ralph appelliert an meine Geduld, weil der Herr von der BILD-Zeitung noch auf mich wartet. Die Journalisten des auflagenstärksten Blattes in Deutschland genießen eine mediale Sonderstellung. Als meinungsbildende Boulevardzeitung geben sie sich mit Pressekonferenzen nicht zufrieden. Sie erheben den Anspruch, exklusive Zusatzinformationen zu bekommen, mit denen sie ihre Sonderstellung rechtfertigen und weiter ausbauen können. Bisher hatte ich wenige Berührungspunkte mit den Protagonisten dieses Blattes, aber heute graut mir vor der Begegnung. Die Vierschanzentournee verfolgen traditionell sehr viele Menschen in Deutschland, und auch die BILD-Zeitung, die während des restlichen Jahres doch sehr fußballlastig ist, hat zur Tournee zwei Seiten fürs Skispringen reserviert, die auch gefüllt werden müssen. Kommt jetzt wieder die Geschichte mit den »Suppenhühnern«, wie die »deutschen Adler« nach Misserfolgen in den Medien schon öfter bezeichnet wurden? Werde ich als verantwortlicher Bundestrainer diesmal persönlich durch den Kakao gezogen?

»Herr Schuster, ich möchte Ihnen gratulieren. Nicht zum Ergebnis. Zur Pressekonferenz.« Er streckt mir die Hand entgegen. Zögerlich und extrem verblüfft schlage ich ein.

»Wie meinen Sie das?«, entgegne ich ihm.

»Wissen Sie, Herr Schuster, ich bin jetzt viele Jahre dabei, und was hat man mir nach schlechten Ergebnissen nicht schon alles erzählt: kein Aufwind, Verletzungen, verwachste Skier, unterlegenes Anzugmaterial und so weiter. Endlich hat mal einer Tacheles gesprochen. Ich wünsche Ihnen auf Ihrem weiteren Weg alles Gute!«

Mir bleibt der Mund offen. Ich schaue zu Ralph, und wir gehen zurück zu unserem Auto. Auf dem Weg dorthin bedanke ich mich bei ihm für die moralische Unterstützung und frage ihn, wie er die Situation einschätzt.

»Weißt du«, sagt er, »das Ergebnis von gestern können wir nicht mehr verbessern, aber in Anbetracht der Umstände hast du dich bestmöglich verkauft.«

»Und wenn der Herr von der BILD-Zeitung schon mal eine Reaktion aus der Norm zeigt, dann werte ich das auch als gutes Zeichen«, entgegne ich.

Erleichtert treten wir also den Heimweg an.

D ie Weltmeisterschaften 2011 in Oslo sind von der Stimmung her die Eindrucksvollsten in meiner Trainerkarriere. Unsere Leistungen sind akzeptabel, aber nicht herausragend. Wir befinden uns gerade am Zenit unserer Umbruchphase. Junge, aufstrebende Springer wie Freund und Freitag sind schon in der Weltklasse angekommen, während Schmitt und Uhrmann immer noch Weltklasseleistungen anbieten. Aber leider reicht es für beide Seiten noch nicht beziehungsweise nicht mehr für Einzelmedaillen. Beim neu geschaffenen Teambewerb auf der kleinen Schanze gewinnen wir trotz eines Sturzes die Bronzemedaille und haben damit erst mal den größten Druck abgeschüttelt. Zuversichtlich blicken wir dem Königsbewerb, dem Teamspringen auf der großen Schanze, entgegen.

Schon bei der Anfahrt mit dem Bus zur Schanze erspähen wir wehende Fahnen, und es ist zu befürchten, dass das Springen, wenn überhaupt, nur stark windbeeinflusst über die Bühne gehen kann. Lange Wartepausen zwischen den Durchgängen prägen das Wettkampfgeschehen. Der Wind wechselt in Sekundenbruchteilen, und der Bewerb gleicht einem Glücksspiel. Unser Startspringer Martin Schmitt erwischt gute Bedingungen, kann aber den Sprung nicht sauber landen und bekommt enorme Abzüge durch die Kampfrichter. Dies sollte sich noch rächen. Nachdem die beiden Youngsters Richard Freitag und Severin Freund ebenfalls ordentliche Bedingungen vorfinden und diese auch entsprechend zu nutzen wissen, liegen wir überraschend in Führung. Die favorisierten Österreicher und Norweger kämpfen ebenfalls mit den Umwelteinflüssen und lauern auf den Folgeplätzen.

Es bleibt also Michael Uhrmann, unserem Routinier, der am Vortag mit Platz sechs sein bestes Einzelergebnis bei einer Weltmeisterschaft erreichen konnte, vorbehalten, die Medaille abzusichern beziehungsweise die Führung auszubauen. Zudem hat er intern im Vorfeld angekündigt, mit diesem Wettkampf seine lange und abwechslungsreiche Karriere beenden zu wollen. Er rutscht bei hervorragendem Aufwind auf den Balken. Mit Vorfreude warte ich auf das grüne Licht der Startampel, doch der Wind wird stärker und stärker, und die Bedingungen sind schließlich außerhalb des Sicherheitskorridors. Wieder zurück. Das Warten beginnt. Diese Phase ist sehr unangenehm für den Sportler, weil er nicht genau weiß, was sich im unteren Bereich der Anlage abspielt und so die Gefahr besteht, die Konzentration zu verlieren. Sekunden werden zu Minuten. Skier ausziehen. Ein Vorspringer wird abgelassen. Nach circa drei Minuten geht es weiter. Skier an und vorbereiten, aber der Wind ist eingeschlafen. Ich hoffe und bete für Aufwind, aber das grüne Licht blinkt bereits, und ich muss ihm das Freizeichen geben. Kein optimaler Sprung, kein guter Wind. Michael Uhrmann realisiert früh, dass er keine Chance auf eine Topweite hat und landet frustriert und ohne die erforderliche Telemarklandung bei 110 Metern. Dadurch müssen wir die Österreicher, Norweger und auch die Slowenen, die Robert Kranjec mit einem Wundersprung nach vorne bringt, vorbeiziehen lassen.

Sein letzter Wettkampf: Michael Uhrmann 2011 auf dem Traditionsbakken in Oslo

Wir finden uns mit sieben Zehnteln Rückstand auf Platz vier wieder.

Ich habe ein mulmiges Gefühl, dass der Wettkampf abgebrochen werden muss. Zu lange stehen wir schon an der Schanze. Zu gefährlich waren einige Situationen, als Sportler bei diesen unkalkulierbaren Bedingungen das Freizeichen erhielten. »Hoffentlich bekommen wir eine weitere Chance!«, denke ich. Meine Hoffnungen werden nicht erfüllt. Es ist traurige Gewissheit, dass wir, die kurz vor dem Überraschungssieg standen, uns mit einem lächerlichen Rückstand von umgerechnet knapp 40 Zentimetern bei einer Gesamtsprungweite von knapp 500 Metern mit dem vierten Platz begnügen müssen.

Zurück im Umzieh-Container. Es herrscht Grabesstille. Jeder starrt vor sich hin, und wir können nicht fassen, dass wir heute leer ausgegangen sind. Ich habe das Gefühl, als Bundestrainer etwas tun zu müssen, und versuche die Stimmung aufzulockern, indem ich sage: »Das Gute an dem heutigen Ergebnis ist, dass der Uhri (so nennen wir Michael Uhrmann) nächste Woche auch noch mit uns zum nächsten Weltcupspringen fährt. So wirst du deine Karriere doch wohl nicht beenden, oder?«

Grabesstille. Keine Reaktion. Mein Co-Trainer Christian Winkler signalisiert mir nonverbal, dass er mir etwas zu sagen hat. Draußen vor dem Container lässt er mich mit aller Schärfe wissen, wie deplatziert er meine Bemerkung findet. Christian hat durch seine engagierte Arbeit großen Anteil an Uhris zweitem Frühling und ist emotional tief getroffen von den Ereignissen der letzten Minuten.

Ich spüre, dass ich mich jetzt besser zurückziehen und keine weiteren Aufmunterungsversuche mehr unternehmen sollte. Einzig die Tatsache, dass man bei einer Teamentscheidung niemals einen einzelnen Schuldigen herauspicken sollte, hebe ich noch hervor. Ich will Uhri von seinen negativen Gefühlen befreien. Schließlich hätten alle Sportler bei der Landung diesen einen erforderlichen Punkt herausholen können. Aber auch diese Bemühung verpufft.

Mein Krisenmanagement in dieser Situation war sicherlich nicht sehr empathisch. Meine hölzernen Versuche, dem Ganzen mit Humor zu begegnen, waren deplatziert. Manchmal ist es besser, nichts zu sagen und die Zeit für sich arbeiten zu lassen.

Es war nicht die einzige und nicht die letzte Niederlage, die wir als Team in den elf Jahren hinnehmen mussten, aber im Nachgang betrachtet sicherlich die bitterste.

»Fehlerfreundlichkeit« ist ein Begriff, den ich von Christine von Weizsäcker lernte. Sie ist Biologin und führte diese Idee schon 1977 in die wissenschaftliche Diskussion ein. Der Gedanke dahinter ist, dass sich die Natur durch Fehler, respektive Störungen evolutionär weiterentwickelt. Diese Abweichungen vom Lauf der Dinge mögen nicht erwünscht gewesen sein – die Natur macht aber das Beste daraus.

Ganz anders ticken da Unternehmen und Organisationen: Fehler werden nicht thematisiert oder gar vertuscht. Und wenn über sie gesprochen wird, dann nur mit der Frage, wer denn schuld sei. Hat man dann einen Schuldigen gefunden, so kann man diesen an den Pranger stellen. Daraus lernt man aber nichts. Lediglich derjenige am Pranger nimmt mit, dass er sich beim nächsten Fehler noch mehr Mühe bei der Vertuschung oder dem Fingerzeig auf andere geben muss.

Im Alltag befassen sich viele Menschen mit der großen Frage des Wissensmanagements: Wie können Erfahrungen und Erlebnisse systematisch festgehalten und weitergegeben werden (und von einzelnen Wissensträgern entkoppelt werden)? Dabei scheitert man zumeist schon an dem sogenannten positiven Wissen. Vor allem auch deswegen, weil viele Personen in Organisationen ihren Wert noch immer über Wissensvorsprung und unersetzliche Expertise definieren und kein Interesse an der Wissensweitergabe haben.

Noch mehr kann man meiner Einschätzung nach aber aus dem Wie-man-es-nicht-tun-sollte lernen – wenn man denn eine entsprechende fehlerfreundliche Kultur schafft und damit das große Potenzial des negativen Wissens nutzbar macht (man muss es ja oftmals nur umgekehrt machen …).

Das größte Missverständnis bei dem Konzept der Fehlerfreundlichkeit ist, dass Fehler nun vermeintlich belohnt werden sollen. Darum geht es nicht – und schon gar nicht, wenn der gleiche Fehler immer wieder gemacht wird. Aber wenn ein Fehler passiert – und das ist im Leben unvermeidlich –, dann geht es um den Umgang damit: Sehe ich ihn als unerwünschtes Ereignis, das negiert oder sofort korrigiert werden muss? Oder aber als Chance zur Weiterentwicklung? Letzteres braucht eine schonungslose Analyse und dann ein Lernen daraus.

Erfahrung ist nichts wert ohne Reflexion. Davon bin ich fest überzeugt. Nun gibt es Menschen, die ganz viel reflektieren – aber wenig erleben. Und es gibt jene, die ganz viele Erfahrungen machen dürfen, ohne darüber nachzudenken. Im besten Fall habe ich nach den gemachten Erfahrungen die Zeit und den Sparringspartner, um die Erlebnisse auch zu reflektieren und aus ihnen zu lernen.

Dies war in den neun gemeinsamen Jahren mit Werner sicherlich eine meiner Hauptaufgaben in der Begleitung des Teams: Reflexionspartner vor und nach Lehrgängen, Wettkämpfen oder Großereignissen sein zu dürfen. Vor Ort oder aber in langen, teilweise auch spätabendlichen Gesprächen Werners Erfahrungen hautnah miterleben und den Weg begleiten zu können.

Fehler einzugestehen braucht Mut und ein gewisses Maß an Selbstsicherheit. Es führt aber in meiner Wahrnehmung dazu, dass man damit sogar an Akzeptanz gewinnen kann – was natürlich keine lineare Funktion ist. Ganz viele Fehler bedeuten nicht gleich ganz viel Akzeptanz. Aber in einer überschaubaren Dosierung machen Fehler menschlicher und nahbarer. Vor allem, wenn man sich auch für sie entschuldigen kann.

Im Sport müssen oft schwierige Entscheidungen bei unsicherer Informationslage und unter Zeitdruck getroffen werden. Das führt natürlich dazu, dass auch Fehler passieren. Die weniger erfolgreichen Trainer machen den einen oder anderen Fehler immer wieder. Die guten lernen aus ihren Fehlern und entwickeln sich weiter. Umso schöner, wenn dies dann auch noch mit Medaillen belohnt wird.

KAPITEL 8

STÄNDIGES HINTERFRAGEN

Starke Charaktere und Heterogenität

Meine Co-Trainer – Das erweiterte Team

» Horst, ich kenne die Leute im Verband zu wenig. Du musst mir helfen bei der Personalauswahl!« Wenn man zu einem neuen Verband wechselt beziehungsweise sein gewohntes Arbeitsumfeld verlässt, hat man das Problem, dass man die neuen Mitarbeiter nicht oder nur wenig kennt. Zwischenmenschliche Faktoren bestimmen zu einem wesentlichen Grad, ob ein Projekt erfolgreich sein kann, und müssen bei der Zusammenstellung eines Teams berücksichtigt werden. Dabei ist der erste Eindruck nicht immer der entscheidende. Manche Dinge – positive, aber auch negative – kristallisieren sich erst im Laufe der Zeit heraus und kommen erst bei intensiverem Kontakt ans Tageslicht. Trainerteams im Skispringen sind bis zu 200 Tage im Jahr unterwegs und teilen aus Kostengründen nicht selten ein Doppelzimmer. Dort kann es im Laufe der Zeit zu Szenen kommen, die denen in einer Ehe nicht unähnlich sind. Schon wieder liegen die verschwitzten Socken auf dem Bett. Kann er nicht mal die Toilettentür schließen? Warum putzt er seine Zahnpastaflecken im Waschbecken nicht weg?

Horst Hüttel, mein sportlicher Leiter, kennt alle Mitarbeiter, Trainerkollegen und Athleten in Deutschland. Schließlich arbeitet er hier schon seit mehr als 20 Jahren. Die Auswahl meiner ersten Co-Trainer hat er im Wesentlichen mitgestaltet und dabei ein sehr gutes Händchen bewiesen.

In den ersten Jahren ab 2008 arbeite ich mit Rolf Schilli und Christian Winkler zusammen. Ersteren kenne ich schon seit vielen Jahren. Wir sind zusammen gesprungen und haben uns nach unseren bescheidenen Karrieren schon des Öfteren auf den Trainertürmen dieser Welt getroffen. Als Betreuer von Juniorenteams haben wir uns grenzüberschreitend bekämpft, aber dabei nie den gegenseitigen Respekt verloren. Es ging immer darum, Athleten zu entwickeln, nach dem Wettkampf konnten wir stets zusammen etwas trinken gehen. Als Co-Trainer schätze ich an ihm seine Teamfähigkeit und seine soziale Kompetenz. Er zeigt großes Interesse an den psychologischen Seiten unseres Sportes und zeichnet sich zudem speziell in den Anfangsjahren durch sehr hohe Loyalität aus. Manchmal coacht er auch mich, wenn ich der Verzweiflung nahe bin. Die Last als Bundestrainer kann zeitweise erdrückend sein. Im Nachhinein gesehen hat menschlich kein Trainer besser zu mir gepasst als Rolf.

Christian Winkler ist ein ganz anderer Typ und genau deshalb extrem wertvoll. Nach einer bescheidenen aktiven Karriere wird er zwar sehr früh Trainer, kämpft aber immer um Akzeptanz. Er hält sich nie einseitig in der geschützten Werkstätte Sport auf und bekommt dadurch einen umfassenderen Blick aufs Leben. Ihn zeichnen grenzenloser Wille und immenser Fleiß aus. Bevor ich nach Deutschland komme, wird er im System umhergeschoben, weil er mit seiner unbequemen Art oft aneckt und dadurch nicht die Wertschätzung erhält, die er verdient. Mit seiner Fähigkeit, den Finger direkt in die Wunde zu legen, kommen nicht alle zurecht, aber genau das braucht es im Spitzensport. Auch wenn er ab 2011 auf eigenen Wunsch mehr am Stützpunkt Oberstdorf arbeitet und den Athleten Freund und Wellinger zu Höhenflügen verhilft, bleibt er in den elf Jahren einer meiner engsten und wertvollsten Mitarbeiter. Seine Akribie, die manchmal auch zur Manie wird, kann mitunter anstrengend sein, ist aber die Basis für seinen und unseren großen Erfolg.

Die Hereinnahme von Marc Nölke in mein Trainerteam 2010 ist, wie früher schon erwähnt, keine Erfolgsgeschichte. Ähnlich wie bei einer Fußballmannschaft, wo die besten Individualisten auch nicht zwangsläufig das beste Team bilden, kann zu viel Heterogenität auch zum Bumerang werden. Nichtsdestotrotz hat sich das Experiment gelohnt. Es hat einen wertvollen Erkenntnisgewinn gebracht.

Das Trainerteam in den Jahren 2012 bis 2016 mit dem Engagement von Stefan Horngacher und Tino Haase zeichnet sich durch hohe fachliche Kompetenz und soziale Ausgewogenheit aus.

Stefan kenne ich seit Schülerzeiten. Dadurch, dass er auch aus Österreich kommt, gab es viele Berührungspunkte. Als schmächtiger Bursche muss er lange auf seinen Durchbruch als

Erfolgsjahrgang 1969: Christian Winkler, Werner Schuster, Stefan Horngacher (v.l.n.r.)

Sportler warten, was die Basis für seinen Kampfgeist und seine Leidenschaft für diesen Sport legt. Als ehemaliger Topspringer mit einer vergleichsweise langen Karriere kann er sich von vielen Trainern etwas abschauen und das dann direkt im Anschluss an seine Karriere auch selbst erproben. Er hat Führungsqualitäten, welche er als verantwortlicher B-Kader-Trainer in den Jahren 2008 bis 2011 unter Beweis stellt. Seine Verpflichtung birgt ein gewisses Risiko, weil ein gesundes Trainerteam eine Hierarchie braucht und die Gefahr besteht, dass er eventuell Führungsansprüche stellt. Die ungeheure Kompetenz und Erfahrung, die er mitbringt, rechtfertigen diesen mutigen Schritt. Fachlich hilft er dem Team vorwärts, und seine Loyalität spüre ich bis zum letzten gemeinsamen Arbeitstag. Dass ihm die Welt des Assistenten einmal zu klein werden wird, ist absehbar. Ich mache mir viele Gedanken, ob ich ihm genug Raum für eigenverantwortliches Arbeiten einräume, und habe immer ein wenig das Gefühl, dass dieser Raum zu klein für ihn sein könnte. Dass er mein Nachfolger wurde, ist kein Zufall.

Tino Haase ist bis 2012 einer der unterschätztesten, aber gleichzeitig bestausgebildetsten Trainer in Deutschland. Seine ruhige, besonnene Art ist eine Wohltat für jedes Trainerteam. Ich mag Leute mit hoher Kompetenz, die damit aber nicht hausieren gehen. In unserer Gesellschaft häufen sich die umgekehrten Fälle. Tino bildet die perfekte Ergänzung zu mir, und Stefan und fungiert manchmal als Puffer. Fleißig und mit einem feinen Humor ausgestattet ist er in der Mannschaft sehr beliebt und kann dadurch eine Nähe zu Athleten pflegen, die Führungskräfte nicht mehr einnehmen können. Mit seinem scharfen Auge und seiner stoischen Art ist er mir als Partner auf den Schanzentürmen dieser Welt eine große Hilfe und puffert meine emotionalen Ausbrüche perfekt ab.

2017 bis 2019 kommt es zu einem weiteren Umbruch. Das deutsche Team hat inzwischen wieder eine Führungsrolle im

Skispringen eingenommen, und jetzt ist Kontinuität bei gleichbleibender Kompetenz gefragt. Zudem wird die Luft dünner, wenn es darum geht, erfahrenen Athleten neue Impulse zu vermitteln. Mit dem Norweger Roar Ljøkelsøy gelingt uns der Schachzug schlechthin. Als ehemaliger Spitzenathlet weiß er, wie man Medaillen gewinnt, und besticht durch enorme Glaubwürdigkeit. Zudem deckt er alle relevanten Teilbereiche des Trainerdaseins kompetent ab und bringt Wissen aus dem Ausland mit ein. Einer seiner Schlüsselsätze lautet: »*Just continue.*« Mit enormer Beharrlichkeit bremst er jeglichen Aktionismus ein und motiviert uns alle, auf unserem Weg zu bleiben und mit Konsequenz und Ruhe zu weiteren Erfolgen zu gelangen.

Jens Deimel kommt von den Nordischen Kombinierern zu uns und ist ebenfalls aus der Kategorie »kompetent und leise«. Vermutlich war er den Kollegen aus der Kombination zu leise, sonst hätten sie ihn nie freigegeben. Mir hilft er auch durch seine ausgesprochen feinsinnige Art, Nuancen im zwischenmenschlichen Bereich frühzeitig aufzuspüren. Er kann sich enorm gut in Athleten und deren Stimmungsbild hineinversetzen und rechtzeitig gegensteuern, was in so einer hochsensiblen Sportart wie dem Skispringen von immenser Bedeutung ist. In den Jahren 2017 bis 2019 laufen wir ein wenig Gefahr, dass es zu harmonisch und ruhig zugeht im Trainerteam. Aber da die Basis fachlich gelegt ist und die leistungsrelevanten Eckpunkte gepflegt werden müssen, führt uns dieser Arbeitsstil zu einer Vielzahl von Medaillen. Gerade bei Großereignissen braucht ein Team Ruhe und Stabilität, was in unserm Trainerteam mit den Neuzugängen beides in ausreichendem Maße vorhanden ist.

Dynamik und Stabilität, Hetero- und Homogenität in ausgeglichenem Maße zu erreichen und durch die verschiedenen Charaktere zu besetzen ist der Schlüssel zum Erfolg. Je nachdem, in welcher Phase sich ein Team befindet, kann und muss ein Faktor überpräsent sein.

Zu den weiteren Schlüsselpositionen in einem Skisprungtrainerteam gehören Techniker und Physiotherapeut. Mensch und Material müssen gepflegt werden, und in beiden Bereichen ergibt sich eine enorme Nähe zum Athleten.

Im Jahr 2011 steht ein Wechsel an der Stelle des Physiotherapeuten an. Die langjährige, extrem engagierte Mitarbeiterin Carolin Otterbein entschließt sich zur Selbstständigkeit und verlässt das Team. Die Anforderung der Athleten ist klar darauf ausgerichtet, dass der- oder diejenige nicht aus der Sportart kommen und im skisprungdominanten Betreuerteam einen entsprechenden Ausgleich bilden soll. Die Zeit auf der Massageliege ist sehr wertvoll für die Regeneration, und neben der Körperpflege spielen vor allem mentale und psychologische Komponenten hinein.

Es ist schwer, jemanden zu finden, der fachlich kompetent, teamfähig, selbstlos und menschlich wertvoll agiert. Zudem hält sich die Bezahlung in Grenzen, was die Suche angesichts der häufigen Reisetätigkeit und erforderlichen Flexibilität erschwert. Wir entscheiden uns für Korbinian Oefele, einen schrullig wirkenden Bayern, der ein begeisterter Freizeitsportler, aber im Spitzensport unerfahren ist. Seine Eigenart, sich sehr ökonomisch auszudrücken, bringt mich manchmal auf die Palme, weshalb ich an seiner Einstellung punktuell zweifle. Seitens der Athleten höre ich keine Beschwerden, was mich ungemein beruhigt, und deswegen halte ich an ihm fest. Mit den Jahren weiß ich seine Art immer mehr zu schätzen und bin der Meinung, dass er die ideale Ergänzung für unser Team ist. Ruhig und ausgleichend wirkt er auf die euphorisierten und auch auf die enttäuschten Sportler ein und trägt einen großen Teil zur Ausgewogenheit in der Mannschaft bei. Er kennt und verinnerlicht die Abläufe und spult sein Pensum ab, sodass es für mich ein Leichtes ist, ihm den notwendigen Freiraum zu geben. Bis ins Jahr 2019 ist er die Konstante in unserem Team.

Nach der Analysesitzung im April 2011 kommt der damalige Techniker Roland Audenrieth auf mich zu und unterrichtet mich von seinen Plänen, eine Auszeit zu nehmen, um eine Ausbildung zu machen. Ich falle aus allen Wolken und mache ihm unmissverständlich klar, dass dieser Zeitpunkt völlig unpassend für unser Team ist. Doch ich unterschätze, dass in jedem Ende auch ein Anfang steckt, und nach diversen inhaltlichen Gesprächen einige ich mich mit Horst Hüttel auf die Verpflichtung des vor Kurzem erst zurückgetretenen Sportlers Erik Simon. Der Sachse hatte sein Material schon in Sportlerzeiten akribisch gepflegt und verfügt über außergewöhnliches handwerkliches Geschick. Schnell entdecke ich, dass Erik ein Glücksfall für unser Team ist. Langsame Anlaufgeschwindigkeiten nimmt er persönlich und denkt Stunden über Verbesserungsmöglichkeiten nach. Die lange und manchmal eintönige Pflege der Skier absolviert er ohne Murren, und seine Behandlung der sensiblen Arbeitswerkzeuge lässt keine Wünsche offen. Gerade die Bindungsmontage auf dem Holz- und Wabenski sowie die Sicherstellung der reibungslosen Funktionalität der teilweise modifizierten Bindungen verlangen die Präzision eines Chirurgen, immerhin kann eine Fehlfunktion gefährlich für den Springer werden. Auch soziale Kompetenz ist gefragt, wenn frustrierte Sportler ihre Ausrüstung in die Ecke schleudern. All das verkörpert und verinnerlicht unser Serviceman. Er ist in all den Jahren auch für mich ein sehr wertvoller Ansprechpartner in allen Lebenslagen und hält das Team mit seiner sozialen Kompetenz am Leben und in einem dynamischen Prozess. Schön, dass auch Roland Audenrieth wieder in die »Familie« zurückgekehrt ist und sein Können an anderer Stelle entscheidend einbringt.

Die Kompetenz und Ausgewogenheit des Kernteams müssen passen und ständig überprüft werden. Doch auch ergänzend arbeitende Personen können ein Team befruchten, aber genauso aus der Balance bringen. Mit meinem Pressebetreuer Ralph

Eder und auch mit dem Teamarzt Mark Dorfmüller habe ich enormes Glück. Sie füllen ihre Rolle, wenn sie dabei sind, nicht nur hochkompetent aus, sondern werden für mich zu wichtigen Sparringspartnern.

Sparringspartner

Different Twins – Ralph und Mark – Hari – Coach the coach

Der sportliche Leiter Horst Hüttel ist »schuld« daran, dass ich meine Kompetenzen im Deutschen Skiverband einbringen darf. Ohne seine Überredungskünste und seinen bedingungslosen Rückhalt wäre ich einerseits nie engagiert worden und hätte andererseits die Zeit nicht überstanden. Wir kennen uns seit vielen Jahren. In den 80er-Jahren sind wir beim Pfingstspringen in Bischofsgrün gegeneinander angetreten. Anschließend haben wir nach mittelmäßig erfolgreichen Jahren im Weltcup unsere Ausbildungen gemacht. Beide als verantwortliche Juniorentrainer, er für das Team Nordische Kombination in Deutschland und ich verantwortlich für das Spezialspringen in Österreich, haben wir uns bei Großveranstaltungen immer wieder mal *off the records* ausgetauscht und dabei eine besondere Chemie zwischen uns festgestellt. Es scheint, als wäre es vorherbestimmt gewesen, dass wir eines Tages zusammenarbeiten.

Was uns eint, ist die bedingungslose Leidenschaft für unseren nordischen Sport und für den Sport im Allgemeinen. Es fällt uns nicht schwer, uns stundenlang über Sportler, deren Entwicklungsmöglichkeiten und die Umfeldbedingungen zu unterhalten. Obwohl es uns nicht vergönnt war, die absolute Weltspitze zu erklimmen, haben wir die aktive Zeit im Sport als bereichernd empfunden und wollen dies auch weitergeben.

Horst hat seine Spuren als Trainer hinterlassen, aber mehr noch zeichnet ihn ein großes Organisations- und Managementtalent aus. Er hört sich viele verschiedene Stimmen an, filtert dann die Eckpunkte und Bedürfnisse zielsicher heraus und verfügt zudem über die notwendige Überzeugungskraft, seine Pläne auch umzusetzen.

In den ersten Jahren versorgt er mich zielsicher und punktgenau mit Informationen über den Verband und dessen Mitarbeiter, was mir die Orientierung und das Arbeiten enorm erleichtert. Er hält mir bei heiklen Themen den Rücken frei und stärkt mich in Phasen der Unsicherheit. Viele Telefonate, meist kurz vor Mitternacht, festigen unsere Bindung und schaffen die Voraussetzung dafür, dass kein Blatt Papier zwischen uns passt und uns niemand auseinanderdividieren kann.

Erst mit den Jahren kommen unterschiedliche Standpunkte ans Tageslicht, was aber ganz normal ist. Bei der Beurteilung von Trainerkollegen streichen wir unterschiedliche Qualitäten hervor, und bei Systemdiskussionen kommt es manchmal zu Dissonanzen. Vereinfacht gesagt kommt er mehr über die Quantitätsschiene, und ich lege den Wert auf Qualität. Er versucht, das Nachwuchsproblem in unserer Randsportart über die Erhöhung der Teilnehmerzahl in den Kinder- und Schülerklassen zu lösen, während ich eine qualitativ verbesserte Ausbildungsschiene präferiere. Manchmal müssen wir lachen, wohlwissend, dass es beide Ansätze braucht.

Als formell Vorgesetzter ist er für mich Freund und Sparringspartner, auf dessen Wort ich mich verlassen kann und der mir in guten wie in schlechten Tagen dabei hilft, die gemeinsamen Ziele zu erreichen.

In all den gemeinsamen Jahren gibt es noch weitere Konstanten im Mitarbeiterstab: Ralph Eder, der Pressebetreuer, der schon vor meiner Verpflichtung mit den Verbandsagenden betraut war, und der Arzt Mark Dorfmüller, mit dem ich zehn Jahre vertrauensvoll zusammenarbeite und mit dem ich bei allen drei Olympischen Spielen das Zimmer teile.

Mit Ralph stehe ich gerade zu Beginn meiner Amtszeit einige nervenaufreibende Situationen durch. Er kennt die deutsche Medienszene ganz genau und bereitet mich zielgerichtet darauf vor, was mich erwartet. Dadurch kann ich nur selten auf dem falschen Fuß erwischt werden. Für die öffentliche Wahrnehmung ist es unerlässlich, einen erfahrenen Mann an seiner Seite zu haben, der einem dabei hilft, sein Profil zu schärfen und gleichzeitig die Angreifbarkeit herabzusetzen. Ralph kann schon fast hellseherisch vorausahnen, welche Wortspende welches Echo auslösen wird.

Wir führen viele Gespräche unter vier Augen, die immer äußerst vertrauensvoll ablaufen. Die Ehrlichkeit in unserer Kom-

DSV-Pressesprecher Ralph Eder (rechts) bereitet mich wie immer gekonnt auf die Pressekonferenz am 1. Jänner 2017 vor

munikation ist die Basis für eine erfolgreiche Zusammenarbeit. Kritische Gedanken bringen wir unter dem Deckmantel des Humors und der Ironie an, und blitzschnell weiß das Gegenüber, was damit gemeint ist. Blindes Verständnis und die notwendige Portion Gelassenheit, auch in emotional aufgeladenen Situationen, prägen unser Wirken. Ich bin dankbar, in all den Jahren einen so wertvollen Mann an meiner Seite gehabt zu haben.

Mark Dorfmüller kommt 2009 in unser Team, weil die Schlüsselposition des Arztes neu besetzt werden muss. Schnell wird klar, dass wir hier einen Treffer gelandet haben. Mark blickt auf eine Bundeswehrkarriere zurück und ist arbeitstechnisch bedingt mit einer enormen Stressresistenz ausgestattet. Bei den sensiblen Skispringerkörpern zwickt es das eine oder andere Mal, und Klarheit und Vertrauen sind unabdingbare Voraussetzungen für die Zusammenarbeit. Als Orthopäde diagnostiziert er die auftretenden Verletzungen der Sportler immer punktgenau, und es fehlt ihm nie am erforderlichen Mut, vollständig Verantwortung zu übernehmen. Bei Olympia, wo es notorisch an Unterbringungsbetten mangelt, teilen wir regelmäßig das Zimmer und verbringen knapp drei Wochen auf engstem Raum. Dort entwickeln sich wunderbare persönliche Gespräche, die uns über das Berufliche hinaus verbinden. Seine Lebenserfahrung und vor allem seine notwendige Distanz zu den Sportlern und zur Bedeutung der »Weltsportart« Skispringen helfen mir, wenn ich wieder mal kurz davorstehe, Kleinigkeiten zu dramatisieren. Die Einordnung und Gewichtung von Einzelfaktoren beherrscht er in ausreichendem Maße, und seine Relativierungen helfen mir dabei, in kritischen Situationen die notwendige Gelassenheit und mentale Stärke bei der Führung der Mannschaft beizubehalten.

Ich denke, es tut jedem gut, Menschen um sich zu haben, die einen immer wieder auf den Boden der Tatsachen zurückholen und einem ehrlich und offen den Spiegel vorhalten.

Etwas anders ist das Verhältnis mit unserem Athletiktrainer und Physiologen Harald Pernitsch, den ich schon über 20 Jahre kenne und den ich 2010 nach Deutschland lotse. Hari ist ein hochintelligenter Fachmann, der aus seiner Doktorarbeit über Muskelleistungsdiagnostik ein Lebensprojekt gemacht hat. Ursprünglich im alpinen Skisport zu Hause eignet er sich mit seinem biomechanischen Grundverständnis die Schlüsselelemente des Skispringens an und prägt mit einem neuartigen Konzept der Verschmelzung von Athletik und Technik den Trainingsprozess der Skisprungszene. Ausgehend von Österreich trainieren Norweger, Deutsche, Tschechen und neuerdings auch Polen nach den Anleitungen von Dr. Pernitsch.

In den acht Jahren, in denen er seine Arbeitskraft dem deutschen Verband zur Verfügung stellt, pflege ich schon aufgrund der Tatsache, dass wir nur wenige Kilometer entfernt voneinander wohnen, ein enges Verhältnis zu ihm. Neben seiner Fachkompetenz prägt ein ganzheitlicher Zugang sein Handeln, und seine kompromisslose Art hilft mir öfter über Verlockungen hinweg, den eingeschlagenen Weg zu verändern oder ganz zu verlassen. Sein Leistungssportverständnis ist geprägt von der Wichtigkeit, Kontinuität in sein Handeln zu bringen, und der Bereitschaft, sich am Limit zu bewegen. In vielen Gesprächen greife ich auf sein Wissen und seine Ansichten zurück, und doch bleibt, wenn ich ihn etwa auf der Alm besuche und sogar mit der Familie Mittagessen darf, eine professionelle Distanz zwischen uns. Auch er versteht es in all den Jahren blendend, mit meinen emotionalen Schwankungen umzugehen und mir zielgerichtet und effektiv dabei zu helfen, dass der deutsche Dampfer auf Kurs bleibt.

Bei der Ausrichtung der psychologischen Begleitung eines Teams gibt es verschiedene Konzepte. Während manche Trainer darauf vertrauen, dieses Thema an Experten auszulagern, bin ich, schon allein wegen meiner Ausbildung, für einen integrativen Ansatz. Die Wichtigkeit von mentaler Stärke und psychologischem Wirken im Sport ist unbestritten, in letzter Konsequenz ist es auch eine Frage der Persönlichkeit, wie, wann und mit wem dieser leistungsrelevante Aspekt bearbeitet und umgesetzt wird. Im Skispringen spielen der persönliche Kontakt und das Vertrauensverhältnis zwischen Trainer und Athlet eine riesige Rolle. Das Training und Coaching wird in vielen Sessions im Alltag vom Trainer gemacht und eingeübt und kann meines Erachtens unmöglich von externen Personen übernommen werden. Speziell bei Großereignissen spielt die Beziehung Trainer–Athlet eine Schlüsselrolle, um Stresssituationen gemeinsam meistern zu können.

Ich vertraue dem Konzept »coach the coach«, denn ich bin der tiefsten Überzeugung, dass sich auch Führungskräfte coachen lassen müssen. Der Trainer muss ein Allrounder sein, aber er darf sich nicht zu gut sein, sich von Experten beraten zu lassen. Die Umsetzung auf der psychologischen Ebene bleibt dann ohnehin wieder am Trainer hängen. In den Jahren von 2008 bis 2019 vertraue ich auf die Expertise von zwei Leuten: Dr. Jan Mayer und Dr. Oskar Handow.

Während Jan schon in den Krisenzeiten vor 2008 als Teampsychologe agiert hat, stößt Oskar 2010 dazu. Mit Jan verbindet mich vom ersten Tag an eine gute Chemie. Aufgrund der räumlichen Distanz bleibt oft nur das Telefon, um sich Rat einzuholen. Da Jan auch im Fußball aktiv eingebunden und terminlich nur schwer verfügbar ist, beenden wir nach den Olympischen Spielen in Vancouver, die wir mit einem mutigen Impuls perfekt vorbereiten, 2010 unsere Zusammenarbeit in bestem Einvernehmen.

Oskar Handow ist ein sehr vielseitiger Sportpsychologe, der durch seine Tätigkeit am Olympiastützpunkt München schon mit Teams aus mehr als zwanzig verschiedenen Sportarten zusammengearbeitet hat. Sein Geld verdient er mit Führungskräfteseminaren und -schulungen, und ich entdecke schnell, dass gerade diese umfassende Sichtweise für unser System von Vorteil sein könnte.

Wir versuchen verschiedene Herangehensweisen, von Einzelgesprächen über Impulsreferate bis zu Gruppenarbeiten, aber durch seine trockene Art gelingt es nicht allen Athleten, sich vollständig auf ihn einzulassen. Ich halte mit Überzeugung an ihm fest, weil mich vor allem seine punktgenaue Schnellanalyse unseres Trainerteams immer wieder aufs Neue fasziniert. Auch wenn er zwei Monate nicht bei uns weilt, reicht für ihn ein Tag aus, um festzustellen, ob die innere Balance in unserem Team gewahrt oder gestört ist. Meiner Auffassung nach ist ein funktionierender Trainerstab mit einer intakten Kommunikation die Basis für jegliche Weiterentwicklung und Leistungsentfaltung.

Auch ihn kann und darf ich zu jeder Zeit anrufen und mir Impulse holen. Es kommt nicht selten vor, dass ich unsicher bin, wie der nächste Schritt für das Team aussehen soll, und dann ist es enorm wertvoll, wenn man jemanden an seiner Seite hat, der die Dinge kompetent, ehrlich und mit dem notwendigen emotionalen Abstand beurteilen kann. Viele Gespräche nachts an der Bar tragen zu meinem Seelenfrieden bei, auch wenn ich merke, dass mein Partner gerne einmal über etwas anderes als Skispringen reden würde.

Jeder Mensch hat Zweifel, und ich denke, diese haben durchaus Berechtigung im schnelllebigen Leistungssport. Oftmals muss man flink reagieren und adaptieren. Sparringspartner zu haben, die einem in jeder Lebensphase sowohl ehrliches Feedback als auch Rückhalt und Sicherheit geben, ist eine unabdingbare Voraussetzung für erfolgreiches Handeln. Zum Glück hatte ich mehrere davon.

Aufwand und Ertrag abschätzen

*300 000 Euro für zwei Zehntel – 30 Anzüge pro Saison –
Privilegien für den Teamleader*

Der Spitzensport wird wie so viele Bereiche im Leben in unzählige Einzelteile zerhackt, und es wird mit enormem Aufwand versucht, jeden Teilbereich zu optimieren – in der Hoffnung, dass sich das auf die Gesamtleistung auswirkt. Die Theorie ist in der Praxis bewährt, jedoch scheitern viele an der Zusammensetzung der Einzelteile.

»Das Ganze ist mehr als die Summe seiner Einzelteile.« Diese altbewährte Weisheit spielt nicht nur bei der Zusammensetzung von Musikorchestern eine Rolle. Welche Teilbereiche sind leistungsrelevant, und in welchem davon lohnt sich ein Mehraufwand, um die Gesamtleistung zu verbessern? Diese Fragen muss man sich ständig stellen.

Ich fahre wieder einmal nach München zu einer Wissenschaftskommissionssitzung. Dieses Gremium wurde gegründet, um Einzelinitiativen im wissenschaftlichen Bereich in Deutschland zu vermeiden, da diese Aktionen viel Geld kosten und eventuell gewonnenes Know-how möglichst allen Verbandssparten zur Verfügung stehen soll. Die Sitzung ist nicht sehr beliebt bei meinen Kollegen. Viele erachten sie als Zeitverschwendung, außerdem wird oft politisiert, und es ist nicht immer ersichtlich, ob es um die Sache oder um andere Befindlichkeiten geht.

Wieder einmal steht das Projekt »Skischleifmaschine« auf der Tagesordnung. Der Deutsche Skiverband betreibt ein Schleifzentrum in Bad Reichenhall, welches aus logistischen Gründen nach Oberhof übersiedeln soll. Ob hier wirklich pragmatische oder doch persönliche Gründe im Hintergrund eine Rolle spielen, ist nicht herauszufinden. Die Sparte Skisprung kämpft unter anderem aus geografischen Gründen um den Standort Reichenhall. Schließlich einigen wir uns salomonisch und unter dem zu erwartenden Aspekt wachsender Auslastung auf zwei Zentren und den Ankauf einer zweiten Schleifmaschine. Jahre später wird sogar eine dritte Schleifmaschine angekauft.

Die Anlaufspur im Skispringen wird immer mehr standardisiert, und auch die Skifirmen verfügen über einen schnellen Basisschliff – der Raum für Verbesserungen ist also ziemlich eingeschränkt. Sollte es gelingen, die Anlaufgeschwindigkeit aufgrund eigener Entwicklungen um 0,2 Stundenkilometer zu erhöhen, dann hat das Technikerteam einen außergewöhnlichen Job gemacht. Wenn man bedenkt, dass der Abstand zwischen dem schnellsten und dem langsamsten Springer in der Anlaufspur mangels sportmotorischer Fähigkeiten mehr als zwei Stundenkilometer betragen kann, darf man sich die berechtigte Frage stellen, ob der finanzielle Aufwand wirklich gerechtfertigt ist.

Das Material spielt in allen Skisportarten eine große Rolle, und wenn man in der obersten Liga mitspielen will, muss man investieren – auch als internes Signal. Investitionen von 300 000 Euro für zwei Zehntel mögen für den Otto Normalverbraucher aberwitzig erscheinen, sind aber eine dringende Notwendigkeit, wenn man Medaillen gewinnen will. Auch wenn mir als ehemaligem Nachwuchstrainer dabei das Herz blutet, denn es gäbe auch andere Möglichkeiten, das Geld einzusetzen.

In der Saison 2015/16 springen wir mit Severin Freund erstmals realistisch um den Gewinn der Vierschanzentournee mit. Seinen härtesten Widersacher Peter Prevc kann er in einem denkwürdigen Auftaktwettkampf bei wechselhaften Bedingungen besiegen, und wir fahren mit der Zwischenführung zur zweiten Station nach Garmisch-Partenkirchen. Am Vorabend des Wettkampfes gehe ich zur Kommunikationspflege in das Zimmer meiner Co-Trainer, aber diese sind gerade mit der finalen Anpas-

20 bis 30 Sprunganzüge braucht ein Springer pro Saison

sung des Sprunganzugs von Severin beschäftigt. Man kann gar nicht mehr aus dem Fenster sehen vor lauter Anzügen, und ich wundere mich über die Adaption des farblich identen Sprunganzugs, mit dem Severin in Oberstdorf gewonnen hat. »Hat etwas nicht gepasst?«, frage ich in den Raum. »Nein, das ist ein neuer Anzug für den morgigen Wettkampf«, kommt es zurück. »Aber der andere war doch auch neu und hat erst zwei Sprünge?«, erwidere ich. »Ja, aber wir haben einen Neuen bestellt, weil wir uns nicht vorwerfen wollten, nicht alles für einen möglichen Sieg getan zu haben«, hallt es aus dem Raum.

Das Thema Sprunganzüge hat in den letzten Jahren extrem an Fahrt aufgenommen. Reichten in den 80er- und 90er-Jahren noch zwei bis drei pro Saison, so hat sich die Zahl inzwischen verzehnfacht. Wenn man zusätzlich bedenkt, dass so ein Anzug über 500 Euro kostet, dann läppert sich da einiges zusammen, von der zentimetergenauen Anpassung durch die Fachleute einmal abgesehen. Der Bereich ist so spezifisch geworden, dass ich hier sehr viel Freiraum gebe und meinen Leuten voll vertraue, aber die Bestellung eines neuen Anzugs nach nur einem Springen ist mir neu. Spontan ordne ich diese Aktion als überflüssig ein, weil ich das tief im Herzen als Verschwendung empfinde. Damit stoße ich die Verantwortlichen vor den Kopf und muss mich auch im Nachhinein dafür entschuldigen. Eigentlich müsste ich dankbar und stolz auf diese Initiative sein, denn schließlich sehnen wir doch alle nichts mehr herbei, als den Sieg bei der Vierschanzentournee, und das rechtfertigt den Aufwand besonderer finanzieller Mittel.

Severin wird in Garmisch hinter Peter Prevc Zweiter und verliert nach einem Sturz im Probedurchgang in Innsbruck alle Chancen auf den Sieg. Ob der Einsatz eines neuen Sprunganzugs wirklich die entscheidende Komponente für die letzte Nuance auf dem Weg zum Sieg ist, sei dahingestellt. Die psychologische Wirkung ist nicht zu unterschätzen, und der Sachverhalt ähnelt dem Schleifthema. Wer in der obersten Liga spielen will, muss zu Investitionen bereit sein, aber manchmal schadet Innehalten nicht, um die Gefahr zu minimieren, sich zu verlaufen. Und darüber zumindest immer zu reflektieren, halte ich für angebracht.

Die Hierarchie in unserm Team ist von 2011 bis 2016 in Stein gemeißelt. Severin Freund ist der beste Springer Deutschlands und füllt diese Rolle auch in der Öffentlichkeit mit Bravour aus. Richard Freitag und Andreas Wellinger unterstützen ihn dabei und können ihn auch das eine oder andere Mal schlagen, aber Severin ist der Konstanteste und fährt die Medaillen ein.

Aufgrund seiner Verletzungsgeschichte, beginnend mit einem Bandscheibenvorfall 2012, kommt es häufiger zu Sonderschichten mit seinem Heimtrainer Christian Winkler. Dabei entwickelt sich eine gemeinsame Liebe zu Norwegen, speziell zu den Schanzen in Lillehammer, die in Springerkreisen länderübergreifend sehr beliebt für Extrastopps und Zusatzschichten sind. Das geht so weit, dass auch in Jahren, wo eine reibungslose Vorbereitung möglich ist, von Severin und seinem Trainer die Option Norwegen angefragt wird.

Als Jugendtrainer habe ich gelernt, dass es in einem Team wichtig ist, alle gleich zu behandeln. Sportler haben eine ausgeprägte Sensorik dafür. Auch wenn mir bewusst ist, dass kein Mensch auf dieser Erde absolut objektiv handeln kann, so ehrt einen zumindest der Versuch. In einem Spitzenteam, das als Aushängeschild eines Verbandes oder einer Institution dient, kommt es zu Hierarchiebildungen, die es zu managen gilt. Einzelne Sportler repräsentieren die Stärke eines Teams, oder sie werden, teils auch von den Medien, simplifizierend alleine für Erfolg oder Misserfolg verantwortlich gemacht. *Rise and fall.* Stars und Loser.

Diese Rollen können im Sport, speziell im Skispringen, schnell wechseln. Deshalb ist es aus meiner Sicht notwendig, zu jeder Zeit das Team zusammenzuhalten und keinerlei An-

Gratulation an Severin Freund nach seinem Sieg in Oberstdorf, 2015

zeichen für Privilegien aufkommen zu lassen. Denn die können sehr schnell zum Bumerang werden. Wechselt die interne Hackordnung, dann formulieren die neuen Leistungsträger in Windeseile dieselben Ansprüche.

Severin Freund ist ein Arbeiter, der als Vorbild für seine Teamkollegen dient. Auch als er sich sportlich die Position des Teamleaders erarbeitet, formuliert er keinerlei Sonderrechte. Die Trainingsaufenthalte zur Verletzungszeit in Norwegen haben ihm gutgetan und ich beschließe, sie ihm auch in den Folgejahren zu ermöglichen. 90 Prozent der Vorbereitung absolviert er mit der Mannschaft, und da sind 10 Prozent Sonderweg durchaus zu rechtfertigen. Ich spüre, dass ihm diese Wertschätzung guttut, und fühle mich gleichzeitig vor der Mannschaft nicht angreifbar. Privilegien sehen anders aus.

Severin zahlt es mit seinen Leistungen und seiner Interpretation der Teamleaderrolle doppelt und dreifach zurück. Eine klassische Win-win-Situation.

Jahre später bin ich Teilnehmer bei einem Workshop von Gebhard Gritsch, dem ehemaligen Athletiktrainer von Novak Đjokovi. Er spricht über seine Erfolgssäulen in der Arbeit mit dem erfolgreichen Tennisspieler. Eine von drei entscheidenden Fragen, die sich ein Trainer stellen muss, formuliert er wie folgt: »Macht es das Boot schneller?« In Anlehnung an den America's Cup im Segeln geht es hier um die Abschätzung von Aufwand und Ertrag in der täglichen Arbeit bei der Suche nach Ressourcen.

Grinsend lehne ich mich in meinem Stuhl zurück und erinnere mich an eine andere Aussage, die sich in mein Hirn eingebrannt hat: »Verschiedene Leute auf dieser Welt kommen auf eine ähnliche Lösung, weil sie dasselbe Problem haben …«

Führungskräfte stellen gerne das sogenannte »Mini-Me« ein: jemanden, der einem sehr ähnlich ist, der ähnlich tickt, ähnliche Werte und Prinzipien hat – der einem aber nicht gefährlich werden kann. Der Vorteil davon ist, dass es deutlich weniger Konflikte gibt und harmonischer zugeht. Der Nachteil ist, dass es zu wenig Diversifizierung und zu wenig unterschiedliche Sichtweisen auf Probleme gibt. Damit gehen Kreativität und Vielfalt verloren.

Dahinter steckt eine alte Frage: Sollte ein gutes Team möglichst heterogen oder möglichst homogen zusammengestellt sein?

Die Antwort darauf ist nicht ganz so einfach. Sie lautet nämlich: Das hängt davon ab. Davon, was das Team erreichen soll, welche Ziele es verfolgt. Wenn es lediglich um das Abarbeiten klarer Aufgaben und Zielstellungen geht, ist ein homogenes Team, welches viel weniger Konflikte und Reibungsverluste haben wird, deutlich im Vorteil. Sobald es aber um die Bearbeitung komplexer Sachverhalte, das Finden neuer Lösungen oder die Weiterentwicklung von Bestehendem geht, zeigen sich die Vorzüge eines heterogenen Teams. Themen werden dann aus verschiedenen Blickwinkeln betrachtet, die Teammitglieder ergänzen sich mit ihren Kompetenzen oder fordern sich bei Bedarf gegenseitig. Es braucht allerdings deutlich mehr Kommunikation und Führungsaufwand, um ein heterogenes und starkes Team zu steuern. Auch daran kann man erkennen, wer als Führungskraft den leichten Weg gehen möchte oder wer das Ziel in den Vordergrund stellt.

Was macht ein Team am Ende erfolgreich? Diese Frage höre ich oft. Und nach meiner Erfahrung sind es folgende Erfolgsfaktoren, die ein gutes Team benötigt:

- eine geteilte Vision, ein gemeinsames Ziel
- eine klare Rollen- und Aufgabenverteilung im Team
- bekannte und von allen geteilte Spielregeln für den Umgang miteinander
- ausreichend (aber nicht zu viel) Information und Kommunikation
- einen konstruktiven Umgang mit Fehlern und Konflikten
- offenes Feedback untereinander
- Spaß und Freude

Gerade der letzte Punkt bleibt unter Leistungsdruck oft auf der Strecke. Manchmal wird hier aber auch entgegnet, dass sich Spaß und Freude bei Erfolg von alleine einstellen. Ich glaube aber, dass sie zuerst da sein müssen, um überhaupt Erfolg haben zu können.

Dafür ist der erste Punkt in wenigen anderen Bereichen so klar definier- und messbar wie im Spitzensport. Die letztendliche Platzierung gibt allerdings nicht immer den tatsächlichen Wert der Leistung wieder. Das ist dem Zuschauer jedoch oftmals schwer begreiflich zu machen.

In der Führung eines heterogenen (Hochleistungs-)Teams steht der Verantwortliche immer wieder vor verschiedenen Dilemmata und muss einen passenden Weg zwischen verschiedenen Spannungsfeldern finden. Klassische Themen hier sind etwa Nähe versus Distanz (dazu im folgenden Kapitel mehr), Vertrauen versus Kontrolle, Kontinuität versus Veränderung, Aktivierung versus Zurückhaltung oder auch Konkurrenz versus Kooperation. Hier muss der Verantwortliche stets einen jeweils passenden Weg in der Balance der Polaritäten finden.

Eine andere spannende Frage ist jene nach Bewahrung versus Veränderung. Menschen suchen immer nach Kontinuität und Sicherheit. Da kennt man sich aus, hat Erfahrungen und muss wenig Neues verarbeiten (was oftmals ein Stressfaktor ist). Gerade im Sport mit einem festen, wiederkehrenden Terminkalender fährt man Jahr für Jahr an die gleichen Trainings- und Wettkampforte. Damit entsteht Routine – es werden aber sicherlich keine neuen Wege beschritten, und man bricht nicht aus gewohnten Bahnen aus. Als guter Trainer benötige ich ein feines Gespür dafür, wann es einen neuen Impuls braucht (ohne dass ich aber zu viel Unruhe in mein Team bringe). Die Dosierung ist die große Kunst.

Es gäbe noch viele Spannungsfelder mehr. An dieser Stelle sei nur noch eines erwähnt: Soll ich alle im Team gleichbehandeln oder braucht es ein individuelles Eingehen auf Einzelne? Meine Antwort darauf lautet, dass es für alle die gleichen Spielregeln geben und dann doch jeder fair nach seinen Leistungen und Rahmenbedingungen individuell betrachtet werden muss. Wenn es dann Unterschiede in der Behandlung gibt – die fast nicht zu vermeiden sind –, braucht es viel Erklärung und Transparenz zu den jeweiligen Entscheidungen.

(Team-)Führung ist kein Hexenwerk. Es braucht soziale Kompetenzen und eine ausreichend große Toolbox, um allen Charakteren im Team gerecht werden zu können. Dabei wird es immer wieder Schwierigkeiten und blinde Flecken geben. Wenn ich mein Verhalten regelmäßig mit einem kompetenten Sparringspartner hinterfrage, erhöhe ich zumindest die Wahrscheinlichkeit, das eine oder andere Fettnäpfchen auslassen zu können.

KAPITEL 9

FÜHRUNG – MIT SPANNUNGS-FELDERN UMGEHEN

Nähe und Distanz

Um den Hoodie umgefallen – Das »optimale« Verhältnis

B ei der Weltmeisterschaft 2009 mieten wir ein Außenquartier, das uns optimale Bedingungen bieten soll, um uns mit Ruhe und der notwendigen Konzentration auf die bevorstehenden Bewerbe vorbereiten zu können. Die *Pension Dario* ist eine Zwei-Sterne-Pension. Nicht gerade Luxus, aber die Aufteilung der Räume genügt unseren Anforderungen, der zentral gelegene Aufenthaltsraum lädt zum Verweilen ein und schafft entspannte Teamatmosphäre. Wir haben unseren eigenen Koch mit dabei, der uns mit qualitativ hochwertigem Essen versorgt. Der große Vorteil des Quartiers ist die Lage. Der Weg zur Schanze ist kurz, und da das Wetter in Tschechien im Riesengebirge sehr schnell wechseln kann, gibt es uns die notwendige Flexibilität, bei eventuellen Verschiebungen schnell handeln zu können.

Bereits am zweiten Tag fällt mir auf, dass auch Funktionäre des Deutschen Skiverbandes, die nicht unmittelbar der Sparte Skispringen zuzuordnen sind, das Quartier aufsuchen und sich von unserm Koch einen Kaffee servieren lassen. Der nahe gelegene Busumkehrplatz motiviert zu einem Einkehrschwung in das Springerquartier. Wir mussten sogar ein Wohnmobil vor der Tür platzieren, um genügend Schlafplätze für das Kernteam bereitzustellen, und die familiäre Atmosphäre im Haus wird durch fremde Gäste gestört.

Ich spüre den Unmut meiner Athleten, deren Begeisterung sich in Grenzen hält, dass wir hier als Aufwärmquartier für gestrandete Funktionäre dienen, und suche das Gespräch mit dem Delegationsleiter Franz Steinle. Steinle, später Präsident des Deutschen Skiverbandes, ist ein aufgeschlossener Mann, der den Sport versteht und mir sofort vollstes Verständnis entgegenbringt. Er verspricht mir, dass er mit den betroffenen Personen reden wird und wir uns sicher sein können, dass keine weiteren ungebetenen Gäste mehr in unserem Quartier aufschlagen werden.

Die restliche Zeit bei der WM in Liberec läuft ruhig ab, nicht zuletzt wegen dieser Wohlfühlzone in unserem Außenquartier, und wir sind durch Martin Schmitt sehr erfolgreich. Bei der Siegerehrung fällt mir auf, dass viele Sportler aus anderen Sparten einen stylishen Hoodie mit der Aufschrift »WM Liberec 2009« tragen. Verwundert nehme ich zur Kenntnis, dass ich diesen Hoodie noch nie gesehen habe, und erkundige mich bei Franz Steinle, ob für uns Springer auch ein derartiger Pullover vorgesehen ist. Franz nennt mir einen bestimmten Funktionär, der für die Verteilung zuständig ist – die WM ist zu Ende, und ich treffe diesen Mann leider nicht mehr. Da wir gleich zum nächsten Weltcupspringen aufbrechen, verflüchtigt sich dieser Gedanke wieder und gerät in Vergessenheit.

Im Frühjahr nach einer Sitzung beim Deutschen Skiverband in Planegg begegne ich im Gang besagtem Funktionär und stelle ihn zur Rede. Auf meine Frage, wieso wir Springer keinen Hoodie bekommen hätten, erwidert er mit süffisantem Lächeln: »Du hast mir ja verboten, in dein Haus zu kommen!«

So läuft also der Hase. Ich muss konsterniert feststellen, dass dieser Funktionär in Liberec offenbar so beleidigt darüber war, in unserem Außenquartier keinen Kaffee mehr zu bekommen, dass er den Springern als »Strafe« den Hoodie vorenthalten hat.

Ich lasse mich auf kein Geplänkel ein und drehe mich mit den Worten »Alles klar« weg, aber innerlich koche ich.

Diese Form von Egotrip und Machtausübung kannte ich bis zu diesem Zeitpunkt nicht, aber sie macht mich hellhörig. Bisher bin ich, mangels negativer Erfahrungen, äußerst naiv und offenherzig auf jegliche Mitarbeiter und Funktionäre zugegangen, aber ich nehme mir vor, in Zukunft ein wenig schärfer zu differenzieren, wem ich mich öffne und bei wem ich besser auf Distanz bleibe. Ich bin zutiefst überzeugt, dass große Leistungen nur in einer vertrauensvollen Atmosphäre entstehen, aber Hierarchien und eigenwillige Persönlichkeitsausprägungen können im Falle von Stress oder Misserfolg zu Situationen führen, wo Vertrauen und Misstrauen nahe beieinanderliegen und aus einem Miteinander ein Gegeneinander wird.

Rückblickend betrachtet darf ich mich glücklich schätzen, viele Medaillen mit verschiedenen Athleten gewonnen zu haben. Jede Medaille ist hart erkämpft, egal auf welchem Level und unter welchen Voraussetzungen. In meiner Zeit als österreichischer Juniorentrainer war es mir unter anderem vergönnt, bei drei aufeinanderfolgenden Weltmeisterschaften drei unterschiedliche Medaillengewinner aus meiner Trainingsgruppe betreuen zu dürfen. Wo ist der gemeinsame Nenner in dieser Situation? Zu allen hatte ich ein gutes persönliches und ich würde auch sagen vertrauensvolles Verhältnis, das es mir ermöglichte, die Führung des Athleten in Stresssituationen optimal gestalten zu können. Gleichzeitig war es auch nicht so persönlich, dass ich in jeden intimen Gedanken eingeweiht war, und es war auch bei Weitem nicht so, dass mir die Athleten blind gefolgt wären und kritiklos alles aus- und durchgeführt hätten, was ich aufschrieb oder verlangte.

In Deutschland ist die Situation ähnlich. Es gelingt in den Jahren 2008 bis 2019 mit sechs verschiedenen Sportlern, Ein-

Richard Freitag als Sieger in Engelberg, 2017: Eine erfolgreiche Beziehung zwischen Springer und Trainer bedarf der sensiblen Auslotung von Nähe und Distanz

zelmedaillen bei Olympischen Spielen oder Weltmeisterschaften zu machen, und wenn man die Coachingsituation genauer betrachtet, dann ähnelt sich auch hier das zuvor beschriebene Verhältnis zu Nähe und Distanz. Große Leistungen sind nur in einem zuvor erarbeiteten vertrauensvollen Zustand und Umfeld möglich, aber es gibt auch das Phänomen von zu großer Nähe. Ist man als Trainer an einem Athleten zu nahe dran, dann fehlt der unabhängige, kritische Blick auf die entscheidenden Punkte. Man betrachtet das Ganze oft mit einer rosaroten Brille und traut sich nicht mehr, den Finger in die Wunde zu legen. Auf dem Weg zur Höchstleistung müssen auch kritische Momente überwunden werden, um einen Sportler an sein persönliches Limit zu führen, und dazu sind manchmal unbequeme Ansagen notwendig. Bei zu viel Nähe bleibt hier ein Unbehagen, und man sagt sich möglicherweise nicht die Wahrheit.

Bei zu großer Distanz ist es schon offensichtlicher, warum es schwierig sein könnte, gemeinsam erfolgreich zu sein. Vieles wird dann nicht ausreichend kommuniziert, und man verbleibt in der eigenen (Wahrnehmungs-)Welt. Insbesondere in kritischen beziehungsweise in Stresssituationen dominieren emotionale Aspekte, und die Vertrauensbasis reicht nicht aus, um sich aufeinander einzulassen. Der Athlet versucht, das Problem lieber alleine zu lösen, vertraut im Zweifelsfall seinem eigenen Gefühl und lässt die Außensicht nicht zu.

Die Führung eines Athleten oder eines Teams spielt sich irgendwo zwischen den Polen extremer Nähe und Kumpelhaftigkeit und großer Distanz beziehungsweise übergeordneter Chefrolle ab, wobei das optimale Verhältnis sehr stark von der Persönlichkeitsstruktur der Beteiligten abhängt. Mit dem aktuellen Wandel in der Gesellschaft, hin zu flacheren Hierarchien, rückt es meistens eher in Richtung extremer Nähe.

Innere und äußere Rolle

Ich opponiere doch nicht gegen meine eigene Idee –
Zu früher Erfolg – Ihr glaubt doch nicht, dass ihr das durchhaltet

Bei den Olympischen Spielen in Vancouver 2010 kommt es hinter den Kulissen zu einem erbitterten Streit zwischen der österreichischen Mannschaftsführung und den Vertretern des internationalen Skiverbandes. Auslöser dafür ist die Zulassung der gebogenen Stabbindung, die der Schweizer Simon Ammann verwendet. Aus österreichischer Sicht stellt dies eine aerodynamische Hilfe dar, aus Sicht der FIS handelt es sich hier lediglich um eine Modifikation eines bestehenden Produktes. Das Resultat ist bekannt. Ammann kürt sich zum Doppelolympiasieger.

Die österreichische Mannschaft hält sich dafür mit dem überlegenen Gewinn von Teamgold schadlos.

Ich halte mich in dieser Diskussion von Anfang an zurück, weil ich aus Erfahrung weiß, dass solche Diskussionen nur unnötig Kraft kosten und wir unsere Energie anderweitig einsetzen müssen. Zudem sind solche Entscheidungen der FIS ähnlich zu Schiedsrichterentscheidungen im Fußball: Sie werden nur in den allerseltensten Fällen zurückgenommen. Mir fällt diese Rolle emotional schwer, weil ich einerseits von 2007 bis 2008 Schweizer Nationaltrainer war und mit dem sympathischen und außergewöhnlichen Athleten Ammann zusammenarbeiten durfte, andererseits Jugendtrainer seines größten Konkurrenten Gregor Schlierenzauer war. Gregor ist vor Vancouver schon sehr nahe an Ammann dran und hätte seine Karriere mit einem Olympiasieg krönen können, aber dieser Schachzug beim Material verschafft dem kleinen Schweizer nicht nur einen aerodynamischen, sondern auch einen psychologischen Vorteil, den er geschickt auszunutzen weiß.

Während dieses Streites kommt der österreichische Sportdirektor Toni Innauer, der mir ja zu meiner Trainerausbildung verholfen hatte, auf mich zu und will mich moralisch in die Pflicht nehmen. Er meint, dass ich doch ein kluger Kopf sei und diese fachlich falsche Entscheidung der FIS nicht einfach so hinnehmen könne. Damit will er mich in meiner Funktion als Bundestrainer der deutschen Mannschaft, dessen Stimme international Gewicht hat, für die Durchsetzung des Anliegens gewinnen. Ich entgegne trocken, dass die Sache für mich nicht relevant ist, weil ich allein die Interessen der deutschen Mannschaft vertrete. Inhaltlich begegne ich ihm mit dem Argument, dass die Klasse von Ammann derzeit so oder so reicht, um alle deutschen Springer im Einzel zu schlagen. Unser Interesse gilt dem Mannschaftsspringen, und da ist die Schweiz nicht dabei, deswegen halte ich mich aus der Sache heraus.

Toni ist offensichtlich von mir enttäuscht, er setzt auf meinen emotionalen Bezug zu Gregor und die gemeinsame Geschichte, die wir in den Jahren vor meinem Abgang nach Deutschland erlebt haben. Dass ich hier so nüchtern und eher politisch argumentiere, stößt ihn so vor den Kopf, dass ich mich gezwungen sehe nachzulegen. »Weißt du, Toni«, sage ich, »ich habe auch Bedenken, ob die Zulassung des gebogenen Stabes die richtige Entwicklung für das Skispringen ist, aber ich opponiere doch nicht gegen meine eigene Idee! Ich habe diese Entwicklung 2007 in der Schweiz angeschoben, und wenn die Schweizer das jetzt im stillen Kämmerlein vollendet haben, dann sollen sie sich auch den Lohn dafür abholen.«

Er blickt mich verwundert an, und wir können das Gespräch zumindest stimmungsneutral beenden. Österreich gewinnt im Teamspringen Gold mit Rekordvorsprung, wir Silber. Es ist mir zwar gelungen, diese Diskussionen von der Mannschaft fernzuhalten und die Konzentration zu wahren, noch nie ist es mir bisher aber so schwergefallen, meine Rolle einzuhalten.

Im Jahr 2014 drehen wir den Spieß um und gewinnen Teamgold bei Olympia vor Österreich. In unserem Team sind zwei junge Springer, Marinus Kraus und Andreas Wellinger, die nicht nur sportlich eine Menge zum Teamerfolg beitragen. Umso ergreifender ist die Situation für beide. Emotional zutiefst berührt feiern wir in Sotschi bis in die frühen Morgenstunden. Kaum zu Hause angekommen werden die beiden von ihren Skiklubs in ihrer Heimatgemeinde geehrt und kommen kaum mehr zur Ruhe. Da der Weltcup aber unmittelbar fortgesetzt wird, reisen wir eine Woche nach Olympia schon wieder nach Schweden zur Generalprobe für die WM im Jahr 2015. In Falun zeigt sich schon beim ersten offiziellen Training, dass nichts älter ist als der Erfolg von gestern. Außer Severin Freund springt keiner unserer Sportler annähernd in Olympiaform, und wir können unsere

Teamstärke von Sotschi nicht mehr unter Beweis stellen. Olympia macht etwas mit den Athleten. Vor allem emotional. Die Sportler spüren die Nuancen in den Bewegungsabläufen nicht mehr in gewohnter Form und dadurch leidet die erforderliche Feinabstimmung für diese sensible Sportart.

Ich bin ziemlich erbost über die Situation, weil ich extra empfohlen hatte, die Zeit zwischen Olympia und dem nächsten Weltcup in die Regeneration zu investieren und dann erneut Spannung aufzubauen. Das war in den Wind geschlagen worden, und jetzt hatten wir Sportler mit einem großartigen Erfolg im Rücken, aber mit schwindender Zuversicht, die Leistungen erneut abrufen zu können, und mit nachlassendem Kampfgeist, die Situation wieder zu drehen. Als wir in Lahti beim Teamspringen nach einem desaströsen ersten Durchgang gerade noch mit viel Glück den Weg aufs Podium schaffen, reift in mir der Gedanke, dies so nicht hinnehmen zu wollen. Schon allein aus Fairness gegenüber Severin Freund, der sich an alle Vorgaben gehalten hat und jetzt allein die deutschen Fahnen hochhält.

Gegenüber den Medien verteidige ich die Jungs. Ich bitte um Verständnis und verweise auf die mangelnde Stabilität bei jungen Sportlern. Ich liefere Erklärungen, dass Olympia ein hochemotionales Ereignis sei, das erst verkraftet werden müsse, und verspreche eine rosige Zukunft mit diesen Sportlern und dieser Mannschaft. Innerlich brodelt es in mir, weil ich weiß, dass die Situation leicht vermeidbar gewesen wäre und wir das Skispringen noch nachhaltiger als Qualitätsprodukt des DSV positionieren hätten können. In Kuopio ist es soweit. Ich bin auf 180 und bereite mich akribisch auf eine denkwürdige Ansprache vor.

Es ist wohl besser, dass es kein Video und keinen Mitschnitt von diesem Abend in irgendeinem schäbigen Hotelzimmer von Kuopio gibt, denn nicht alles war jugendfrei, was ich an diesem Abend von mir gebe, aber ich muss gestehen, dass auch ich ein Ventil für die Ereignisse der letzten Tage und Wochen brauchte.

Gold bei Olympia ist nicht einfach zu gewinnen, aber meinen Eindrücken zufolge kam der Erfolg ein wenig zu früh, und mir fehlt die Reife bei den jungen Springern, mit diesem Erfolg richtig umzugehen. Das Letzte, was ich will, ist, die sensiblen Sportler zu verletzen, aber auch mir setzt die Diskrepanz zwischen meiner Rolle nach außen und meinem Innenleben zu. Manche Sportler verlassen geknickt den Raum, weil sie mich so noch nie erlebt haben. Ich schaue in das Gesicht von Severin und glaube erahnen zu können, dass er hin- und hergerissen ist zwischen inhaltlicher Zustimmung und Mitgefühl für seine Teamkameraden.

Die Leistungen in der laufenden Saison werden nicht mehr besser, und trotzdem glaube ich, dass es notwendig war, nach außen ruhig zu bleiben und ein Zeichen nach innen zu setzen.

Eingespieltes ARD-Moderatorenteam: Matthias Opdenhövel (links) und Experte Dieter Thoma (rechts)

Vor der Saison 2018/19 herrscht in der öffentlichen Wahrnehmung schon ein wenig Unruhe, was die Verlängerung meines Vertrags betrifft. Ich bespreche die Situation immer wieder aufs Neue mit dem Pressebetreuer Ralph Eder, und wir versuchen, hier strategisch einwandfrei vorzugehen, um jeglichen Schaden von der Mannschaft fernzuhalten. Der Sport soll das ganze Jahr über im Mittelpunkt stehen und nicht Personaldiskussionen über etwaige Vertragsverlängerungen.

Beim Saisonauftakt in Wisła überträgt die ARD, und die erfahrene Combo aus Moderator Matthias Opdenhövel, Kommentator Tom Bartels und Experte Dieter Thoma bittet zum Auftaktgespräch. In der Lobby des Hotels *Gołebiewski* sitzen wir in entspannter Atmosphäre zusammen, und ich bringe die drei in gewohnter Weise auf den neuesten Stand der Vorbereitungen. Ich schätze sehr, dass sie sich nach langen Jahren Übertragung immer noch höchst professionell auf jede Saison vorbereiten, nichts dem Zufall überlassen und journalistische Topqualität in die Wohnzimmer liefern. Nach den üblichen Fragen ergreift plötzlich Tom Bartels entschlossen die Stimme und will wissen, wie der Stand der Vertragsverhandlungen ist. Ich versuche, ihn mit einer einstudierten, nichtssagenden Antwort zu vertrösten, als er mit scharfem Ton nachlegt: »Ihr glaubt doch nicht, dass ihr das durchhaltet. Wenn hier nach der Vierschanzentournee keine Klarheit herrscht, kommt ihr von dem Thema nicht mehr weg!«

Das klingt ein wenig wie eine Drohung, aber eigentlich bin ich dankbar für die Vorwarnung. Oberstes Ziel ist und bleibt es, die Saison sportlich erfolgreich zu gestalten, und das geht am besten, wenn man jegliche Störfeuer im Vorfeld ausschaltet. Personaldiskussionen sind immense Störfeuer. Nach innen und nach außen.

Im tiefsten Inneren stehe ich beim Thema Führung für Ehrlichkeit und Transparenz, doch es gibt einfach Situationen, in denen man weiterhin eine Rolle verantwortungsvoll ausfüllen muss. Über allem steht ein gewisser Pragmatismus, um die Ziele und die Beziehungen nicht zu gefährden. Und diese Rolle kann nach innen und nach außen unterschiedlich sein.

Freiraum und Regeln

Das Handy beim Frühstück –
Siege feiert man gemeinsam

Im Weltcupzirkus der Skispringer wird oft gemeinsam gereist, oder zumindest teilen sich mehrere Nationen das gleiche Hotel. Ein Ort, an dem wir Skispringer immer gemeinsam aufschlagen, ist das *COS*-Hotel in Zakopane. Die Unterbringung in einem Gebäudekomplex erleichtert dem Veranstalter die Bereitstellung der Security, um einerseits die Teams vor den fanatischen Fangruppen zu schützen und andererseits organisatorische Dienste wie Shuttle, Abrechnung und Ähnliches zu bündeln.

Man kennt sich, und man schätzt und respektiert sich im Springerzirkus. Der Wettkampf wird auf die Schanze verlagert, und teilweise sind auch länderübergreifende Freundschaften und Seilschaften zu beobachten. Nichtsdestotrotz hat jeder Trainer seinen Führungsstil und jede Nation ihre Eigenheiten. Zudem beäugt man sich, und es fällt nicht leicht, sich auf engstem Raum einen geheimen Vorteil zu verschaffen. Unterschiedlich ist auch die Prioritätensetzung in den einzelnen Teams. Während manche stark auf die gemeinsame Linie setzen, lassen andere Teams hohe Individualität zu. Das betrifft nicht nur den Trainingsprozess.

Ich versuche beides unter einen Hut zu bringen. Phasen des gemeinsamen Auftritts wechseln sich mit Phasen des individuellen Freiraums ab. Beim Mittagessen beispielsweise gebe ich

Richtzeiten vor, während ich die Frühstücksgestaltung offenlasse. Obwohl ich gelesen habe, dass man als Chef der Erste beim Frühstück sein soll, breche ich diese Regel in der Hoffnung, keinen Autoritätsverlust zu erleiden.

Wieder einmal komme ich spät ans Frühstücksbuffet und setze mich dann zu meinen Teammitgliedern, die schon beim zweiten Kaffee sind. Gedankenverloren löffle ich mein Müsli, und mein Blick schweift zu den Norwegern, die gewohnt geschlossen am Nebentisch sitzen. Ich stelle erstaunt fest, dass sich sechs Mann gegenübersitzen, aber jeder in sein Handy oder Tablet starrt. Auf der anderen Seite bieten die Tschechen ein ähnliches Bild. Nach kurzem Überlegen sage ich zu meiner Mannschaft. »Schaut mal da rüber! Das ist mein Horrorszenario beim Frühstück. Alle sitzen zusammen, aber keiner kommuniziert mehr mit seinem Nachbarn, sondern tauscht sich mit der restlichen Welt aus. Wollt ihr das auch so haben? Ich will das auf keinen Fall!« Einer meiner Athleten entgegnet, dass das der Lauf der Zeit sei und in gewisser Form normal.

»Bin ich schon zu alt?«, schießt es mir durch den Kopf. Nein. Hier muss es einen Kompromiss geben. »Ich bin mir bewusst, dass die Bedienung der Social-Media-Kanäle zur modernen Zeitrechnung dazugehört, aber der Tag ist lang genug. Ich will, dass wir die gemeinsame Essenszeit medienfrei miteinander verbringen und ihr diese Aktivitäten davor oder danach erledigt. Wenn wir zusammen an einem Tisch sitzen, dann unterhalten wir uns auch mit den Leuten in unserem Umkreis! Geht ihr da mit?«

Zögerliche Zustimmung, aber ich merke, dass alle ein wenig mit dem Druck hadern, immer und überall erreichbar sein zu müssen. Eine Regel dieser Art ist auch eine willkommene Entschuldigung dafür, Anfragen nicht unmittelbar beantworten zu müssen. »Wir machen das zu unserem und eurem Schutz«, lege ich nach und hoffe auf Einsicht und Freiwilligkeit. Strafen will ich aus Prinzip keine einführen. Bei erwachsenen Menschen muss es genügen, wenn die Regel verstanden wird. Ich erhoffe mir eine gegenseitige Kontrolle. Schließlich sind wir ein Leistungsportteam mit starkem Zusammenhalt und einer hohen gemeinsamen Zielsetzung.

In der Praxis ist das wie bei der Kindererziehung. Am Anfang funktioniert das Befolgen der beschlossenen Regel gut, und nach zwei bis drei Monaten muss man die Sachlage wieder auffrischen. Sisyphusarbeit, aber es erfüllt mich mit Stolz, bis zum Ende meiner Amtszeit diese Regel beibehalten zu haben.

Ein Ritual, das in der deutschen Mannschaft entstanden ist, ist das gemeinsame Feiern von Siegen und Podestplätzen. Als nach einer langen Durststrecke von 2007 bis 2011 Severin Freund wieder ein Weltcupspringen gewinnen kann, ist die Erleichterung im gesamten Trainerteam sehr groß. Im Auslauf der Schanze jubeln mehr als 20 000 Zuschauer, aber im Bereich des Exit Gates – so heißt der Bereich, wo die Springer den Auslauf verlassen – ist außer dem Pressebetreuer kein einziger deutscher Anorak mehr sichtbar. Bei aller Freude erzürnt mich diese Tatsache, und im Hotel angekommen trommle ich die gesamte Mannschaft zusammen. Ich erkläre ihnen den gemeinsamen Wert des Erreichten und appelliere an alle, zukünftig andere Verhaltensweisen an den Tag zu legen. Wir trainieren gemeinsam, und alle Anstrengungen sind darauf ausgerichtet, sich gegenseitig zu Höchstleistungen zu motivieren, damit im besten Fall zumindest einer in der Lage ist, auch international konkurrenzfähig zu sein. Jeder bekommt auf der Schanze seine Chance, aber wenn er sie nicht nutzen kann, hat er gefälligst den Teamkollegen die Daumen zu drücken. Dass sich nach Absolvierung seines Sprunges jeder schnellstmöglich zurückzieht und Severin seinen erfolgreichen Sprung alleine auskosten darf und muss, missfällt mir. Ausreden lasse ich keine gelten, und siehe da, beim nächsten Sieg ist alles anders.

Wir gehen am Abend spontan feiern, Severin bedankt sich artig beim gesamten Team für die Unterstützung und übernimmt die Rechnung, was ich nicht selbstverständlich finde. Dadurch nimmt er unbewusst seine Teamkameraden in die Pflicht, und es entsteht ein nettes Ritual, das unseren Zusammenhalt in den Jahren enorm verstärkt. Im Grunde hofft jeder auf einen guten Tag auf der Schanze, um endlich einen ausgeben zu können, was finanziell angesichts des gewonnenen Preisgeldes leicht verkraftbar ist. Aber die Geste zählt!

Podeste und speziell Siege sind hart erkämpft und keine Selbstverständlichkeit, und so sind es natürlich meist die gleichen Sportler, die in der Pflicht sind. Im Dezember 2018 kommt es zu einer bemerkenswerten Situation. Karl Geiger gewinnt mit einem fulminanten zweiten Durchgang sein erstes Weltcupspringen in Engelberg. Als ich vom Trainerturm endlich den Auslauf erreiche, um der Siegerehrung beizuwohnen, kann ich, außer Richard Freitag, keinen anderen Athleten mehr entdecken. Der Tag auf der Schanze war lang, und der Rest der Mannschaft konnte nicht sein volles Leistungsvermögen ausschöpfen. In Summe mehr Verlierer als Gewinner im Team. Man kommt erst abends um halb acht ins Hotel. Essen, Physiotherapie, Video. Karl lädt um 22 Uhr alle auf einen Drink ein, aber zu meiner Überraschung stelle ich fest, dass nicht einmal die Hälfte des Teams der Einladung Folge leistet. Diese Situation erinnert mich an 2011. Ich beschließe, für unser Ritual zu kämpfen, und bitte am nächsten Morgen zu einer Aussprache.

Nach dem Frühstück finden wir uns in einem kleinen Raum abseits des Frühstücksbereiches ein. Meine Worte unterscheiden sich nicht groß von der Ansprache vor gut sieben Jahren, außer meiner Eröffnungsfrage: »Wie viel verschiedene deutsche Sieger gab es in den letzten Jahren im Weltcup?« Als mir die Antwort zu lange dauert, löse ich selbst auf. »Drei, und Karl war gestern der Vierte! Das heißt, dass ein neuer deutscher Sieger statistisch nur alle zwei Jahre vorkommt, was übrigens ein guter Wert ist, und dass das gebührend honoriert gehört, versteht sich damit von selbst. Und wenn dann dieser Sieger das Team einlädt, dann kommt man dieser Einladung auch nach!« Die Ausreden erinnern mich ebenfalls an 2011, aber ich spüre, dass die Botschaft angekommen ist. Meines Erachtens gehören solche Werte gepflegt, auch wenn es unangenehm ist, immer wieder den Finger in die Wunde zu legen und eigentlich selbstverständliche Verhaltensweisen einzufordern, aber der Wert übersteigt den Aufwand.

Siege feiert man gemeinsam!

Planung und Flexibilität

Frühstück um 12, Mittagessen um 17 Uhr –
Mama weint am Telefon – Wir fahren zweigleisig

Bei meinen zweiten Olympischen Spielen in Sotschi 2014 stehen wir vor dem Problem, dass die Beginnzeiten für die Skisprungwettbewerbe auf den europäischen Fernsehmarkt ausgerichtet sind und uns ein völlig neuer Zeitrhythmus aufgezwungen wird. Sind wir doch Flutlichtwettkämpfe mit einer Startzeit gegen 17 Uhr gewohnt, so verschiebt sich der erste Sprung aufgrund der Zeitumstellung und der Anforderung, das lukrative Produkt in der Primetime zu zeigen, auf 21 Uhr. Als Trainerteam möchte man keine Anfängerfehler machen, und wir diskutieren im Vorfeld ausgiebig, wie wir diese Situation lösen, damit unsere Sportler zur späten Tageszeit Höchstleistungen abrufen können. Mediziner stellen den Einsatz von Melatonin in Aussicht. Dies erscheint uns angesichts der geringen Zeitdifferenz nicht zielführend, und wir entscheiden uns für die einfachste und naheliegendste aller Möglichkeiten: Wir stellen uns gar nicht um. Wir passen einfach die Mahlzeiten zeitlich an die neue Zeitzone an und bleiben im alten Rhythmus – Frühstück zwischen 11 und 12 und Mittagessen zwischen 17 und 18 Uhr.

Die Athleten sind überzeugt, und wir ziehen das zwei Wochen durch. Im Verpflegungszelt bilden sich so etwas wie »Länderecken«. Da die deutsche Mannschaft sportlich sehr breit aufgestellt ist, trifft man eigentlich zu jeder Tages- und Nachtzeit irgendeine Sparte beim Einnehmen der Mahlzeit. Wir Springer müssen uns wegen unseres verschobenen Tag-Nacht-Rhythmus auch so manchen dummen Spruch gefallen lassen. Schließlich sitzen wir beim Frühstück, wenn die Kollegen der Alpinfraktion ausgehungert vom ersten Stangentraining zum Mittagessen kommen.

Ich setze mich gerne zu den Skeletonfahrerinnen, bodenständigen Sportlerinnen mit großem Humor. Als wir uns beiläufig über unseren Trainings- und Wettkampfalltag austauschen, gesteht mir die damals beste deutsche Fahrerin Anja Huber, dass sie beeindruckend findet, wie wir Skispringer zielstrebig und allen Unkenrufen zum Trotz unseren Tagesrhythmus dermaßen radikal verschieben. In letzter Konsequenz beneidet sie uns, denn ihr Trainer besteht weiterhin auf acht Uhr Frühstück, obwohl sie ebenfalls eine späte Wettkampfzeit haben wie wir.

Verwundert und geschmeichelt nehme ich ihre Aussagen zur Kenntnis und nehme mir fest vor, weiterhin mutig und flexibel in der Führung zu agieren. Oft ist die einfachste und naheliegendste Maßnahme die Beste. Nur begründet muss sie sein.

In Pyeongchang 2018 finden wir ähnliche Voraussetzungen vor und setzen wieder auf unser schon bewährtes System. Beim Olympiasieg von Andreas Wellinger beginnt das Springen um 21.30 Uhr Ortszeit und dauert aufgrund Windunterbrechungen über Mitternacht hinaus. Hätten wir hier nicht Tagesenergie gespart, wäre es unmöglich gewesen, Höchstleistungen zu so später Stunde abzuliefern. »Der Zweck heiligt die Mittel«, heißt es doch so schön.

Im nacholympischen Jahr von Sotschi will der knapp 20-jährige Teamolympiasieger Andreas Wellinger hoch hinaus. Schon beim Auftaktspringen in die Saison 2014/15 in Klingenthal belegt er nach Halbzeitführung den dritten Platz, und man spürt, dass er diesen Fauxpas auf der nächsten Station ausbessern will. In Ruka angekommen erwarten die Springer extreme Verhältnisse. Starker Wind prägt das Geschehen und verlangt den Athleten alles ab. Schon bei der Qualifikation am Sonntag überkommt mich bei Andis Sprung ein mulmiges Gefühl. Technische Unzulänglichkeiten, gepaart mit extrem hoher Risikobereitschaft ist keine gute Kombination für einen Aufwindwettkampf, der von den Routiniers Ammann und Kasai beherrscht wird.

Im ersten Durchgang werden meine Befürchtungen wahr. Ein viel zu später Absprung führt zu einem Überkompensieren des fehlenden Drehmoments, plötzlich klappt der Ski nach unten, und Andi hängt in der Luft wie ein Freestyler. Mit den langen Skiern ist bei diesen hohen aerodynamischen Kräften keine Korrektur mehr möglich, und er landet mit dem Rücken am Vorbau, als hätte man eine Puppe für einen Crashtest aus dem Hubschrauber geworfen. Nach zwei weiteren Überschlägen rutscht er den langen Aufsprunghang hinunter und ist wie durch ein Wunder bei Bewusstsein und ansprechbar. Während er sich mit schmerzverzerrtem Gesicht an die Schulter greift, eilen Sanitäter und unser Physiotherapeut zu Hilfe und transportieren ihn ab, um weitere Untersuchungen vornehmen zu können.

Nachdem der erste Schock überwunden ist, entscheidet die Jury, den Wettkampf fortzusetzen, und auch wir haben noch weitere Springer am Ablauf, die sicher und wenn möglich erfolgreich ins Tal begleitet werden müssen. Mein Assistent Tino

Schwerer Sturz von Andi Wellinger 2014 in Kuusamo

Haase und ich versuchen, bestmöglich die Fassung und den Überblick zu bewahren.

Der Wettkampf läuft noch, als plötzlich mein Telefon klingelt und am Display der Name von Andis Mutter aufscheint. Kurz überlege ich, ob ich abheben soll, aber dann schießt es mir durch den Kopf, wie furchtbar es sein muss, wenn man 3000 Kilometer entfernt vor dem Fernseher sitzt und miterleben muss, wie der Sohn kopfüber eine Sprungschanze hinunterstürzt und man keinerlei Informationen über den Gesundheitszustand erfragen kann. Ich entscheide mich fürs Abheben, obwohl der Wettkampf noch läuft und in Kürze ein deutscher Springer kommen wird. Am anderen Ende der Leitung die weinende Stimme der Mama, die so gerne ihrem Sohn beistehen möchte. Ich versuche sie zu beruhigen und zitiere unseren Physiotherapeuten, der mir über Funk von einer Verletzung am Schlüsselbein berichtet hat. Ich verspreche ihr, dass wir alles tun werden, um Andi gut nach

Hause zu bekommen, als mir Tino Haase auf die Schulter tippt. Severin Freund geht auf den Balken und wartet bei fünf Metern pro Sekunde Aufwind auf mein Freizeichen. Die Ampel springt auf Grün. Severin erreicht mit einem tollen Sprung das Podium.

Ich atme durch und blicke in Tinos Augen. Sollen wir uns freuen? Podium – fataler Sturz. Wir versuchen, unsere Gefühle zu ordnen. Da bekomme ich einen Wink von der Assistentin des ZDF. Interview. Live. Vor der Kamera bemühe ich mich, die Geschehnisse einzuordnen und die Emotionen bestmöglich herauszuhalten. Ja, wir freuen uns über die Leistung von Severin, aber unsere volle Aufmerksamkeit geht jetzt zu Andi, um hier schnellstmöglich Klarheit über den Grad der Verletzung zu bekommen. Die Fülle an Ereignissen mit hochemotionalem Charakter bringt mich an meine Grenzen, und ich frage mich, ob es richtig war, während des Wettkampfes den Anruf der Mutter entgegenzunehmen. War das meine Aufgabe? Ja, war es. Wir arbeiten mit Menschen, und Menschen behandelt man wie Menschen. So flexibel muss man sein!

Die Fülle an Arbeitsbereichen hat im Skispringen in den letzten Jahren stetig zugenommen, ohne Experten in den jeweiligen Fachbereichen ist man kaum mehr konkurrenzfähig. Ein hohes Spezialistentum erfordert vor allem der Materialbereich, und dort wiederum die Entwicklung von Sprunganzügen. Ein optimaler Sprunganzug zeichnet sich durch eine perfekte, körpergerechte Passform aus, die den Normen des internationalen Skiverbandes entsprechen muss, und er sollte zudem aus hochwertigem Material gefertigt sein. Da ein Sprunganzug nicht massentauglich ist, gibt es nur zwei Firmen, die die Produktion von hochwertigem Anzugstoff beherrschen. Eine sitzt in der Schweiz und eine in Deutschland.

Unser Hauptverantwortlicher für die Sprunganzüge ist mein langjähriger Vertrauensmann Christian Winkler. Er hat sich

Sprunganzug-Test im Windkanal

mit ungemeiner Akribie diesem Thema gewidmet und immer wieder die Anzugschnitte so verfeinert und getestet, dass die Konkurrenz mit den Jahren über unsere perfekte Passform ins Staunen geraten ist.

Das Rohmaterial beziehen wir aus der Schweiz, diese Firma beliefert 80 Prozent des Skisprungweltmarktes. Christian kommt menschlich sehr gut mit dem Vertriebschef klar und filtert für Deutschland in den Jahren 2010 bis 2018 die hochwertigsten Stoffe heraus. 2018 gelingt jedoch den Norwegern ein Coup mit der deutschen Konkurrenzfirma, und dadurch kommt wieder mehr Bewegung ins System. Auch wir sind dadurch vermehrt zu Tests gezwungen, was einen erheblichen Mehraufwand bedeutet.

Zu Beginn meiner Tätigkeit als Bundestrainer habe ich noch ein paar Impulse für diesen Themenbereich gegeben, aber mit der Zeit habe ich gemerkt, wie spezifisch die Angelegenheit geworden ist, und ich halte mich völlig heraus und vertraue Christian. In Sommer 2018 spüre ich, dass die Entscheidung nicht mehr so einfach wird wie in den Jahren zuvor. Immer mehr Topleute wechseln zur deutschen Firma und bringen hervorragende Leistungen. Auch deutsche Springer sind von den Tests angetan und würden gerne wechseln, während die etablierten Athleten samt Christian stark dazu tendieren, der Schweizer Firma die Treue zu halten.

Als sich beim letzten Wettkampf vor dem Winter mein Eindruck erhärtet, dass es sich lohnen würde, zumindest zweigleisig zu fahren, mache ich kurzerhand selbst einen Termin bei der deutschen Firma und verschaffe mir vor Ort ein Bild. Das Konzept überzeugt mich, und ich muss eine heikle Entscheidung treffen. Ich rufe Christian an und überstimme ihn in einem Bereich, den ich eigentlich schon vor Jahren vertrauensvoll an ihn abgegeben hatte. Gut geht es mir nicht dabei, aber ich spüre die Last der Letztverantwortung im Gesamtsystem und würde mir Vorwürfe machen, wenn Sportler mit dem Material der deutschen Firma das Skispringen dominieren sollten, während wir zu konservativ agierend die neueste Entwicklung verschlafen.

»Wir fahren zweigleisig!«, ist mein letztes Wort zu Christian, der die Anweisung knurrend, aber letztlich loyal hinnimmt. Im Winter 2019 gewinnt Karl Geiger sein erstes Weltcupspringen, und Markus Eisenbichler wird Weltmeister. Beide mit den neuen deutschen Stoffen.

Manchmal muss man Verantwortung, die man abgegeben hat, wieder an sich nehmen. Auch wenn es unbequem ist.

Zu Beginn der Führungsforschung ging man davon aus, dass es geborene Führungskräfte gäbe. Diese müssten besondere Eigenschaften haben (groß zu sein, Gewicht zu haben, eine dunklere Stimme, eine extrovertierte Persönlichkeit etc. hilft). Man muss sie nur finden und richtig einsetzen. Schnell entdeckte man, dass es so einfach nicht ist. Führung hat etwas mit Persönlichkeit zu tun, ja. Es braucht aber auch ein großes Maß an Handwerkszeug. Ohne dieses wird es auch für die charismatischste Figur schwer – nur mit Werkzeugen allein ist es aber auch schwierig, eine gute Führungskraft zu werden. Insofern zweifle ich ein wenig an der aktuell vorherrschenden Meinung, dass prinzipiell jeder eine Führungsrolle übernehmen kann.

Gute Führung braucht ein entsprechendes Menschenbild, eine stabile Persönlichkeit und ein breites Repertoire an Führungsinstrumenten. Einen Teil davon kann man lernen oder sich erarbeiten – einen anderen Teil aber hat man oder eben auch nicht.

Führung ist in den letzten Jahrzehnten ungleich komplexer geworden: Bis zu Beginn der 1960er-Jahre war Führung sehr autoritär ausgerichtet. Der Chef hat Ansagen gemacht und erwartete Folgsamkeit. Ähnlich lief es in Familien und in der Kindererziehung. Dann kamen die 68er und darauffolgend das Jahrzehnt der Hippies. Diese gesellschaftliche Entwicklung fand auch Eingang in den Bereich der Führung (und entsprechend auch in die Pädagogik). Die Idee war, dass große Freiheiten Menschen in ihrer Entwicklung beflügeln würden. Das funktionierte bei einem Teil – das Wegfallen von klaren Leit- und Richtlinien führte aber auch zu viel Irritation und Missbrauch. Ab den Achtzigern begann dann der demokratisch-partizipative Weg, der bis heute weitverbreitet ist. In der positiven Variante fühlen sich damit viele gehört und involviert; in der negativen Ausprägung wird alles mit allen diskutiert, und es ist schwer und langwierig, zu Entscheidungen zu kommen und diese dann auch umzusetzen.

In den letzten Jahren ist ein interessantes Phänomen zu beobachten: Zum ersten Mal entkoppelt sich das Führungsverhalten in Organisationen von gesellschaftlichen Entwicklungen. Firmen experimentieren mit flachen Hierarchien und selbststeuernden Organisationen. Führung im klassischen Sinne wird immer weiter zurückgefahren. Und im Gegensatz dazu wählen in nahezu allen Ländern die Völker populistisch-autoritäre Führungspersonen und suchen eine klare (oder zumindest Komplexität reduzierende) Führung.

In meiner Wahrnehmung und Überzeugung suchen Menschen Führung. Und zwar umso mehr, je unsicherer sie eine Situation erleben (sprich umso mehr Angst oder Druck im Spiel ist). Dabei spielt sicher auch eine immer komplexer werdende und vernetzter agierende Welt eine Rolle. Da unser Gehirn in seiner Weiterentwicklung mit den technischen und sozialen Veränderungen nicht immer Schritt halten kann, suchen wir einfache Antworten auf komplexe Probleme.

Insofern ist es eine spannende Frage, wie Führung in unserer Zeit optimal gestaltet sein könnte. Ich persönlich benutze hier gerne den Begriff der Guidance, da ich keinen passenden deutschen Begriff dafür fand, den ich damit verbinde. Es geht darum, jemand auf seinem Weg zu begleiten und steuernd oder helfend einzugreifen, wenn jemand Unterstützung benötigt – aber auch Freiheiten zu gewähren und sich im Hintergrund zu halten, wenn es gerade keiner Führung bedarf. Dazu kommt, dass es klare Spielregeln braucht, die auch gelebt und vorgelebt werden. Am meisten schauen sich Menschen noch immer von Rollenmodellen ab.

Hier ist das von Werner erwähnte Handy ein schönes Beispiel. Viele Menschen würden die Ansicht teilen, dass zumindest das gemeinsame Essen mobilfunkfrei sein sollte. Ich erlebe aber wenige von jenen, die dies fordern oder unterstützen, hier als durchgängig gutes Vorbild ...

In Workshops stelle ich gerne das »exemplarische Führen« vor. Es besagt, vereinfacht gesagt, dass jede meiner Handlungen als Führungskraft Spielregeln schafft. Kritisiere ich jemanden für sein Fehlverhalten laut vor versammelter Mannschaft, so beeinflusst das natürlich Klima und Umgangsformen. Mache ich es korrekter unter vier Augen und der Rest der Mannschaft merkt, dass es keine Konsequenzen gibt, wird auch das Folgen haben.

Führung heißt, klare Leitplanken zu erarbeiten, zu kommunizieren, vorzuleben und bei entsprechendem Verhalten dann auch konsequent zu handeln – mit Lob und Kritik. Im Sport ist dann zusätzlich auch stets noch die Außenwirkung und die Vorbildfunktion zu bedenken.

Noch einen wichtigen Aspekt spricht Werner an: Viele Führungskräfte suchen heutzutage eine große Nähe zu ihrem Team (oftmals verschmelzen auch Kollegen- und Freundeskreis aufgrund der langen Stunden, die man gemeinsam verbringt). Das führt dazu, dass Führungskräfte oftmals beliebt sein, gemocht werden wollen. Ich glaube aber nicht, dass dies eine gute und sinnvolle Grundhaltung ist.

Werner ist sicherlich auch jemand, dem die Meinung anderer Menschen nicht vollkommen egal ist und der einen guten Eindruck hinterlassen möchte. Aber was ich über all die Jahre immer wieder erleben konnte, war, dass er immer das Ziel über das Kriterium Beliebtheit stellen konnte und so auch vor unpopulären Schritten nicht zurückschreckte, wenn es Erfolg versprach.

KAPITEL 10

LEISTUNG AUF DEN PUNKT BRINGEN

Impulse setzen – fokussieren

Karabiner in Vancouver –
Andi, mit dir gewinnen wir – Mit Giovane nach Korea

I n der Saison 2009/2010 haben wir große Probleme, unser Leistungsvermögen konstant abzurufen. Die Euphorie des Vorjahres mit der Krönung, dem Gewinn der Silbermedaille durch Martin Schmitt bei der WM in Liberec, ist verflogen. Harte Arbeit prägt unseren Alltag. Einem durchaus gelungenen Saisonstart steht ein äußerst schwaches Abschneiden bei der prestigeträchtigen Vierschanzentournee gegenüber, das uns viel Häme einbringt. Es bleiben noch vier Wochen Zeit, um das Team in Schuss zu bringen, aber auch der Weltcupalltag mit dem Heimspringen in Willingen muss bedient werden, und wie die Sportler dem nur alle vier Jahre stattfindenden Event Olympia nervlich gewachsen sein werden, steht auch noch in den Sternen. Keine rosigen Aussichten für ein Trainerteam, das keine Olympiaerfahrung vorweisen kann.

Ich kontaktiere den Teampsychologen Jan Mayer und bitte ihn um Hilfe. Wir vereinbaren ein Treffen in Heidelberg, und ich schütte ihm mein Herz aus, gepaart mit dem Wunsch und der Idee, die Spiele in Vancouver auf der mentalen Ebene so vorzubereiten, dass wir zumindest am oberen Rand unserer Möglichkeiten performen. Sollte es dann trotzdem für keine Medaille reichen, muss man das sportlich zur Kenntnis nehmen.

Wir machen ein Brainstorming, und plötzlich sagt Jan: »Ich hätte da was, aber es ist riskant! Ich mache einen Impulsvortrag über die Besonderheiten der Spiele, und anschließend holen wir die einzelnen Teammitglieder heraus und fordern sie dazu auf, den anderen mitzuteilen, warum sie stolz darauf sind, mit ihnen im Team zu sein. Wir könnten so eine emotionale Verbundenheit schaffen, die einzigartig ist, aber es kann auch zu prekären Situationen kommen, in denen unterschwellige Konflikte ans Tageslicht geraten.«

Ich bin sofort begeistert und nehme ihm jegliche Bedenken. »Weißt du, was? Wir überreichen dazu noch jedem einen Karabiner in Anlehnung an unseren Kletterausflug in der Vorbereitungsphase und gravieren den Tag des Teamspringens ein. An diesem Tag haben wir die größten Medaillenchancen, und dort muss die Verbundenheit zum Tragen kommen!« Jans Bedenken sind noch nicht restlos ausgeräumt, aber er lässt sich von meiner Euphorie anstecken und stimmt zu. Wir machen einen Zeitplan und skizzieren den Ablauf. Zudem fixiere ich mit Jan, dass ich meinen Kollegen Rolf Schilli beauftragen werde, einen Motivationsfilm über die besten Sprünge der Saison zu machen und mit Musik zu untermalen. Den können wir dann zusätzlich vor Ort als Joker einsetzen.

Unsere Leistungen auf der Schanze werden im Laufe des Januars besser, und ich blicke zuversichtlich dem »Akzent« von Jan entgegen. In Klingenthal ist es so weit. Wir trommeln die Mannschaft zusammen, und Jan hält seinen Impulsvortrag. Anschließend geht er über zum »riskanten« Teil und fordert jeden Einzelnen auf, seinem Konkurrenten und Kollegen zu sagen, warum er stolz darauf ist, mit ihm zu den Olympischen Spielen nach Vancouver zu fahren. Dabei kommt es zu einer hochemotionalen Szene. Michael Neumayer sagt zu Martin Schmitt: »Martin, du warst schon immer mein Idol. Ich war Vorspringer, als du in Oberstdorf bei der Vierschanzentournee den Auftakt gewonnen hast, und ich habe dich immer bewundert. Als ich es nach vielen Jahren endlich in den Weltcup geschafft habe, war ich immer sehr stolz darauf, mit dir im Team springen zu dürfen, und ich freue mich riesig, dass ich jetzt mit dir zu den Olympischen Spielen fahren kann!«

Mir bleibt der Mund offen. So etwas habe ich einen Springer noch nie über einen anderen Teamkollegen sagen hören. Jetzt weiß ich, was Jan mit »riskant« gemeint hat. Diese Aufforderung zu Offenheit und Ehrlichkeit kann auch nach hinten losgehen. In unserem Falle gibt es glücklicherweise genau den erforderlichen Schub, den ich mir erhofft habe. Auch die anderen lassen sich von dieser Authentizität anstecken und der Impulsabend mit Jan wird zum Erfolg. Die Übergabe der Karabiner nehmen alle mit Freude an und versprechen, das Symbol in Ehren zu halten. Die Leistungen verbessern sich weiter, und wir steigen mit dem Teamsieg von Willingen – allerdings gegen zweitklassige Österreicher – im Gepäck in den Flieger.

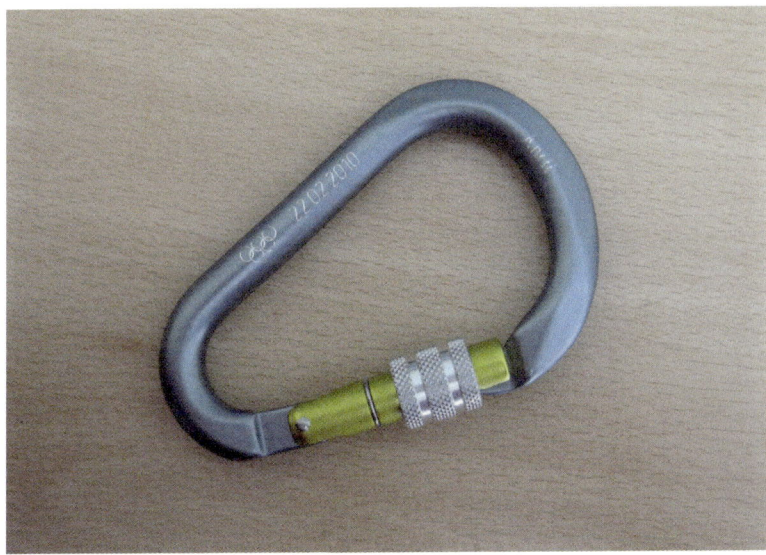

Karabiner mit Gravur des Teamspringens: 22.02.2010

In Vancouver angekommen steht das erste Training auf dem Programm. Wir beziehen unseren Container, als der junge Andreas Wank (immerhin zehn Jahre Altersunterschied sind zwischen ihm und dem Kern der Mannschaft) die Gruppe zusammentrommelt und sagt: »Jungs, habt ihr eure Karabiner dabei? Ich würde vorschlagen, wir hängen die Karabiner während jedes Trainings hier an der Decke zusammen – als Zeichen unserer Verbundenheit!« Wieder bleibt mir der Mund offen. Nicht im Traum hätte ich gedacht, dass unsere Aktion solche Wellen schlagen würde und freue mich innerlich riesig über die Akzeptanz und Umsetzung durch mein Team.

Die Einzelwettkämpfe verlaufen besser als gedacht. Michael Uhrmann schnuppert auf der Kleinschanze an einer Medaille und wird schlussendlich Fünfter. Michael Neumayer belegt auf der Großschanze den sechsten Platz. Jeden Tag hängen die Karabiner an der Decke, und die Stimmung ist sehr gut. Es bleibt also noch eine Chance, die ersehnte Medaille im Teamspringen zu holen. Wir haben ja noch den Motivationsfilm als Joker, und ich beschließe, ihn am Wettkampftag zu ziehen. Wir organisieren einen Beamer und schaffen auf emotionaler Ebene die Voraussetzungen, um alle Register zu ziehen.

Am Wettkampftag trommle ich die Mannschaft zu ihrer Verblüffung zusammen und kündige eine Überraschung an. Im Container lassen wir begleitet von lauter Musik den Film ablaufen, und ich blicke zufrieden in die Gesichter meiner Athleten. Wir beenden den Kurzfilm mit einem lauten Schrei, sodass sich die Österreicher im Nachbarcontainer wundern, wo denn unsere Zuversicht herkommt. Schließlich fühlen sie sich zurecht unantastbar und gehen als Favoriten in den Wettkampf.

Für uns läuft der Teamwettkampf vom ersten Sprung an wie am Schnürchen. Michael Neumayer spult sein Programm ab wie ein Uhrwerk, der junge Andreas Wank wächst in seinem ersten Teamspringen für Deutschland über sich hinaus und legt die Basis für eine mögliche Medaille. Als Martin Schmitt unerwartet schwächelt, liegt es am Schlussspringer Michael Uhrmann, die Medaille abzusichern. Die Österreicher sind wie erwartet unantastbar, aber wir sichern uns Teamsilber, noch vor den höher eingeschätzten Norwegern, und lassen die im Training auf Augenhöhe befindlichen Japaner und Finnen hinter uns.

Ungemeine Erleichterung ist zu spüren, wir liegen uns in den Armen und kosten den Erfolg aus. Mein Wunsch wird Wirklichkeit. Ich wollte die Voraussetzungen dafür schaffen, dass wir annähernd unsere Bestleistung zeigen können, und das ist eindrucksvoll gelungen. Es kann wohl nicht beziffert werden, wie hoch der Anteil eines solchen mentalen Impulses ist, aber alleine die Tatsache, dass dieser von den Sportlern so eindrucksvoll angenommen und umgesetzt worden ist, macht die Wirkung spürbar.

Die Saison 2012/13 verläuft sehr erfolgreich. Obwohl Vorzeigespringer Severin Freund punktuell schwächelt, sind wir mit Richard Freitag mit einem zweiten Springer Dauergast in den Top Ten der Welt. Richard kann sogar das letzte Weltcupspringen vor der Weltmeisterschaft in Predazzo gewinnen, und somit haben wir eine Doppelchance auf eine Einzelmedaille. Mit dem jungen Andreas Wellinger, der zu Saisonbeginn geglänzt hat, und Andreas Wank haben wir im Vergleich zu den letzten Großereignissen ein stark verjüngtes Team am Start. Der Umbruch ist in vollem Gange. Einzig Michael Neumayer trotzt dem Ansturm der Jugend und bleibt eine stabile Größe in der Mannschaft.

Die Einzelwettkämpfe verlaufen unglücklich. Severin wird Vierter auf der Kleinschanze, und Richard belegt auf beiden Schanzen den sechsten Platz. Sehr gute Leistungen, aber keine Medaille. Die Hoffnungen ruhen wieder einmal auf dem Teambewerb. Diesmal besteht sogar eine Chance auf Gold, immerhin belegten alle unsere Sportler im Einzelwettkampf einen Platz unter den besten 15, und der Abstand zu den Österreichern ist geschrumpft. Einzig Andi Wellinger ist außer Form und muss sich mit der Zuschauerrolle zufriedengeben, was angesichts der Tatsache, dass er erst 17 Jahre alt ist, keinen Beinbruch darstellt.

Der Teamwettkampf verläuft extrem spannend, aber auch sehr unübersichtlich, was an der erstmaligen Anwendung der neu geschaffenen Möglichkeit liegt, dass Trainer den Anlauf für den eigenen Schützling verkürzen können. Bei starken Rückenwindbedingungen machen nahezu alle Trainer von dieser Möglichkeit Gebrauch, um ihren Athleten die Voraussetzungen für eine gelungene Telemarklandung zu ermöglichen. Nach dem erfolgreichen Protest unseres sportlichen Leiters rücken wir nach Beheben eines Rechenfehlers vom dritten auf den zweiten Rang vor. Die Österreicher retten nach einem genialen Gleichgewichtsakt von Manuel Fettner, der nach der Landung einen Ski verliert und sich auf einem Bein fahrend über die Sturzlinie rettet, die Goldmedaille und verteidigen ihren Titel.

Erleichtert über die gewonnene Silbermedaille, aber auch leicht enttäuscht über die verpasste Chance, Österreich den Titel abzujagen, begebe ich mich in den Auslauf zu den Interviews und zur Siegerehrung. Was fehlt uns als Team, um einen Titel zu gewinnen? Brauchen wir nur Zeit und Geduld oder noch einen weiteren entscheidenden Baustein? Liegt es am fehlenden Selbstverständnis? Kann man das erarbeiten?

Viele Fragen begleiten mich auf dem Weg nach unten. Als ich auf halbem Weg unseren Ersatzmann Andi Wellinger treffe, der sich das Springen interessiert angesehen hat, rufe ich ihm spontan zu: »Andi, streng dich an! Wir brauchen dich, denn mit dir gewinnen wir das Springen nächstes Jahr!« Er schaut mich ein wenig verwundert an, und man spürt, dass er Mühe hat, alle Eindrücke dieses Tages und der gesamten Weltmeisterschaft zu verarbeiten. Ich gehe weiter und wundere mich selber über diesen Satz, der spontan aus mir herauskam, in vollem Bewusstsein, dass ich so etwas nicht zu oft und auf keinen Fall vor versammelter Mannschaft sagen kann.

Andi hat bisher eine beeindruckende Karriere hingelegt, und er ist es gewohnt, zu siegen beziehungsweise unter seinen Altersgenossen der Beste zu sein. Das prägt. Ich bin der festen Überzeugung, dass im Jugendalter schon Überzeugungen und ein Selbstverständnis entstehen, die unbewusst auf spätere Ereignisse und Verhaltensweisen wirken. Die Basis für das Siegesgefühl wird schon sehr früh gelegt. Ausnahmen bestätigen die Regel, aber irgendwie habe ich das Gefühl, dass uns genau dieser Baustein in unserem Team noch fehlt.

Ein Jahr später holen wir mit dem 18-jährigen Andreas Wellinger tatsächlich Olympiagold im Teamspringen.

Die Wintersaison 2017/18 verläuft von Beginn an nach Wunsch. Andi Wellinger wächst nach seinen zwei Silbermedaillen bei der WM in Lahti immer mehr in die Rolle des Führungsspringers hinein, und mit dem wiedererstarkten Richard Freitag verfügen wir zu Saisonbeginn über einen zweiten starken Springer, der in der Lage ist, Wettkämpfe zu gewinnen. Wir feiern Doppelsiege, und Richard Freitag kommt nach einer unglaublichen Serie als Topfavorit zur Vierschanzentournee nach Oberstdorf. Wieder einmal verlieren wir die Tournee in Innsbruck nach einem Sturz an den überragend springenden Polen Kamil Stoch, aber Andi Wellinger kann sich noch auf den zweiten Gesamtrang vorkämpfen und unterstreicht die mannschaftliche Stärke unseres Teams. Zudem haben wir mit Eisenbichler, Leyhe und Geiger drei weitere Athleten, die jederzeit für Spitzenplatzierungen gut sind. Somit ist die Olympiamannschaft gefunden, mit der wir in Korea Medaillen gewinnen wollen. Der dicht gedrängte Wettkampfkalender lässt keine Pause zu, und mit der Skiflug-Weltmeisterschaft in Oberstdorf steht noch ein

Training mit Andi Wellinger für den Sommer-Grand-Prix 2017

zusätzliches Highlight vor der Tür, das es erfolgreich zu absolvieren gilt.

Ich möchte an meinen Überzeugungen und Erfahrungen festhalten und Olympia wieder mental mit einem Impuls vorbereiten, jedoch fehlen mir noch die zündende Idee und ein Zeitfenster. Die Voraussetzungen, um Medaillen zu gewinnen, sind die besten, die wir je hatten, aber auch Favoriten können leer ausgehen, wenn sie nicht dazu in der Lage sind, ihr Leistungsvermögen am Tag X abzurufen.

Mein Teampsychologe Oskar Handow und ich einigen uns auf einen kurzen Akzent am Olympiastützpunkt München, direkt im Anschluss an den Pflichttermin Olympiaeinkleidung. Thematisch sehen wir die Herausforderung einerseits darin, durch die vorhandene Mannschaftsstärke intern nicht zu viel Energie im Qualifikationsprozedere zu verlieren (schließlich muss pro Wettbewerb immer einer zusehen) und andererseits darin, trotz Favoritenrolle die Lockerheit beizubehalten. Für Ersteres präsentiert mir Oskar eine Idee mit Ringen, die mich sofort begeistert, und für Zweiteres sind wir uns schnell einig, dass es am wirkungsvollsten wäre, einen bekannten Sportler zu finden, der solche Situationen erlebt und gemeistert hat und davon lebhaft erzählen kann. Der Standort München lässt uns auf Fußball kommen, und wir träumen von einem aktiven oder ehemaligen Spieler von Bayern München. Das Skispringen hat mittlerweile wieder einen solchen Status in der deutschen Sportszene erreicht, dass dieses Unterfangen gar nicht einmal so unrealistisch ist. Nachdem uns Philipp Lahm aus Zeitgründen absagt, kommt im letzten Moment das Angebot, dass wir eventuell auf Giovane Élber zurückgreifen können, der mittlerweile Botschafter von Bayern ist und dieser Tage zufällig in München weilt. Giovane Élber, dieser großartige Stürmer der 90er-Jahre – diese Vorstellung beseelt mich. Ein Brasilianer, mit seiner Lockerheit und Lebensfreude, trägt seinen Teil zur unmittelbaren Wettkampfvorbereitung der deutschen Skispringer bei!? Eine geniale Vorstellung.

Es ist Montag. Ein langes und kräfteraubendes Skiflugwochenende in Oberstdorf mit der großartigen Bronzemedaille von Richard Freitag liegt hinter uns. Die Olympiaeinkleidung mit einer aus dem Ruder gelaufenen Pressekonferenz des DOSB kostet uns den letzten Nerv, und jetzt laden Oskar und ich noch zur Mentalvorbereitung an den Olympiastützpunkt. Die Sportler sind müde und die Voraussetzungen denkbar schlecht, aber wir halten an unserm Vorhaben fest. Schließlich wartet Giovane im altehrwürdigen Olympiastadion in der Umkleidekabine. Nur die Sportler wissen nichts davon.

Teil eins beginnt. Oskar legt mit seinem Impulsvortrag los und übergibt am Ende jedem Sportler einen kleinen Metallring. Fünf Athleten, fünf Ringe. Diese Ringe stehen symbolisch für

Fünf Ringe symbolisieren Olympia und das Team

das Markenzeichen der Olympischen Spiele, weisen aber die Besonderheit einer kleinen Öffnung auf. Dadurch kann man die Ringe miteinander verbinden. Die Botschaft ist, dass wir nur als Team erfolgreich sein und gemeinsam Besonderes erreichen können. Jeder Ring symbolisiert eine Persönlichkeit, ein Individuum, aber ohne die erforderliche Öffnung steht jeder Ring abgeschlossen für sich. Wenn es uns gelingt, bei aller Ausprägung der eigenen Persönlichkeit und der eigenen Interessen auch noch die Öffnung zur Umwelt und zu den Mitmenschen zu wahren, verbinden wir uns und sind gemeinsam unheimlich stark. Symbolisch verhaken sich die Sportler mit den Ringen und lehnen sich nach hinten, um die Festigkeit und Stabilität auch spürbar zu machen.

Botschaft angekommen.

Es folgt Teil zwei. Man merkt, dass die Sportler nach Hause wollen. Den ersten Teil haben sie geduldig mitgemacht, aber was

In der Kabine des Olympiastadions von München mit Giovane Élber

soll jetzt noch kommen … Die Kabine des alten Bayern-Stadions anschauen? Ein anderes Mal. Zum Rebellieren fehlt aber die Kraft. Am Weg dorthin überkommen mich Zweifel. Élber hat in den 90er-Jahren gespielt, dem Geburtsjahrzent unserer Sportler. Was passiert, wenn den keiner mehr kennt? Zu spät. Jetzt gibt es kein Zurück mehr.

Wir betreten den langen Gang zur altehrwürdigen Bayern-Kabine im geschichtsträchtigen Olympiastadion. Plötzlich tritt Giovane Élber in Erscheinung und stellt sich vor die verblüfften Sportler mit den Worten: »Willkommen in meine Wohnzimmer!« Alle bleiben stehen und schauen sich an, als mir Markus Eisenbichler in die Rippen schlägt und mit aufgeregter Stimme stammelt: »Des is ja da Élber! Von dem hab i mei erts Trikot kriagt. Mit dem hab i gschlaffa!« Da muss ich an meine Kinder denken. Stimmt. Man bekommt sein erstes Fußballtrikot etwa mit fünf oder vielleicht ein wenig später. Also genau zu der Zeit, als der Brasilianer am Höhepunkt seiner Karriere war. Erleichtert nehme ich seine begeisterte Aussage auf und denke zufrieden: »Der Tag ist gerettet!«

Wir bilden einen Kreis, und Giovane erzählt von Tränen und Triumphen in den absolvierten Champions-League-Spielen, philosophiert über Trainerpersönlichkeiten und Kollegen und deren Vorbereitungsrituale. Plötzlich stellt ihm Andi Wellinger die Frage: »Giovane, wann hat für dich das Spiel begonnen? Wie lange hast du dich vorbereitet vor einem Spiel?« Élber muss grinsen und beginnt in seinem deutsch-brasilianischen Kauderwelsch zu sprudeln. »Weißt du, der Oli Kahn, den hast du eine halbe Stunde vor dem Spiel nicht mehr ansprechen können, aber ich war immer locker. Ich habe Spaß gemacht mit die Kollegen. Wenn wir hinausgegangen sind auf die Spielfeld und ich habe den ersten Fuß auf die Rasen gesetzt, dann hat das Spiel für mich begonnen!«

Es entwickelt sich noch eine lockere Plauderrunde, und man kann förmlich spüren, wie die Energie in die Mannschaft zurückkehrt. Der Impuls mit unserem Überraschungsgast ist ein Volltreffer und hinterlässt tiefe Spuren. Müde, aber bereichert verlassen wir in der Dämmerung das Stadion.

Pyeongchang 2018 wird ein voller Erfolg. Die Stimmung in unserem Team ist prächtig, und trotz der Notwendigkeit, unter höchster Anspannung enorm viel Zeit miteinander im engen Appartement verbringen zu müssen, ist von Lagerkoller nichts zu spüren. Die Sportler haben sich eine »Öffnung« beibehalten und gehen auch in Phasen der Enttäuschung, die bei einem Event, das auf Medaillen fokussiert, nicht ausbleiben können, respektvoll miteinander um.

Am Wettkampftag des Springens auf der Kleinschanze nehmen wir wie üblich eine Stunde vor Wettkampfbeginn den Shuttlebus, um die 15-minütige Anreise zur Wettkampfstätte in Angriff zu nehmen. Diese Vorbereitungszeit reicht aus, um den erforderlichen Leistungszustand herzustellen. Andi Wellinger hat sich durch die bisher erfolgreich verlaufende Saison eine spätere Startnummer gesichert und kann dadurch seine Abfahrtszeit nach hinten verlegen, da sich natürlich auch sein Startzeitpunkt nach hinten verlegt. Er ist bekannt dafür, ein eher kurzes Aufwärmprogramm abzuspulen, und nimmt üblicherweise den Bus, mit dem er eine halbe Stunde vor Wettkampfbeginn im Schanzenareal eintrifft.

Es knistert in der Luft. Erster großer Wettkampftag in Pyeongchang und unser Sportler Wellinger zählt nach gewonnener Qualifikation zu den Topfavoriten. Im Springerlager wuselt es wie in einem Ameisenhaufen, nur wir warten immer noch auf die Ankunft unseres Topspringers. Als er eine Viertelstunde vor Wettkampfbeginn immer noch nicht aus dem gerade ankommenden Shuttlebus aussteigt, werde ich nervös, und tausend Gedanken schwirren mir durch den Kopf. Hat er den Bus verpasst? Ist er womöglich eingeschlafen? Hat er etwas vergessen und musste zurück? Ich versuche, ihn anzurufen, erreiche ihn aber nicht. Auch meine Trainer- und seine Teamkollegen haben keine Informationen. Pünktlich zu Wettkampfbeginn steigt er aus dem letztmöglichen Bus und schlendert mit aufgesetzten Kopfhörern und seinem geschulterten Sprunganzug auf mich zu. Er nimmt seinen Kopfhörer ab und fragt verwundert: »Wieso hast du mich dreimal angerufen?« Ich versuche, cool zu bleiben, und entgegne: »Hab dich halt vermisst.«

Andi gewinnt den denkwürdigen Wettkampf und krönt sich 24 Jahre nach Jens Weißflog zum Olympiasieger im Skispringen. Der erste Titelträger aus den alten Bundesländern.

Der Erfolg hat viele Väter, und gerade in einem so denkwürdigen Moment kommen viele Erinnerungen hoch. Ich muss unter anderem an die Situation in der Bayern-Kabine mit Élber denken, als Giovane darüber philosophiert hat, wann für ihn das Spiel losgeht, und ich bin der festen Überzeugung, dass Andi hier genau zugehört hat…

Die olympische Silbermedaille des Skisprungteams in Pyeongchang wird
gebührend gefeiert

Umgang mit Druck

Ruhepuls von 120 um sechs Uhr früh –
Der Wanksche Wahnsinn –
Mit Magdalena ein Bild malen

Die Olympiasaison 2014 beginnt gut, und mit Marinus Kraus gelingt es uns, einen weiteren jungen Sportler in die Weltklasse zu führen. Selten waren die Vorzeichen vor der Vierschanzentournee so vielversprechend wie in diesem Jahr: Freund, Freitag, Wellinger, Wank, Kraus. Die Anzahl der leistungsstarken jungen deutschen Sportler hat sich vervielfacht. Umso enttäuschender verläuft das Auftaktspringen in Oberstdorf. Bei wieder einmal nicht ganz einfachen Umweltbedingungen gelingt es gerade mal einem Sportler, sich im Kreis der Top Ten zu positionieren. Die Chance auf den Gesamtsieg, nach dem alle seit vielen Jahren lechzen, ist wieder auf ein Minimum geschrumpft. Geknickt fahren wir weiter zur zweiten Station nach Garmisch – mit einer gehörigen Portion Wut im Gepäck und dem Willen, das Ergebnis von Oberstdorf zu verbessern. Aber schon in der Qualifikation wird klar, dass das kein leichtes Unterfangen wird. Verkrampfung macht sich breit, und die Ausgangslage für das traditionelle Neujahrsskispringen in den K.-o.-Duellen ist schwierig. Andreas Wank wird 18. und ist damit bester Deutscher. Auf meiner Pflichtrunde bei Medienvertretern und Offiziellen spüre ich Enttäuschung, gepaart mit der Erwartungshaltung, das Ergebnis beim morgigen Wettkampf gefälligst zu verbessern. Schließlich werden mehr als 20 000 Zuschauer erwartet, und aus Marketingsicht ist eine Leistungssteigerung sowieso von essenzieller Bedeutung, um die Sponsorenvertreter in der für den Skiverband wirtschaftlich so wichtigen Disziplin Skispringen nicht zu verprellen.

Am Abend sitzen wir bei unserem traditionellen Silvesterbuffet zusammen. Die Stimmung ist schaumgebremst, was nicht nur an dem von den Sportlern ungeliebten Hotel liegt, sondern auch an unseren gezeigten Leistungen auf der Schanze. Ich versuche, mir nichts anmerken zu lassen, und halte eine kurze Ansprache, in der ich vor allem auf der Metaebene unseren gemeinsamen Weg in den Vordergrund stelle und weniger auf die aktuelle Situation eingehe. »Das Momentum nicht überbewerten und die Vision nicht aus den Augen verlieren« ist das Motto. Wenn ich in die Runde schaue, dann scheinen meine Sportler optimistischer zu sein als ich. Es gelingt ihnen, für ein paar Stunden das Negative abzuschütteln. Bis Mitternacht sitzen wir noch zusammen, aber feiern kann man das beim besten Willen nicht nennen. Die meisten Sportler gehen kurz nach Mitternacht, und die Betreuer schlagen kurz vor eins den Weg ins Zimmer ein.

Ungewöhnlich oft drehe ich mich in meinem Bett um. Normalerweise habe ich nie Schlafprobleme, aber heute liege ich mit offenen Augen auf dem Rücken und starre auf das Dachfenster. Es ist noch dunkel in meinem Zimmer. Wie spät ist es? Noch nicht einmal sechs Uhr in der Früh?! Ich kann meine innere Unruhe nicht zuordnen. Kurzerhand entschließe ich mich dazu, meinen Puls zu messen, und stelle zu meinem Erstaunen fest, dass er 120-mal pro Minute schlägt. Ruhepuls von 120 um sechs Uhr früh. Habe ich einen Infekt? Nein, die Nase ist frei. Schon wieder sind sie da, die Gedanken an das heutige Springen. Was passiert, wenn der beste Deutsche jenseits der Top Ten landet? Was soll ich dann im Interview sagen? Rückenwind?

Die Gedanken quälen mich, bis ich endlich um acht Uhr zum Frühstück gehen kann. Jetzt geht sie los, die Neujahrswünscherei, nicht gerade mein Lieblingsritual an diesem ersten Tag des neuen Jahres. Mit ein paar tiefen Atemzügen versuche ich, mich zu beruhigen und routiniert mein Programm abzuspulen. Meine Unsicherheit möchte ich nicht zur Schau stellen, um mein Umfeld nicht negativ zu beeinflussen.

An der Schanze angekommen geht es weiter mit »A guats Neues!«. Man arbeitet sich durch die bekannten Gesichter und achtet darauf, ja niemanden zu vergessen, um niemanden vor den Kopf zu stoßen. Plötzlich treffe ich eine Reporterlegende vom Sender Eurosport, der mir die Hand auf die Schulter legt und meint: »Viel Glück im neuen Jahr, du kannst es ja brauchen!« Äußerlich freundlich bedanke ich mich für die »netten Worte«, innerlich koche ich vor Ärger. Ich brauche alles, nur kein süffisantes Mitleid. Als ob ich mir nicht schon genug Druck und Gedanken machen würde. Ich nehme mir vor, im nächsten Leben Journalist zu werden, dann kann man schön vom Sofa aus im Nachhinein Dinge beurteilen und bewerten. Das Risiko tragen andere!

Das Springen läuft besser als erwartet. Andi Wellinger belegt den fünften Platz und kratzt am Podest. Die Stimmung im Stadion ist prächtig, auch wenn die Sehnsucht nach einem deutschen Sieger weiterhin groß ist. Mein Puls ist wieder auf Normalniveau, und ich bin sehr erleichtert über den Verlauf des Tages. Hat eigentlich jemand gemerkt, wie »schlecht« es mir ging? Konnte ich meine Belastung erfolgreich überspielen? Ich denke nicht, dass es möglich ist, die inneren Vorgänge wie ein Schauspieler unsichtbar zu machen, aber der konstruktive Umgang damit ist eine wesentliche Grundvoraussetzung dafür, dass man nicht an Glaubwürdigkeit verliert.

Teamspringen sind in der Einzelsportart Skispringen immer eine besondere Sache. Die Wettkämpfe sind bei den Sportlern und Zuschauern sehr beliebt, und wer glaubt, einfach die Punkte der vier besten Einzelspringer zusammenzählen zu können, hat zu kurz gedacht. Die Wettkämpfe entwickeln meist eine Eigendynamik, und die Startreihenfolge und der Wettkampfverlauf beeinflussen das Geschehen wesentlich mit. Manche Sportler erleben einen größeren Wettkampfdruck als im Einzelspringen, weil sie Angst haben, sie könnten mit einem schlechten Sprung die Teamkollegen in den Abgrund reißen. Andere empfinden die Situation entspannter, weil es ja noch Teamkollegen gibt, die einen Fehler wieder ausbügeln können. Auch die Stimmung in der Kabine und das gelebte Miteinander beeinflussen den mentalen Zustand jedes Einzelnen und damit indirekt das Wettkampfergebnis.

Wir haben in Deutschland im Skispringen bei Teamwettkämpfen eine gute Kultur entwickelt und sind oftmals an unsere obere Leistungsgrenze und darüber hinausgekommen, auch wenn es im Laufe der Jahre manchmal galt, bittere Niederlagen wegzustecken. Auffällig ist, dass gute Teamwettkämpfe eng mit dem Namen Andreas Wank verbunden sind. Im Einzel ist ihm der große Erfolg verwehrt geblieben, aber im Team hat er wesentlichen Anteil an der Goldmedaille in Sotschi und der Silbermedaille in Vancouver. Auch für die Silbermedaille bei der Skiflug-WM in Vikersund 2012 leistet er einen großen Beitrag, als er als Startspringer nur wenige Meter auf den österreichischen Topstar Thomas Morgenstern verliert und uns damit in eine optimale Ausgangsposition bringt.

Am beeindruckendsten ist für mich sein Auftritt als 21-Jähriger bei den Olympischen Spielen in Vancouver. Als Ersatzmann angereist und ohne Startplatz beim ersten Bewerb auf der Kleinschanze nimmt er als Einziger von uns an der Eröffnungsfeier teil. Dazu ist der zweistündige beschwerliche Weg mit dem Bus von Whistler nach Vancouver und zurück notwendig. Wartezeiten vor dem Stadion exklusive. Dort macht er viele Bilder und erzählt nach seiner Rückkehr so lebhaft davon, dass man den olympischen Spirit sofort spüren kann. Schmunzelnd beobachte ich, dass er damit sogar seine abgebrühten, um zehn Jahre älteren Teamkollegen beeindruckt und mitreißt. Auf der

Andreas Wank wuchs in Teamwettkämpfen immer wieder über sich hinaus

Großschanze spürt man vom ersten Tag an, dass er Besonderes vorhat und um seinen Startplatz kämpft. Auch wenn das Einzelspringen nicht nach Wunsch verläuft, bleibt noch das große Ziel Teamspringen. Er ist immer der Erste in der Kabine, der den schon beschriebenen Karabiner aufhängt und penibel darauf achtet, dass jeder diesem Ritual gefälligst folgt. Damit sind alle Teammitglieder in der Pflicht, und man schafft dadurch eine unsichtbare Verbindung, ein unsichtbares Band, das alle zusammenschweißt.

Am Wettkampftag spürt man die Anspannung bei jedem Einzelnen. Oftmals ziehen sich Athleten in sich zurück und versuchen, ihre Unsicherheit zu verbergen. Mit einem Andreas Wank in der Mannschaft geht das nicht. Er holt mit seiner extrovertierten Art alle wieder aus dem Schneckenhaus heraus, und seine positive Energie ist ansteckender als das Coronavirus. Mit einer außergewöhnlichen Leistung als Debütant trägt er seinen Teil zum Gewinn der Silbermedaille bei.

In Sotschi wiederholt sich das Szenario. Diesmal setzt er im Einzelspringen auf der kleinen Schanze mit Platz zehn ein Ausrufezeichen, muss aber auf der großen Schanze wieder mit der Rolle des Ersatzmannes vorliebnehmen. Er kämpft für einen Startplatz im Teamspringen und ringt den höher eingeschätzten Richard Freitag in einer internen Qualifikation nieder.

Der Startspringer hat im Teamspringen eine besondere Bedeutung. Sein Sprung ist meist die Weichenstellung für den Tag. Die Teamkollegen bekommen auf Monitoren oder über Funk die Leistung mitgeteilt und gehen ihre eigenen Versuche dann entsprechend motiviert oder demotiviert an. Nur selten können missglückte Startsprünge noch kompensiert werden. Der erste Springer verlässt den Container für seinen Startsprung zu einem Zeitpunkt, an dem die anderen Sportler mitten in ihren Vorbereitungen für ihre Versuche stecken. Andi klatscht mit seinen Teamkollegen ab, als wäre es das letzte gemeinsame Aufeinandertreffen. Manchmal habe ich Angst, dass sich dabei einer eine Schulterverletzung zuzieht.

In Sotschi fahren viele Teams die Taktik, den Wettkampf mit einem Topspringer zu beginnen, und Andreas Wank muss gegen die höher eingeschätzte Konkurrenz bestehen, was er auch mit Bravour schafft. Diesmal ist er der Routinier im Team und gibt seinen Teamkollegen, die allesamt das erste Mal an Olympischen Spielen teilnehmen, mentale Sicherheit. Als Severin Freund als Schlussspringer den Triumph besiegelt, erdrückt er vor lauter Ekstase fast seine Mitstreiter im Auslauf der Anlage.

Diese extrovertierte Art, mit Druck umzugehen, ist nicht jedermanns Sache, aber man kann sich glücklich schätzen, einen derartigen Mann in seinem Team zu haben. Obwohl mit deutlich weniger guten körperlichen Voraussetzungen für die sensible Sportart Skispringen ausgestattet, agiert er ein wenig nach dem »Prinzip Hummel«: Der sagt man auch nach, dass sie eigentlich nicht fliegen könne, aber weil sie es nicht wisse, trotzt sie den Gesetzen der Physik, ähnlich wie Andreas Wank, der mit dieser Vorgangsweise auch noch andere inspiriert und motiviert. Der einzige Nachteil an der Sache ist, dass dieser emotionale Push enorme Energieressourcen verschlingt, die nicht das ganze Jahr aufrechterhalten werden können. Im Trainerkreis sprechen wir schmunzelnd, aber auch anerkennend über den »Wankschen Wahnsinn«!

Die Vorbereitung für die Spiele in Sotschi 2014 wird mit einem mentalen Impuls von unserem Teampsychologen Oskar Handow und mir eingeleitet. Im Gegensatz zu den Spielen vor vier Jahren in Vancouver fahren wir diesmal mit leistungsmäßig deutlich verbesserten Voraussetzungen nach Russland. Der Nachteil ist, dass die Mannschaft unerfahrener ist und dadurch schwer abschätzbar, wie die Sportler nervlich unter den besonderen Umständen reagieren werden. In Anlehnung an die Karabiner-Aktion von Vancouver beschließen Oskar und ich, wieder etwas in diese Richtung zu machen, um das Teamgefühl und den Zusammenhalt zu stärken. Gemeinsam lassen sich die Anspannung und der Druck besser verarbeiten und aushalten. Frei nach dem Motto »Geteiltes Leid ist halbes Leid«. Zudem stellen wir selbstkritisch fest, dass es deutlich glaubwürdiger wäre, jemanden zu gewinnen, der aus eigener Erfahrung über Olympiaerlebnisse berichten könnte und im besten Falle dieses Abenteuer auch noch erfolgreich absolviert hätte. Weder Oskar noch ich können hier auf Eigenerfahrung verweisen, und theoretisches Wissen ist praktischer Erfahrung unterlegen. Nach einem Brainstorming fällt die Wahl auf eine Sportlerin: Magdalena Neuner, die überaus erfolgreiche Biathletin, die 2012 ihre Karriere beendet hat, erscheint uns als optimale Wahl: sympathisch, bodenständig und vom Alter her sehr nahe an unserer aktuellen Olympiamannschaft. Sie fuhr 2010 als große Favoritin nach Vancouver, dekorierte sich mit zwei Goldmedaillen und komplettierte damit ihre Erfolgsgeschichte. Oskar stellt den Erstkontakt her, und wir sind sehr glücklich, dass Magdalena, obwohl im sechsten Monat schwanger, sofort zusagt. Mit Stolz und einem verschmitzten Grinsen vernehme ich von ihr, dass sie bisher von der Biathlonfamilie noch niemand um Hilfe gebeten hat, und sie das gerne für uns macht.

Bei einem Vorbereitungstrainingslager in Oberstdorf planen wir unser Vorhaben. Oskar hat die Idee, die Sportler kreativ zu fordern und ein Bild malen zu lassen. Dieses Bild schneiden wir dann in verschiedene Einzelteile, und jedes Teammitglied bekommt einen Teil davon. Der emotionale Bezug zum Bild und die Notwendigkeit, dass alle Teile für ein klares, vollständiges und scharfes Bild vorhanden sein müssen, soll unseren Zusammenhalt stärken. Magdalena wollen wir als Überraschungsgast präsentieren, gepaart mit der Möglichkeit, ihr Fragen zu stellen und in einem offenen Rahmen auf ihre Erfahrungen zurückgreifen zu können, wie man mit Leistungsdruck umgeht.

Am letzten Abend der Vorbereitung bitten wir die Sportler im *Hotel Waldesruh* in einen Raum, präsentieren ihnen ein Brett und Farben und bitten sie, mit der Vorgabe »Was verbindet ihr gedanklich mit Olympia« gemeinsam ein Bild zu malen. Die Sportler schauen sich verwundert an, machen sich aber gleich ans Werk, während das gesamte Trainerteam den Raum wieder verlässt. Nach einer halben Stunde präsentieren uns die Jungs begeistert ihr gemeinsames Werk, und man spürt, dass die Aktion emotionale Spuren hinterlassen hat. Beeindruckt kommentieren wir kurz das Meisterwerk und holen unseren Überraschungsgast herein. Der Anblick von Magdalena Neuner, die natürlich sofort von allen erkannt wird, hätte nach unserer Ansicht etwas enthusiastischer ausfallen können, aber schnell lockert sich die Stimmung, und wir bilden eine entspannte Gesprächsrunde. Gekonnt moderiert von Oskar stellen die Sportler interessante Fragen, die Magdalena unkompliziert und offenherzig beantwortet. Wir erreichen unser Ziel, dem Zauber Olympia ein

Magdalena Neuner berichtet aus erster Hand über ihre Olympia-Erfahrungen

wenig den Sonderstatus zu nehmen und vertrauensvoll zu vermitteln, dass ein natürlicher, einfacher Umgang mit mentalem Stress, der hundertfach in Wettkampfsituationen erprobt wurde, leicht ausreicht, um an die eigene Höchstleistung heranzukommen. Zu später Stunde zersägen wir noch das Bild, was natürlich Aufgabe des Technikers ist, und verteilen die einzelnen Stücke.

Auch wenn sich in Sotschi nicht der gleiche Prozess wie in Vancouver wiederholt – das Bild wird nicht jeden Tag konsequent in der Kabine zusammengebaut – verfestigt sich bei mir das Gefühl, dass es wieder gelungen ist, einen emotionalen Anker zu setzen, der, im wahrsten Sinne des Wortes, als Puzzleteil der Gesamtperformance bewertet werden kann. In kritischen Situationen bleiben wir ruhig und widerstehen der Verlockung, etwas Besonderes machen zu müssen. Wir pflegen unseren Zusammenhalt und spulen ruhig und konsequent unser Programm ab – mit dem tiefen Vertrauen, für unsere Bemühungen auch belohnt zu werden.

Empirisch messbar ist das Ganze nicht. Aber das Teamgold krönt unsere Spiele.

Druck und Stress sind im Leben – und besonders im Spitzensport – nahezu unvermeidlich. Beide teilen das Schicksal, von niemandem wirklich gemocht zu werden. Dabei braucht es ein gewisses Maß an Anspannung und Nervosität, um seine maximale Leistungsfähigkeit zu erreichen. Nicht zuletzt deswegen aktivieren sich ja Boxer vor einem Fight mittels Ohrfeigen in der Kabine oder stecken sich Skifahrer noch den Klumpen Schnee im Nacken in den Rennanzug. Es darf nur nicht zu viel Aufputschen sein, ansonsten geht jegliche Handlungssicherheit verloren. Die Dosierung ist die große Kunst – und so manche hoffnungsvollen Talente sind nur an dieser Herausforderung gescheitert.

Deswegen ist es so bedeutsam, auf den entscheidenden Moment eben auch mental gut vorbereitet zu sein. Die meisten erfahreneren Sportler wünschen sich irgendwann die Unbeschwertheit ihrer Karriereanfänge zurück. Da macht man sich wenig Kopf und hat auch nichts zu verlieren. Allerdings wird man da auch nie wieder hinkommen: Je mehr Erfahrungen man sammeln durfte/musste, je größer die Erwartungen an sich selbst und von außen sind, desto schwerer wiegt der Rucksack, den man bei Großereignissen zu tragen hat.

Was kann man also tun, um sich darauf vorzubereiten? Von sportpsychologischer Seite sind hier folgende Aspekte besonders bedeutsam: Zunächst einmal geht es darum, ambitionierte, aber realistische Ziele zu verfolgen. Die entstehende Nervosität sollte ich nicht bekämpfen, sondern akzeptieren (hier keine sinnlosen Energien verschwenden). Dann besteht die Aufgabe, zwischen Druck von außen und selbst gemachtem Druck zu unterscheiden. Eine Schlagzeile in der BILD-Zeitung (»Unsere Medaillenhoffnung«) kann ich nur bedingt beeinflussen. Aber meist ist der eigene Erwartungsdruck der deutlich größere. Und hier gibt es eine gute und eine schlechte Nachricht. Die gute ist, dass ich selbst daran arbeiten kann. Die schlechte ist, dass ich selbst daran arbeiten muss. Das geschieht am häufigsten mit einer Technik, die den spröden Titel »Selbstgesprächsregulation« trägt. Unsere Selbstgespräche steuern stark unsere Handlungen. Dabei ist es unserem Unterbewusstsein allerdings nicht möglich, Verneinungen zu verarbeiten.

Simple Übung dazu: Konzentrieren Sie sich die nächsten 20 Sekunden bitte NICHT auf Ihre Atmung! Gelungen? Wohl nicht. Deswegen sind positiv formulierte Gedanken so wichtig. Diese Gedanken sollen sich allerdings nicht mit einem Ergebnis befassen (dieses lässt sich oft nicht herbeidenken), sondern mit den dafür notwendigen Handlungen. Habe ich drei sogenannte »Handlungsknotenpunkte«, auf die ich mich konzentrieren kann, steigt die Erfolgswahrscheinlichkeit deutlich. Ich habe einen Plan, fokussiere meine Gedanken und lasse dem mentalen Arbeitsspeicher weniger Raum für störende Gedanken.

Eine meiner Lieblingsanekdoten von Werner, die er seinen Sportlern gerne vor wichtigen Wettkämpfen mitgab, beschreibt ein Interview von Hermann Maier nach dessen Olympiasieg 1998 in Nagano. Vom österreichischen Journalisten mit der Frage konfrontiert, wie zufrieden er mit seinem Rennen nun sei, sagte er sinngemäß: »Es war sicher kein besonders gutes Rennen – aber für Olympia hat es gelangt!«.

Was meint er damit? Zunächst einmal dürfen bei einem Großereignis in der Regel weniger Sportler antreten als etwa im Weltcup. Das reduziert die Konkurrenz und macht manche Wettkämpfe vermeintlich leichter. Aber das ist nicht der Punkt. Vielmehr geht es darum, dass viele Menschen unter Druck an Leistungsfähigkeit verlieren. Derjenige, der am wenigsten Einbußen hat, wird dann letztendlich vorne sein. Das heißt, wenn ich bei Olympia ein perfektes Rennen, einen perfekten Wettkampf erwarte, kann ich nur enttäuscht werden. Bin ich auf Druck und zusätzliche Belastungen (mediale Aufmerksamkeit, Kommentare von Funktionären etc.) vorbereitet und erwarte diese, dann ist jedes Ausbleiben negativer Momente ein positives Erlebnis.

Die individuelle Zielsetzung, das Wählen einer guten Einstellung zum Saisonhöhepunkt, die Erarbeitung mentaler Techniken – all das sind Dinge, die langfristig geschehen müssen. Und die teilweise, ebenso wie viele andere Aspekte im Leistungssport, hoch komplex sein können. Unter Druck sinkt unsere Fähigkeit zur Bewältigung von Komplexität jedoch rapide. Deswegen ist es so wichtig, vor Großereignissen

auch wieder Komplexität herauszunehmen, eine Fokussierung hinzu-
bekommen. Man spricht hier auch von »Komplexitätsreduktion« (was
sowohl für Führungskräfte als auch für Eltern eine zentrale und sehr
schwere Aufgabe ist).

Auch aus diesem Grund haben Werner und ich vor Großereignissen hier jeweils einen Schwerpunkt gesetzt: Als die Österreicher noch
sehr dominant waren, ging es bei einer WM darum, mit genügend Mut
und Selbstbewusstsein an den Start zu gehen. Oliver Kahn sagte mal,
»man brauche Eier«. Also besorgte ich im Musikhandel mit Reis gefüll-
te Holzeier und ließ die Sportler damit einen gemeinsamen Rhythmus
finden (sich aufeinander einschwingen). Damit spielten wir dann noch
ein wenig, und am Ende gab ich den Athleten mit auf den Weg, dass sie
nun schon mal ein Ei mehr hätten als die Konkurrenz ...

Vor Sotschi war unser Eindruck, dass sich unsere Sportler ihres Po-
tenzials nicht in vollem Umfang bewusst waren. Zu oft blieb der Eindruck zurück, dass Erfolge noch offensiver gesucht werden könnten
(oder umgekehrt der eine oder andere zu schnell schon zufrieden war).
Also überlegten wir, von wem man eine sehr offensive Zielformulierung
lernen könnte. Nachdem Magdalena Neuner vier Jahre zuvor in Vancouver mit dem geäußerten Ziel an den Start gegangen war, alle möglichen Wettkämpfe zu gewinnen, war sie hier die naheliegende Wahl. Die
Fokussierung lag bei der gelungenen Aktion mit ihr auf einem aktiven
Suchen nach Erfolg.

Vor Pyeongchang hatten wir eine andere Ausgangsvoraussetzung:
Unser Team war deutlich erfolgreicher und breiter aufgestellt. Dementsprechend gab es auch mehr zu verlieren. Und speziell in den Monaten vor den Spielen kam immer mehr Ernsthaftigkeit und Verbissen-
heit in die Mannschaft. Insofern war der Impuls, Freude und (so weit als
möglich) Lockerheit zurückzubringen. Hier fiel uns Giovane Élber ein,
der diese Mischung aus Professionalität, Erfolgshunger und brasiliani-
scher Lebensfreude perfekt verkörpert.

Wie Werner schon sagte: Es ist nicht messbar, was diese Aktionen
gebracht haben. Ich bin mir aber sicher, dass sie nicht geschadet und

dem einen oder anderen noch den letzten Impuls, die notwendige Fokussierung mitgegeben haben.

KAPITEL 11

MOTIVATION ERHALTEN
Sinn vor Ziel

So warst du früher nie – Mythos Vierschanzentournee –
Warum wurde ich mal Trainer

Als junger Trainer stellt sich die Frage nach der Motivation nicht. Zumindest bei mir war das so. In der Sportart groß geworden. Viel gereist. Mit reichhaltigen Erlebnissen nach Hause gekommen. Limits erfahren. Glücksgefühle erlebt. Genauso wie Enttäuschungen. Diese Mischung fasziniert und begeistert. Erkenntnisse und Einsichten, die man teilen und weitervermitteln möchte.

Die Motivationsfrage ist natürlich sehr individuell zu betrachten, aber für mich steht ganz oben, dass ich meine Erfahrungen weitergeben möchte, um jungen Leuten dabei zu helfen, in der Sportart Skispringen an ihre persönliche Grenze zu kommen. Bei talentierten Sportlern kann das der Weltcupsieg sein, bei weniger begabten Sportlern ist das Erreichen der 100-Meter-Marke ein Erfolg. Natürlich möchte man im Vergleich mit anderen bestehen, und es macht Spaß, in die Gesichter der Sportler zu sehen, wenn sie Siege einfahren, vom Podest lachen und Medaillen umgehängt bekommen. Es gibt sogar Theorien, dass Trainer, die als Sportler nicht so erfolgreich waren, Motivation daraus schöpfen, dieses Gefühl als Betreuer nachholen zu wollen, während erfolgreichen Sportlern oft der letzte Biss fehlt, um diesen Weg noch einmal auf der »anderen« Seite zu gehen. Ich möchte das nicht verneinen oder ausschließen, aber als begeisterter Jugendtrainer kann ich auf jeden Fall für mich verbuchen, dass die sportliche und menschliche Weiterentwicklung einen hohen Stellenwert besitzt.

Im Weltcup wird man sehr schnell mit einer totalen Resultatorientierung konfrontiert – Medaille oder nix – und oft ist schon der Zweite der erste Verlierer. Ich möchte diese Haltung nicht grundsätzlich bekämpfen, ist in unserem Gesellschaftssystem Leistungsorientierung doch allgegenwärtig, aber die einseitige Verschreibung auf den absoluten Erfolg greift zu kurz und kann gefährlich sein. Burn-out und andere gesundheitliche Risiken sind in der modernen Zeit im Anstieg begriffen und hängen sehr eng mit dieser radikalen Einordnung von Sieg und Niederlage zusammen.

Es ist Weihnachten und ich verbringe die Zeit in Mieming mit meiner Familie. Wir machen am Heiligen Abend traditionell unseren Rodelausflug mit den Kindern, und nach einem wunderbaren Abendessen ist die Bescherung das absolute Highlight. Das Christkind hat wieder üppig Geschenke gebracht, und alles muss natürlich sofort ausgepackt und ausprobiert werden. Mir tut diese Ablenkung gut, denn in drei Tagen reise ich zur Vierschanzentournee, und es erwartet mich das jährliche Hardcoreprogramm mit 14-Stunden-Tagen über einen Zeitraum von eineinhalb Wochen.

Am nächsten Tag gehen wir Skifahren, und meine Frau bemerkt, dass ich immer wieder gedanklich abwesend bin. Ich starre vor mich hin und reagiere verspätet auf das Kinderlachen. »Was hast du denn schon wieder?«, fragt sie mich enttäuscht. »Ich habe Angst!«, erwidere ich, »ich glaube, wir sind nicht gut genug in Form, um die Vierschanzentournee zu gewinnen. Und wenn der Auftakt wieder nicht klappt, dann zerreißen uns die Medien.« Sie schüttelt den Kopf und dreht sich mit den Worten

Familienzeit: Annika Schuster und die Söhne Jonas und Jannik

weg: »Na und? Das ist doch nur ein Skispringen. Jetzt sind wir hier mit den Kindern. Die haben deine Aufmerksamkeit verdient!« Und dann legt sie noch den Halbsatz nach: »So warst du früher nicht!«

Stimmt. Angst hatte ich nie. Immer Vorfreude und Leidenschaft für den Sport, aber die negativen Begegnungen mit den Medien und der Öffentlichkeit nach schlechten Leistungen der

Mannschaft haben Spuren hinterlassen. Angst ist generell ein schlechter Begleiter, und ich nehme mir fest vor, die Familie im Hier und Jetzt zu genießen und mir die Freude nicht nehmen zu lassen.

Die Vierschanzentournee fasziniert mich. Im benachbarten Kleinwalsertal aufgewachsen durfte ich als 16-Jähriger in Oberstdorf vorspringen und damit erstmals den Mythos dieser einzigartigen Veranstaltung spüren. Als Aktiver ist mir jedoch kein Erfolgserlebnis vergönnt, und danach bin ich begeisterter Fernsehzuseher. Bei der Rückkehr zu dieser Veranstaltung als verantwortlicher Trainer erlebe ich, dass das Event etwas mit den Beteiligten macht. Manche inspiriert es zu Höchstleistungen, andere wirken blockiert unter der Last der Tradition. Als deutscher Trainer im Jahre 2008/09 erlebe ich die Renaissance von Martin Schmitt und den lila Mützen hautnah. Auch wenn es in der Gesamtwertung knapp nicht für das Podest reicht, verlasse ich den Zielort Bischofshofen mit einem guten Gefühl – nichts ahnend, dass mir diese Veranstaltung noch schwere Momente in meiner Trainerkarriere einbringen wird. Gefühlt machen wir in der Vorbereitung nichts anders, aber in den ersten Jahren kommt kaum ein deutscher Sportler an seine Höchstleistung heran, und vermutlich konnten wir uns im Trainerteam von der Anspannung auch nicht frei machen.

Die Motivation ist ungebrochen, und 2015/16 nehmen wir mit einem psychisch gereiften Severin Freund einen erneuten Anlauf, um diese prestigeträchtige Reise positiv zu gestalten. Die Vorbereitungen haben wir in all den Jahren verfeinert, und wäre da nicht dieser überragend springende Slowene Peter Prevc gewesen, hätte es wirklich klappen können. Just in Innsbruck, im Probedurchgang, platzen mit einem fatalen Sturz alle Träume. Severin kann nur gehandicapt weiterspringen und verliert gegen den entfesselten Prevc das spannende Duell um den Sieg.

Die beste Chance haben wir 2017/18, als wir mit Richard Freitag und Andi Wellinger zwei heiße Eisen im Feuer haben. Wieder vereitelt ein überragender Springer unseren Triumph, und wieder ist es ein Sturz, der die endgültige Entscheidung bringt. Der Pole Kamil Stoch gewinnt als zweiter Springer in der langen Geschichte alle vier Wettkämpfe, während Richard Freitag nach einem Sturz in Innsbruck w. o. geben muss. Dass wir mit Markus Eisenbichler und Stephan Leyhe 2018/19 wieder gegen einen vierfach Sieger, diesmal Ryōyū Kobayashi, den Kürzeren ziehen, macht die Ironie perfekt.

In all den Jahren haben mich der noch ausständige Vierschanzentourneesieg und der Wunsch, diesen schwarzen Fleck auszulöschen, einerseits motiviert, andererseits habe ich aber auch versucht, mich von dem Druck freizumachen, den Sieg erzwingen zu können. Der Mythos ist ungebrochen, und die Möglichkeit, unvergessene Tage und faszinierende Eindrücke zu sammeln, begeistert jedes Jahr aufs Neue. Zudem besteht immer wieder eine neue Chance, die Veranstaltung siegreich zu beenden. Dass man ein Ziel nicht erreicht, gehört zum Leben dazu, und manchmal macht gerade die Unvollkommenheit die Dinge lohnenswert. Boris Becker hat nicht Paris gewonnen, Ivan Lendl ist immer in Wimbledon gescheitert, aber sie haben alles versucht und die Herausforderung angenommen. Der Tag wird kommen, an dem wieder ein Deutscher bei der Vierschanzentournee ganz oben steht, und der Tag ist nicht mehr allzu weit entfernt.

Mit dem Olympiasieg im Team in Sotschi 2014 ist mir ein riesiger Stein vom Herzen gefallen. Zwar hat mich die Arbeit mit dem Team jeden Tag aufs Neue motiviert, aber ich verspüre doch irgendwie den Druck, die gute Arbeit auf die Ergebnisliste zu bringen und den Leistungsnachweis sichtbar zu machen. Als wir dann 2015 auch noch den Nationencup für uns entscheiden und zudem Severin Freund Weltcupsieger und Weltmeister wird, ist endgültig der Bann der titellosen Zeit gebrochen. Nicht zu vergessen ist auch der WM-Titel im Skifliegen 2014 in Harrachov. Obwohl noch einige Ziele, unter anderem die Vierschanzentournee, übrig bleiben, fällt es mit den Jahren nicht leichter, die Saisonvorbereitung akribisch wie eh und je in Angriff zu nehmen.

Der Führungsjob des Bundestrainers ist intensiv, und Pausen sind rar. Oft werde ich im März nach einer anstrengenden Saison gefragt: »Und, wo fährst du auf Urlaub hin?« Worauf ich entgegne: »Ich habe jetzt keinen Urlaub!« Unmittelbar nach Saisonende müssen die Weichen für die neue Saison gestellt werden. Im Leistungssport ist Stillstand Rückschritt. Ohne die erforderliche Akribie und Leidenschaft stellt sich schnell eine Oberflächlichkeit ein, die sich spätestens am Saisonende bitter rächt.

In Zeiten, wo es mir schwerfällt, an die Arbeit zu gehen, versuche ich, mich an meine Anfänge als Trainer zu erinnern. Geprägt durch meinen Vater, der den Trainerjob 33 Jahre ehrenamtlich ausgeführt hat, hole ich mir das Privileg vor Augen, mit Menschen zu arbeiten, die das Fliegen erlernen und ihr persönliches Limit erreichen wollen. Damit versuche ich, all dem Druck, der mir von außen aufgetragen wird, zu begegnen und mir die Freude an der Arbeit niemals nehmen zu lassen. Erfolg ist, was er-folgt, also das Resultat einer guten Arbeit. Dieses Vertrauen darf man sich nicht nehmen lassen, und damit ist es leichter, der Vereinnahmung durch Außenstehende, die ausschließlich resultatorientiert denken, zu widerstehen. Es mag auch einen anderen Weg geben, aber für mich ist die Rückbesinnung auf meine Wurzeln, auf den ursprünglichen Grund, warum ich mal Trainer wurde, ein hilfreicher Gedanke, um kurze Einbrüche in der Motivation zu überwinden.

Sich neu erfinden

Der Allrounder – Gruppenteilung – Nur mehr Reiseleiter?!

Der Aufgabenbereich eines Bundestrainers ist vielfältig. Zeichnet man ein Organigramm mit allen abzudeckenden Fach- und Teilbereichen, kommt schon eine Menge zusammen: Athletik, Technik, Material, Psychologie, Wissenschaft, Medien etc. Zu Beginn meiner Amtszeit herrscht große Unsicherheit im deutschen System, und ich spüre die Erwartungshaltung und die Pflicht, Orientierung zu geben. Im Alltagsbetrieb geht es vor allem darum, den Sportlern bei der Bewegungsausführung Feedback zu geben und die technische Entwicklung voranzutreiben. Bei einer Gruppengröße von acht Athleten ist das eine herausfordernde Angelegenheit, wenn man berücksichtigt, dass das Verbesserungspotenzial nur mehr marginal ist und Ausführungsfehler oftmals nur nach ausführlichem Videostudium analysiert werden können. In der Praxis absolvieren die Sportler im Durchschnitt sechs Sprünge in einer Trainingseinheit, wofür sie immer unmittelbar Feedback per Funk bekommen. Somit bleiben knapp drei Minuten für die Sprungausführung, Analyse und Rückmeldung, und zwar punktgenau und fehlerfrei, was auf diesem Niveau keine einfache Aufgabe ist.

Die Technikentwicklung geht oft Hand in Hand mit Materialentwicklung und athletischer Entwicklung. Diese Faktoren beeinflussen sich wechselseitig und sind in der Schnelle nicht immer zweifelsfrei auseinanderzuhalten. Von der Psyche, die das Ganze wie ein Mantel umhüllt, haben wir da noch gar nicht gesprochen …

In den Bereichen Athletik und Material ist im Laufe der Zeit ein Trend zur Individualisierung aufgekommen. Gab es früher noch ein Kraftprogramm für acht Athleten, wird jetzt bedarfsorientiert für jeden Einzelnen ein Konditionsprogramm ausgearbeitet, um jeden Springer bestmöglich zu fördern. Diese Individualisierung auf höchstem Niveau mit all ihren Nuancen punktgenau herauszuarbeiten kostet Zeit und Kraft und erfordert eine Menge Erfahrung und Weitblick.

Der Aufgabenbereich des Bundestrainers ist damit nicht erschöpft. Dialoge mit der Wissenschaft, mit den Sponsoren und organisatorische Belange bestimmen den Alltag. Im Winter nimmt die Medienarbeit einen großen Teil der Zeit in Anspruch. Gerade in diesem Bereich sind Erfahrung und ein freier Kopf unerlässlich. Die Fragen der Journalisten sind herausfordernd, manchmal provokant, und Gesagtes provoziert meist auch ein Echo. Somit ist es sehr ratsam, sich im Vorhinein zu überlegen, was man von sich gibt.

Im Jahr 2010/11 konfrontiert mich unser Teampsychologe Oskar Handow mit der Idee, die Athleten doch aufzuteilen, um einerseits den Co-Trainern mehr Verantwortung zu geben und anderseits mich für andere Aufgabenbereiche zu entlasten. Dies stellt einen Tabubruch dar, weil Kommunikation und Korrekturen auf der Schanze traditionell Chefsache sind. Pragmatisch gesehen ergeben sich dadurch mehr Vor- als Nachteile, aber die Sache mag wohlüberlegt sein. Athleten würden ihr Feedback schneller und individueller bekommen. Zudem wäre es für jeden Trainer leichter, sich nur noch in zwei bis drei Athleten mit all ihren Facetten hineindenken zu müssen als beispielsweise in die gesamte Mannschaft. Aber was bedeutet das für die interne Hierarchie? Wird dadurch meine Autorität eventuell angegriffen? Erleiden wir einen Qualitätsverlust oder doch einen - gewinn?

Nach anfänglichem Zögern stimme ich zu, und schon bald spüre ich die Vorteile unseres neuen Systems. Mein Co-Trainer Christian Winkler blüht in der Rolle voll auf und haucht unserem Altmeister Michael Uhrmann noch einmal neues Leben ein, was ihn erneut zu einigen Erfolgserlebnissen führt. Die Abläufe vor Ort funktionieren reibungslos, und meine Arbeitsqualität steigt infolge der geringeren Überlastung. Ich fühle mich pudelwohl in der Rolle und kann mich vermehrt anderen Aufgaben zuwenden. Insbesondere die Außendarstellung, die mediale Repräsentanz, kann ich besser wahrnehmen und ausfüllen. Dieses System wird von anderen Nationen lange mit Skepsis beäugt, aber später kopiert. Mir haucht es neues Leben ein, und ich lebe und pflege den Rollenwechsel mit Freude.

Im Laufe der Jahre werden wir trotz personeller Wechsel immer eingespielter und damit auch besser. In den einzelnen Teilbereichen wird weitgehend autonom gearbeitet, und ich beschränke mich auf routinemäßige Nachfragen. Was das Training und Coaching im Trainings- und Wettkampfalltag betrifft, bilden sich kleine funktionierende Zellen heraus, die das ganze Jahr über kontinuierlich durcharbeiten können. Die Umstellung auf fachlicher und sprachlicher Ebene fällt weg, und das erleichtert den Alltag des Athleten. Ich kann mich auf eine übergeordnete Funktion beschränken und versuche, als Impulsgeber zu agieren. Ich lasse meine Trainerkollegen selbstständig arbeiten und bringe mich periodisch auf den neuesten Stand, um übergeordnet vor Betriebsblindheit im System zu schützen. Im Hintergrund agierend kann ich mich mehr um wissenschaftliche Belange und Projekte kümmern. Zeitgleich intensiviere ich die Kommunikation im Kadersystem mit den Kollegen der anderen Wettkampfebenen, um die Nachwuchsentwicklung im Auge zu haben und sicherzustellen. Organisatorische Dinge sind jetzt vollständig in meiner Hand und die Repräsentanz der Disziplin sowieso.

Es gibt Momente, in denen ich das Gefühl habe, dass mir das System entgleitet. Die Bindung der Athleten zu ihren Heimtrainern wird so stark, dass hier gar keine Außensicht mehr gewünscht wird. Diese Verselbstständigung des Systems ist die größte Gefahr. Es ist nur mehr ein kleiner Schritt, bis man glaubt, ohne Chef geht es auch oder vielleicht sogar noch besser. Um der Gefahr vorzubeugen, dass ich nur mehr der Reiseleiter des Unternehmens Weltcup bin und nur mehr die Zimmerschlüssel aushändige, achte ich penibel darauf, dass einer der Topspringer unter meinen Fittichen bleibt und dass ich mich auch meist für die jungen Springer, die neu ins System kommen, die Verantwortung übernehme. Somit ist gewährleistet, dass der Kontakt zum Sport und zu den traditionellen Aufgaben des Bundestrainers nicht verloren geht.

Mir gefällt der Rollenwechsel im Laufe der Jahre. Auch wenn ich zugeben muss, dass mir das Betreuen eines Athleten sehr viel Freude macht und die Wurzel meiner Nominierung als Bundestrainer war, so gibt mir die Veränderung meiner Rolle wieder neue Motivation und neue Perspektiven. Wer weiß, ob ich sonst elf Jahre lang durchgehalten hätte.

Neues Team – frische Ideen

Warum die Mauer fiel –
Ein Norweger in Deutschland – Spanien

Im Laufe einer Vorbereitungs- und Wettkampfsaison wiederholen sich die Abläufe. Man kehrt immer wieder an dieselben Orte und in dieselben Hotels zurück. Manchmal auch in das gleiche Zimmer. Man kennt die Schanzen und deren Ansprechpartner, und wenn man in der Wettkampfzeit reist, laufen einem auch immer wieder die gleichen Funktionäre über den Weg. Vom eigenen Team ganz zu schweigen. Auch hier bilden sich Stereotype heraus. Der Physiotherapeut beschwert sich, weil er in einem bestimmten Zimmer seine Liege nicht aufbauen kann.

Der Techniker kann auf der Schanze nicht zu seinem Wachscontainer fahren, und der Athlet kritisiert immer im gleichen Hotel das Essen.

Umso erfrischender ist es, wenn wieder neue Athleten oder neue Betreuer zum Team dazustoßen. Die leuchtenden Augen eines jungen Athleten, wenn er zum ersten Mal nach Norwegen darf, im Gegensatz zum Routinier, der zum 15. Mal in Lillehammer aufschlägt. Die Unbeschwertheit und Leichtigkeit eines jungen Athleten, wenn er zum ersten Mal eine neue Bindung testen darf, zu der er vorher nie Zugang hatte, und im Gegenzug der ältere Athlet, der Testen als Zeitverschwendung ansieht und sich lieber auf die Technik konzentrieren will. Frische Gesichter bereichern das System immens.

Einer meiner wertvollsten Mitarbeiter im Laufe der Jahre war Erik Simon. Als Athlet ist ihm der große Wurf verwehrt geblieben, aber als Techniker hat er wesentlichen Anteil an dem Erfolg der deutschen Skispringer in den letzten Jahren. Auf der einen Seite hat er die fachliche Kompetenz, um die Voraussetzungen dafür zu schaffen, dass die deutschen Skispringer im internationalen Vergleich immer sehr hohe Anfahrtsgeschwindigkeiten haben. Auf der anderen Seite hat er aber auch die menschliche Kompetenz, um mit enormem Fleiß immer ein Vorbild zu sein und auch in den enttäuschendsten Momenten positiv gelaunt nach vorne zu blicken. Gerade die Sportler sind oft sehr launisch, was natürlich auch an den Besonderheiten der Sportart liegt. Große Glücksmomente wechseln sich in einem kurzen Zeitfenster mit herben Enttäuschungen ab. Umso wertvoller ist es, eine Konstante im Team zu haben, die mit Stimmungsschwankungen umgehen kann und gleich wieder Perspektiven für die Zukunft aufzeigt.

In den trainings- und wettkampffreien Phasen macht Erik jedes Jahr einen spektakulären Urlaub, und man merkt ihm die kindliche Entdeckungsfreude direkt an. Er kann nicht ge-

Techniker Erik Simon hat großen Anteil am Erfolg des Teams

nug neue Eindrücke sammeln auf dieser Welt, aber wenn er zurückkehrt, dann wird die Arbeit wieder mit hundertprozentiger Sorgfalt erledigt. Und Skier präparieren kann eintönig und langweilig sein.

Als er wieder einmal aus dem Urlaub, diesmal war er in Costa Rica, zurückkehrt und euphorisch von seinen Eindrücken in diesem Land erzählt, sage ich zu ihm: »Erik, weißt du eigentlich, wieso 1989 die Mauer in Deutschland gefallen ist?« Er sieht mich verwundert an. »Weil du es schwer ertragen hättest, nicht die ganze Welt bereisen zu können.« Wir müssen beide lachen, denn ihm ist seine Wirkung gar nicht so bewusst. Aber aus meiner Sicht ist es ein Geschenk für ein Team, ein Mitglied zu haben, das mit seiner Energie die anderen immer mitzieht und das selbst so gut wie nie gezogen werden muss.

Es gibt in unserem Team auch andere, die das Team inspirieren und motivieren, ich denke da etwa an unseren Pressebetreuer Ralph Eder. Aber ich finde, es ist keine Selbstverständlichkeit, dass man Arbeitskollegen hat, mit denen man sich gerne trifft, die einem das Arbeiten zur Freude machen und die somit auch bei bekannten Abläufen die Motivation oben halten. Das muss man schätzen und pflegen.

Die Verpflichtung des Norwegers Roar Ljøkelsøy im Jahre 2016 hat mich nach vielen Jahren in diesem Job noch einmal besonders motiviert. Kannte ich ihn bisher nur aus dem Fernsehen und bewunderte seine Nervenstärke, mit der er im Laufe seiner Karriere einen Haufen Medaillen eingefahren hat, so teile ich jetzt mit ihm das Zimmer und kann mich jeden Tag über fachspezifische Dinge mit ihm austauschen und Fragen stellen, die ich niemals gedacht hätte, je stellen zu können.

Der Trainer, der das norwegische System mit seinem damaligen Vorzeigeathleten Ljøkelsøy 2002 wieder zum Leben erweckt hat, der Finne Mika Kojonkoski, war von 1997 bis 1999 Trainer in Österreich. Ich durfte damals als Student an der Universität Innsbruck ein paarmal hospitieren, als die österreichische Nationalmannschaft ihre wissenschaftlichen Tests gemacht hat. Kojonkoski würde ich als inspirierend bezeichnen, und es ist mir eine Freude, jetzt diese länderübergreifende fachliche Verbindung herzustellen. Dass es möglich ist, einen Norweger zu verpflichten, den man vorher nicht gekannt hat und der aufgrund dieser gerade beschriebenen Verbindung nach einem halben Tag Eingewöhnungszeit sofort auf der gleichen Wellenlänge in Fragen der technischen Ausbildung ist, finde ich bemerkenswert.

Auch Ljøkelsøys stoisch wirkende Art, das Rad nicht jeden Tag neu erfinden zu müssen, inspiriert mich ungemein. Er gibt nicht nur den Athleten Sicherheit, sondern auch mir – besonders an Tagen, wo das Team nicht die Leistungsstärke erreicht, um auf dem gleichen Pfad zu bleiben.

Die Medaillenausbeute in den Jahren 2017 bis 2019 mit ihm und Jens Deimel als Mitstreiter spricht für sich, und sein einfaches »*Just do the same things*« merke ich mir bis in alle Ewigkeit. Gerade auch die Kommunikation in englischer Sprache gibt der Zusammenarbeit noch einmal eine besondere Note und fordert alle Beteiligten. Dass so ein System auch ein Ablaufdatum hat, liegt auf der Hand, aber für mich – und ich denke auch für das Team – war diese grenzüberschreitende Inspiration eine tolle Motivation.

Um ein Trainingsjahr abwechslungsreich zu gestalten, eignet es sich auch immer wieder, neue Inhalte in den Trainingsalltag einzubauen. In den ersten Jahren meiner Bundestrainertätigkeit habe ich es wahrscheinlich ein wenig mit den Inhalten, die nicht direkt mit der Spezialsportart zusammenhängen, übertrieben, weil wir leistungsmäßig bis dorthin zu wenige Basiskompetenzen aufgebaut haben.

Die Fahrradtour 2008 von Garmisch nach Oberstdorf hatte mehr psychologischen als physiologischen Hintergrund. Man kann den Sportlern tief in die Seele blicken, wenn man sie in Situationen beobachtet, die sie nicht von der Pike auf beherrschen. Hier kommt die berühmte – und manchmal schon zu breit getretene – Komfortzone ins Spiel, aus der man die Menschen in gewissen Abständen herauslocken muss. Ähnlich verläuft 2009 ein Kletterausflug am Gardasee. Auch hier kommen einzelne Sportler und Trainerkollegen an ihre psychischen Grenzen und müssen ihre Handlungsfähigkeit unter Stress beweisen. Wer verliert wann die Nerven? Wie zeigt sich die Verzweiflung, einer Situation nicht gewachsen zu sein? Wer ist flexibel und anpassungsfähig für neue und unvorhergesehene Herausforderungen? Manchen fällt das Klettern total leicht, und man sieht, wie ihnen das Herz aufgeht, wenn sie sich am Limit auf neues Terrain wagen.

Beide Aktionen haben gemein, dass man sich hinterher sehr viel zu erzählen hat und dass sie auch die Motivation im Team steigern. Gerade das Klettern eignet sich sehr gut dafür, den langen und mühsamen Weg zum Gipfel plakativ sichtbar zu machen. Man kann sehr oft in Trainingssituationen auf Erlebtes am Berg Bezug nehmen und einen Transfer zur Hauptsportart herstellen. 2010 reicht dieser Trainingsauftakt bis in die Olympischen Spiele hinein, indem wir uns das Verteilen der Karabiner als Zeichen der Bildung einer virtuellen Seilschaft beim Mannschaftsspringen zunutze machen. Ohne den Realbezug ein Dreivierteljahr vorher wäre die emotionale Verknüpfung nicht herstellbar gewesen.

Ab 2010 fahren wir diese außerordentlichen Inhalte ein wenig zurück und konzentrieren uns auf unsere Basiskompetenzen, um stabiler in den Gesamtleistungen zu werden. Ab 2013 fahren wir jährlich kurz vor Saisonbeginn in den Süden, um uns in wärmeren Gefilden muskulär und emotional auf den kalten, harten und manchmal eintönigen Winter vorzubereiten. Meist landen wir in Andalusien, weil die Region mit dem Flugzeug leicht und schnell erreichbar ist. Diese Trainingskurse sind sehr beliebt, weil sie einerseits als nachträgliche Belohnung für einen intensiven und anstrengenden Sommer und andererseits als vorweggenommenen Bonus für einen entbehrungsreichen Winter betrachtet werden können. Den halben Tag wird trainiert, und die übrige Zeit wird der Freiraum gegeben, um individuellen Bedürfnissen nachzugehen.

Dreimal finden wir den Weg zu Klaus Hofsäss, der mit seiner Familie eine Tennisanlage in den Bergen oberhalb Malagas betreibt. Klaus war in den 80er- und 90er-Jahren Tennisbundestrainer sowie Vertrauenscoach von Steffi Graf und hat eine Menge zu erzählen. Mit seiner extrovertierten und herzlichen Art sorgt er bei den tennisspezifischen Aufwärmspielchen für Lacher, eine gute Stimmung und Motivation für das anschließende Krafttraining im kleinen, aber für uns ausreichenden Kraftraum. Die Gegend und die Lage laden zum Wohlfühlen ein und schaffen eine entspannte Atmosphäre für konzentrierte und effektive Trainingsarbeit. Die Sportler funktionieren in ihrer Freizeit den kleinen Pool zu einem Slacklinepark um und sorgen immer wieder für Erstaunen der Gastgeber und Gäste.

Als langjähriger Tennisfan genieße ich die Gespräche mit Klaus und bewundere seine Bilder im Hausflur und seine Erinnerungsstücke. Schließlich bin ich in seiner Zeit als Bundestrainer stundenlang vor dem Fernseher gesessen und habe mir Matches von Graf, Becker oder Muster angesehen. Dass ich jetzt die Chance habe, mich mit dem Hauptverantwortlichen der damaligen Blütezeit im deutschen Tennis auf Augenhöhe auszutauschen, hätte ich in meinem Leben nie für möglich gehalten. Das macht mich unheimlich stolz und froh. Begegnungen mit ehemaligen Sportlern oder Trainern erfüllen mich ungemein. Ich könnte stundenlang zuhören und über die Geheimnisse des

Spitzensports reden. Fortbildungen für Bundestrainer sind rar, und deswegen liebe ich diese Erfahrungsgespräche mit Protagonisten, die so viel erlebt haben.

Nachmittags gehe ich meistens golfen, was seit geraumer Zeit meine Leidenschaft ist. Ich spüre, wie mir die Einsamkeit auf dem Golfplatz seelisch guttut und dass ich dort am besten abschalten kann. Da Golf wegen der langen Spieldauer nicht sehr familienfreundlich ist, bin ich gezwungen, meine Spielzeiten zu Hause sehr geschickt zu legen. Hier in Andalusien, einem Paradies für Golfer, kann ich meiner Leidenschaft frönen, ohne ein schlechtes Gewissen haben zu müssen. Einmal habe ich 41 Löcher an einem Tag gespielt, und am liebsten wäre ich noch einmal 18 gegangen. Leider ist es dunkel geworden.

Diese Trainingskurse im Spätherbst in Spanien sind für die Trainingseffektivität und das Teamgefühl Gold wert, aber ich muss zugeben, dass sie auch für mich persönlich von essenzieller Bedeutung sind. Die Möglichkeit, vor einem langen Winter noch einmal völlig abzuschalten, motiviert mich jedes Jahr aufs Neue und gibt mir genug Kraft, um alle erdenklichen Situationen in einer langen Saison durchzustehen.

Eine der amüsantesten beruflichen Anfragen kam vor einigen Jahren zu einem Motivationstraining: Ich mit meinen Erfahrungen im Spitzensport könne da ja sicher viel erzählen. Es müsse halt nur länger halten als das letzte Event. Man habe nämlich vor drei Jahren schon mal jemanden zu dem Thema gehabt, und das würde heute leider so gar nicht mehr wirken ...

Motivation ist keine Flatrate, sondern durchläuft einen klassischen, sinuskurvenförmigen Zyklus: Es gibt ein Bedürfnis, man macht sich auf die Suche nach einer möglichen Befriedigung. Wenn man diese gefunden hat, kommt nach dem ersten Glück irgendwann eine Sättigung und später auch die Übersättigung. Vergeht etwas Zeit, entwickelt sich irgendwann wieder ein Bedürfnis – meist nicht mehr nach demselben, sondern nach etwas Neuem. Man geht wieder auf die Suche, und der Kreislauf beginnt von vorne.

Um es an einem Beispiel zu verdeutlichen: Wenn Sie abends auf dem Sofa noch einen kleinen Hunger verspüren (sprich ein Bedürfnis haben), begeben Sie sich in der Küche auf die Suche. Fündig geworden genießen Sie, bis es irgendwann einfach genug ist. Aber wenn der Abend lang wird, mag es später noch mal ein Bedürfnis geben, und der Kreislauf beginnt von vorne. Oder: Wenn Sie mit Bayern München zum achten Mal deutscher Meister geworden sind, reizt Sie die neunte Meisterschaft eventuell nicht mehr so sehr. Dann braucht es neue Herausforderungen.

Prinzipiell ist im Spitzensport das Thema Motivation nicht die größte Baustelle. Viele Athleten starten mit einer hohen intrinsischen Motivation, die man so in vielen anderen Bereichen nicht findet. Aber irgendwann wird auch hier die Berufung zum Beruf (etwa, wenn man in einer der Sportfördergruppen angelangt ist). Zudem kehrt über die Jahre Routine ein, da man immer wieder mit denselben Personen an denselben Orten die gleichen Dinge tut. Aus Routine kann alsbald auch mal Langeweile werden. Das bringt dann irgendwann fast zwangsweise die Sinnfrage mit sich.

Früher gab es Trainer, die mit nur einer Motivationsstrategie erstaunlich lange erfolgreich waren (respektive oft genug den Arbeitgeber gewechselt haben). Aber nur mit einem Schließen der Wagenburg (alle anderen sind Feinde), dem Schleppen von Medizinbällen (wir arbeiten härter als andere) oder hoch ambitionierten Zielen (wir wollen es mehr als andere) allein wird man auf Dauer nicht erfolgreich sein können.

Hier kann man auch einen Unterschied zwischen den Generationen feststellen. Gerade jüngere Sportler stellen immer häufiger die Sinnfrage, wollen mehr Balance in den Lebensbereichen, sind stärker lustorientiert und suchen mehr Bestätigung.

Gute Trainer können Abwechslung, sie erfinden sich immer wieder neu. Sie setzen so in gewissen Abständen neue Impulse, schaffen neue Motivationsanreize. Dabei dürfen diese nicht zu regelmäßig kommen, da Motivationsimpulse umso wirksamer sind, wenn sie intermittierend, sprich eher überraschend kommen.

Werner hat hier in meinen Augen über die lange Zeit seiner Tätigkeit ein untrügliches Gespür dafür gehabt, wann es wieder Zeit für etwas Neues war. Das hat sein Umfeld ab und an auch irritiert, da viele noch im Gefühl der glücklichen Sättigung waren (es ist doch gut und schön so, wie es ist). Er aber konnte antizipieren, dass die nächste Stufe nur noch die Übersättigung sein würde und brachte rechtzeitig Veränderung und positive Irritation ins System. Das war oft ein steiniger Weg mit vielen Widerständen. Am Ende hat er aber in den meisten Fällen seine Vorstellungen umgesetzt, und die Erfolge mit so vielen verschiedenen Athleten über so viele Jahre hinweg bestätigen diesen Weg.

KAPITEL 12

DEN RICHTIGEN ZEITPUNKT ZUM AUFHÖREN FINDEN

Begleiten ins Leben

Spüren – Schorschi und Sali – Uhris letztes Jahr –
Lila Mützen in Garmisch

N ach der Saison ist vor der Saison, und die Jahre vergehen wie im Flug. Man hat keine Zeit, stehen zu bleiben und die Dinge sprichwörtlich von außen zu betrachten, obwohl das manchmal hilfreich wäre. Man steckt im Getriebe fest, analysiert, plant und führt aus, dann beginnt der Kreislauf wieder aufs Neue. Fragen über Sinn, Unsinn, Motivation, Lust, Leidenschaft und anderwärtige Interessen werden oft nur oberflächlich behandelt. Es sei denn, man findet in Zeiten von Krankheit oder Verletzung den Raum, sich zu hinterfragen. Manchmal ist es auch gut, dass es gleich weitergeht, aber zwischenzeitliches Reflektieren kann dabei helfen, sich im Leben nicht zu verzetteln.

Als Jugendtrainer begleitet man junge Menschen in einem Entwicklungsabschnitt, in dem das Ende einer Karriere noch fern ist. Im Gegenteil. Betrachtet man die Unterschiede bei den leistungsrelevanten Faktoren, scheint der Weg an die Spitze unendlich weit. Hier ist Geduld gefragt. Als verantwortungsvoller Trainer sollte man darauf achten, dass parallel zum Sport einerseits die Schule oder eine andere Ausbildung nicht zu kurz kommt, andererseits braucht es zunehmend eine klare Prioritätensetzung im Leben, um seine Ziele zu erreichen. Die steigende Professionalisierung ist unausweichlich. Ist man in der glücklichen Lage, den Sprung an die »Spitze« geschafft zu haben, ist es hilfreich, das Leben in eine Balance zu bringen – zwischen einer klaren Priorisierung des Sportes und dem Vorhandensein eines sozialen Ausgleichs. Private Interessen und Beziehungen spielen ebenso eine Rolle wie berufliche. Im Laufe einer Karriere verschieben sich diese Schwerpunkte, und in der Regel spürt man, ob die Balance noch gegeben ist, um weiterhin Spitzenleistungen zu erbringen.

Nicht selten werden diese Signale ignoriert. Nicht erreichte Ziele, Verletzungen, das Nichtvorhandensein eines Plan B. Es kann viele Gründe dafür geben, dass man den Zeitpunkt des nahenden Endes falsch bewertet. In der Regel ist die Außensicht differenzierter und zuverlässiger, weil die Wahrnehmung des Sportlers selbst zu sehr von Emotionen überlagert wird, was die Entscheidungsgrundlage verwässert. Es sei denn, man nimmt sich Zeit, um einmal stehen zu bleiben.

Ich bin in meiner Trainerkarriere in Deutschland zum ersten Mal mit dem Umstand konfrontiert, renommierte Sportler beim Karriereende zu begleiten. Dabei sind alle Fälle individuell zu betrachten. Und das ist berechtigt und gut so.

Georg Späth fährt die ersten Erfolge in meiner Amtszeit ein, und es hätten noch tolle Winter kommen können, wenn er sich nicht 2008 in Pragelato das Kreuzband gerissen hätte. Manche Sportler kehren nach Verletzungen stärker zurück und schöpfen aus der Rehabilitation Kraft. Nicht aber Schorschi. Er ist ein sehr feinfühliger Athlet und braucht Zeit, um Limits zu ertasten. Die Verletzung hat Kraft gekostet und ihn nachdenklich gemacht. Leider kann er seine Leistungsstärke des Sommers 2008 trotz intensiver Bemühungen nie mehr erreichen. Ich denke, auch er hat das gespürt. Der Athlet braucht immer mehr Zeit, bis er das vor sich selbst eingestehen kann, aber der Umstand, dass er dem Skispringen in einer anderen Funktion immer noch erhalten geblieben ist, verleitet mich zu dem Schluss, dass er mit seiner Sportart im Frieden ist.

Anders ist die Situation bei Michael Neumayer. Als Spätberufener kann er sich erst als Mitte 20-Jähriger im Weltcup etablieren. Nachdem er dort zeitweise mit Einzelresultaten, aber vor allem mit Konstanz glänzt, gelingt ihm 2013 mit knapp 34 Jahren mit Platz neun seine beste Saison im Gesamtweltcup. Zwar erreicht er sein Ziel Olympia 2014 nicht, er bleibt aber dennoch eine Größe im Weltcupteam und schafft es 2015 noch einmal in die Startaufstellung für die Weltmeisterschaft. Auch wenn es danach schwierig wird, gefällt er sich mehr und mehr in der Rolle des Mentors für seinen jungen Klubkollegen Karl Geiger, und er versucht, über die zweitklassige Continentalcup-Ebene wieder den Anschluss zu schaffen. Da er schon während seiner aktiven Karriere ein Studium an der Fachhochschule Kempten absolviert hat, bekommt man bei ihm nie das Gefühl, dass er Panik vor dem Leben nach dem Sport habe. Eine veränderte familiäre Situation und nachlassende Leistungen führen dazu, dass seine Karriere heimlich, still und leise ausklingt. Eine intensivere Begleitung hat er nie verlangt; zu klar und entschlossen geht er seinen sportlichen Weg und bleibt sich dabei immer treu.

Michael Uhrmann ist ein sehr strukturierter Mensch und geht im Leben sehr planvoll vor. Ich denke, er ist nicht zufällig bei der Bundespolizei gelandet. Schon im Frühjahr 2010 eröffnet er dem Trainerteam, dass dieses sein letztes Jahr als aktiver Skispringer sein wird. Im Trainingsprozess möchte er keine großen Experimente mehr machen, und sein großes Ziel ist die WM 2011 in Oslo. Man spürt, dass ihn das Jahr viel Kraft kostet, aber er macht eine tolle Arbeit und erreicht mit 33 Jahren mit dem sechsten Platz bei der WM im Einzelspringen sein bestes Einzelresultat bei einer Weltmeisterschaft. Das Teamspringen soll der Höhepunkt werden, und in einem persönlichen Gespräch vor dem Wettkampf eröffnet er mir, dass er seine Karriere in Oslo beenden möchte. Ich versuche noch, auf ihn einzuwirken, dass er sich doch nicht schon vor dem Wettkampf festlegen muss, aber ich beiße auf Granit. Sein Entschluss steht fest. Wir schrammen im Teamspringen hauchdünn an einer Medaille vorbei, und Michael ist am Boden zerstört. Eigentlich hat er nichts falsch gemacht, außer dem Umstand, dass er das Happy End erzwingen wollte. Die letzte Saison ist sehr gut verlaufen, und das Gefühl, seine Karriere nach der Saison zu beenden, ist das Richtige. Einzig die Fokussierung auf den entscheidenden letzten Moment, das Ausmalen des letzten Szenarios, birgt eine gewisse Gefahr, denn das Leben ist nun mal nicht immer gerecht.

Als ich 2008 anfange, spüre ich bei Martin Schmitt, dass er mit dem Skispringen noch nicht abgeschlossen hat. Obwohl mir einige Einflüsterer raten, Martin nicht mehr intensiver zu fördern, investiere ich Zeit und Kraft in seine Entwicklung. Er dankt es mir 2009 mit einer Silbermedaille und einer tollen Weltcupsaison. Ein Umstand, den ich nicht so auf dem Schirm habe, ist die Tatsache, dass ihn diese Saison sehr viel Kraft kostet. 2010 und 2011 gelingt es ihm nur mehr punktuell, Höchstleistungen zu erbringen. Im Nachhinein betrachtet wäre es ein guter Zeitpunkt gewesen, um die Karriere gemeinsam mit Michael Uhrmann zu beenden, aber bei Martin ist die Zeit noch nicht reif. Zu tief ist er mit der Sportart noch verwurzelt, zu verschwommen sind die Alternativen, zu groß ist die Hoffnung, dass da doch noch etwas kommen könnte. Ich halte ihm die Stange und stehe voll hinter der Entscheidung, seine Karriere fortzusetzen. Auch bei mir ist der Glaube nicht erloschen, ihn noch einmal vom Podest lachen zu sehen. Auch wenn die Zeit nicht einfach ist, pflegen wir einen respektvollen Umgang. Martin treibt parallel diverse Ausbildungen voran und lässt sich punkto Trainingsfleiß und Einsatz nichts nachsagen. Auch seine Offenheit gegenüber neuen Ideen und Trainingsinhalten ist beeindruckend.

Für einen Nationaltrainer ist es das Schwierigste, wenn der renommierteste und bekannteste Athlet nicht mehr an seine Glanzzeiten anknüpfen kann. Stellt man ihn auf, dann kommen die Kritiker und fragen, ob man das Leistungsprinzip verworfen habe und nur mehr nach Namen nominiere. Stellt man ihn nicht auf, melden sich andere Kritiker und verlangen, dass vergangene Leistungen doch auch berücksichtigt werden. Es wird mir zu einem persönlichen Anliegen, Martin im Spätherbst seiner Karriere bestmöglich zu begleiten, damit diese außergewöhnliche Laufbahn einen würdevollen Abschluss finden kann. In der Saison 2013/14 bahnt sich mit dem großen Ziel einer neuerlichen Olympiateilnahme eine Entscheidung an. Als die Saison wieder holprig losgeht und nach dem missglückten Auftaktspringen bei der Vierschanzentournee in Oberstdorf die Gefahr droht, dass ich ihn nach der zweiten Station austauschen muss, frage ich ihn im Auto auf der Fahrt von Oberstdorf nach Garmisch: »Was machst du, wenn du morgen nicht gut genug springst und dadurch die Chance auf Olympia schwindet?« »Dann höre ich auf!«, kommt es wie aus der Pistole geschossen. Ich spüre, er hat sich sehr intensiv mit allen möglichen Szenarien auseinandergesetzt und ist erstaunlich klar im Kopf. Die Aussage kommt ohne Groll.

Am nächsten Tag findet man viele lila Mützen im Stadion. Martin wird noch einmal gefeiert. Er ergattert vier Weltcuppunkte auf einer seiner Lieblingsschanzen und genießt den Applaus. Zu stark ist die Dichte im deutschen Team inzwischen, als dass hier noch eine realistische Chance besteht, die Karriere mit einer weiteren Olympiateilnahme zu krönen. Von einer Medaille reden wir hier gar nicht. Einen Monat später können wir ihn in Willingen vor heimischem Publikum noch einmal gebührend

Martin Schmitt gibt im Jänner 2014 seinen Abschied bekannt

verabschieden. Die Pressekonferenz ruft riesiges Interesse hervor, und die Bühne ist für einen so verdienstvollen Athleten absolut würdig. Auch wenn die Außensicht aufgrund mangelnder Erfolge der letzten Jahre bei manchen eine andere ist, so habe ich doch das Gefühl, dass Martin den richtigen Zeitpunkt für sein Karriereende gewählt hat. 2011 war er noch nicht bereit für ein Leben abseits des Sports, und er brauchte diese Zeit, um sich neu zu orientieren.

Als Trainer ist man für den sportlichen Erfolg seiner Athleten oder seiner Mannschaft verantwortlich und schmückt sich auch gerne damit, aber ich denke, es gibt eine Verantwortung darüber hinaus. Hinter jedem Athleten steckt ein Mensch, der es verdient, auch über die Beurteilung seiner sportlichen Fähigkeiten und Fertigkeiten hinaus mit Respekt behandelt zu werden.

Ich halte auch die gängige und allseits beliebte Formulierung, dass man am Höhepunkt aufhören solle, für unzulässig. Wenn das gelingt, dann ist das natürlich der bestmögliche Fall, aber das trifft nicht immer zu. Jeder Athlet hat seine eigene Biografie und seinen eigenen Weg, und wir als Trainer sind dazu angehalten, unsere Sportler in guten wie in schlechten Tagen zu begleiten. Werte, die über die sportliche Entwicklung hinausgehen, dürfen nicht vernachlässigt werden und gehören genauso gepflegt wie die Jagd nach Metern und Sekunden. Zudem müssen Athleten wieder lernen, ehrlich zu spüren, wann der Zeitpunkt gekommen ist, ein neues Kapitel aufzuschlagen. Zumindest müssen sie lernen, diese Gefühle nicht zu ignorieren oder sie mit anderen Argumenten zu überlagern.

Zeit für etwas Neues

Auf der Mauer von Sotschi – Auf der Treppe von Pyeongchang

Montag, der 17. Februar 2014. Abfahrt zum Mannschaftsspringen im Gorki Ski Jumping Center bei den Olympischen Spielen in Sotschi. Eine Stunde Fahrzeit liegt vor uns, und es ist die letzte Chance für das junge deutsche Team, doch noch mit einer Medaille nach Hause zu fahren. Es sind fünf Mannschaften auf Augenhöhe, aber es gibt nur drei Medaillen. Ein Thriller liegt vor uns, bei dem alles passieren kann. Im Endeffekt wird es ein Nervenspiel. Mein Gemütszustand ist angeschlagen. Die verpassten Chancen im Einzel, nervenaufreibende interne Qualifikationen, die unzufriedenen Stimmen aus Presse und Öffentlichkeit nagen an meinem Nervenkostüm. Mir ist bewusst, dass es bei einem erneuten Fehlschlag eng werden kann für mich als Bundestrainer.

Ich versuche, bestmöglich voranzugehen, aber tief in mir drinnen verspüre ich große Nervosität. Zum Glück sind meine Co-Trainer nach außen ruhig und gelassen, und auch die Mannschaft wirkt klar und handlungsfähig. Der Probedurchgang läuft gut an, aber was heißt das schon für ein Ereignis, das nur alle vier Jahre stattfindet. Der erste Durchgang kommt mir vor wie ein Ausscheidungsrennen. Eine Nation nach der anderen patzt, und der Kreis der Medaillenanwärter reduziert sich. Meine Springer schlagen sich ausgezeichnet, speziell Marinus Kraus wächst über sich hinaus und gewinnt in seiner Gruppe souverän.

Nur mehr ein Springer am Start, und es geht um Gold und Silber zwischen Gregor Schlierenzauer und Severin Freund. Als ehemaliger Coach von Gregor weiß ich um dessen Leistungsstärke in entscheidenden Situationen, aber diesmal lässt er überraschenderweise ein paar Meter liegen. Severin kann alles klar machen, aber auch an ihm geht diese außergewöhnliche Chance nervlich nicht spurlos vorüber, und nach einer verkrampften Luftfahrt ist klar, dass es ein Herzschlagfinale werden wird. Banges Warten im Auslauf, bis das Ergebnis auf der Anzeigetafel angezeigt wird. Auch ich warte am Trainerturm gebannt auf das Endergebnis, aber jetzt bin ich innerlich ganz ruhig. Nervlich geschafft, aber auch dankbar für den heutigen Tag mit einer gewonnenen Medaille blicke ich auf den Monitor.

Olympiasieg! Die Sportler fallen sich um den Hals. Es brechen alle Dämme. Man kann förmlich spüren, welche ungemeine Befreiung dieser Titel für das ganze Team ist. Wie ferngesteuert nehme ich die Gratulationen der Trainerkollegen entgegen. Am liebsten würde ich mich hinsetzen und in den Himmel starren, aber es ist 23.07 Uhr, und mein Programm nimmt jetzt erst Fahrt auf. Während sich im Auslauf tumultartige Szenen abspielen, eile ich die Treppe hinunter. Dort treffe ich meinen Co-Trainer Stefan Horngacher, und wir fallen uns um den Hals. Auch bei den Begegnungen mit dem restlichen Trainerteam spürt man eine Mischung aus Freude, Erschöpfung und Erleichterung. Sechs Jahre arbeiten wir jetzt schon auf einen Titel hin, und gerade jetzt, beim wichtigsten Springen des Jahres, gelingt der Befreiungsschlag.

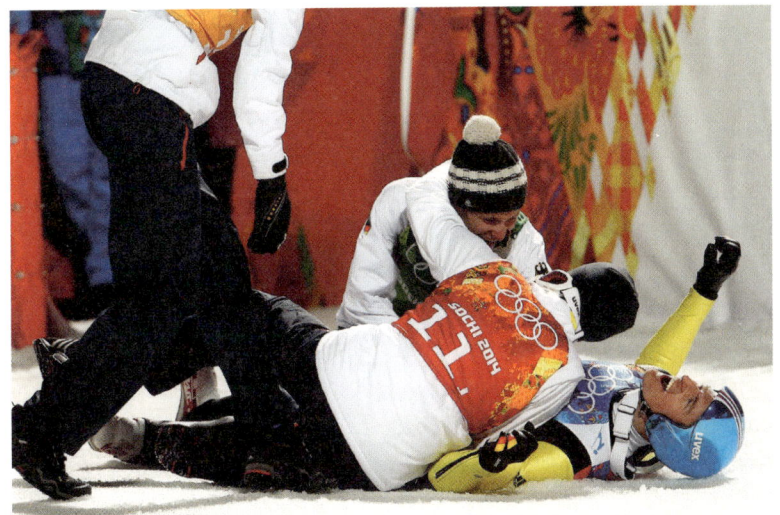

Große Emotionen bei Wank, Kraus, Freund und Wellinger nach dem Team-Gold in Sotschi, 2014

Der Mix aus Emotionen, der einen in so einer Situation überkommt, ist schwer in Worte zu fassen. Stehen bleiben ist nicht erlaubt, denn die nächsten Programmpunkte müssen abgearbeitet werden. Presse, Siegerehrung, Gratulationen. Die Vorschriften für die Zeremonie bei Olympischen Spielen unterscheidet sich vom Weltcup, und es ist sehr schwer, an die Sportler heranzukommen. Verstöße werden streng geahndet, und es droht der Verlust der Akkreditierung. Zum Glück sind die Russen nicht so penibel wie die Kanadier vier Jahre zuvor, und ich kann den Erfolg kurz mit meinem Team teilen.

Bei der Siegerehrung im Stadion habe ich das Bedürfnis, meine Ruhe zu finden, und so suche ich mir einen Platz, an dem ich gut sehen kann, wo ich aber auch ein wenig ungestört bin. Ich setze mich auf die Mauer, die das Stadion umrandet, und genieße diesen Moment ungemein. Endlich kann ich meine Gedanken ordnen. Der Tag mit all seinen Gefühlen huscht noch einmal an mir vorbei, und es überkommt mich ein tiefes Gefühl der Dankbarkeit. Dieser Tag hätte meine Bundestrainerkarriere beenden können, jetzt kommt es 180 Grad anders, und ich darf meinen ersten großen Titel als verantwortlicher Coach genießen. Der Grat zwischen Erfolg und Misserfolg ist schmal und für ein menschliches Gehirn in der Schnelle kaum zu verarbeiten.

Das Umfeld, die Funktionäre des DOSB, des Skiverbandes und die Journalisten sind kaum zu halten. Bei der Pressekonferenz werde ich von einem euphorischen Reporter gefragt, warum ich mich bei der Siegerehrung auf diese Mauer abseits der Schanze gesetzt habe, und er vergleicht mich mit Franz Beckenbauer beim WM-Triumph der deutschen Fußballer 1990. Der deutsche Teamchef ging damals alleine im Mittelkreis spazieren und wirkte in einem sehr intensiven Moment nachdenklich. Er reagierte anders, als die Weltöffentlichkeit es von ihm erwartete. Diese Frage irritiert mich ein wenig, zeigt aber die Bedeutung des Ereignisses auf. Ich spiele die Frage herunter mit der Bemerkung »Skispringen ist nicht Fußball«, aber manchmal haben Journalisten eine interessante Intuition. Beckenbauer hat danach übrigens sein Traineramt zurückgelegt.

Zu später Stunde begebe ich mich gedanklich noch einmal auf die Mauer des Skisprungstadions. Ich lasse die sechs Jahre mit allen Höhen und Tiefen Revue passieren und ertappe mich bei dem Gedanken, dass ich auf einmal das Gefühl habe, »es« geschafft zu haben. Mein Ideal, Sportler ganzheitlich zu entwickeln, habe ich nie aufgegeben, aber zunehmend den Druck verspürt, dass im Spitzensport letztendlich Ergebnisse erzielt werden müssen. Diese wurden in den letzten Jahren zwar besser, aber von einem Bundestrainer erwartet man Titel.

Die Entbehrungen für die Familie und der persönliche Einsatz sind immens, und irgendwann entsteht das Verlangen, einen Lohn dafür zu bekommen. Positives Feedback alleine genügt nicht mehr. Resultate müssen auf der Ergebnisliste schwarz auf weiß nachlesbar sein. Mit dem Olympiasieg im Team ist der

Nachdenklich auf der Mauer von Sotschi

Lohn nun da. Der mutige Wechsel, als unerfahrener Neuling das Großprojekt Deutschland in Angriff zu nehmen, zahlt sich heute aus, und alles, was noch folgen soll, werde ich als dankbaren Bonus mitnehmen.

Diese Gedanken lösen einen Knoten in meinem Gehirn, und es sollten die erfolgreichsten Jahre im deutschen Sprungsport noch vor mir liegen. Aber vielleicht leiteten sie auch das Ende ein, obwohl dieses erst fünf Jahre später eintreten sollte.

Der Zeitraum bis zu den nächsten Olympischen Spielen ist gefüllt mit Erfolg. Skiflug-WM-Titel, WM-Titel, Gesamtweltcupsieg, Nationencupsieg, Medaillen für verschiedene Athleten. Ich genieße diese Zeit, und es erfüllt mich mit Stolz, dass das deutsche System so eingespielt ist und alle an einem Strang ziehen. Gefühlt muss ich weniger arbeiten als zu Beginn meiner Tätigkeit. Schwere Phasen bleiben uns nicht erspart, aber sie werden weniger und die Klarheit und Gelassenheit, um diese Phasen zu meistern, wird mehr. Nach der schweren Verlet-

zung unseres Vorzeigespringers Severin Freund im Januar 2017 ist die Hierarchie im Team kurzfristig durcheinander, aber mit Andreas Wellinger und Markus Eisenbichler springen bei der WM in Lahti zwei andere Sportler in die Bresche und sorgen für eine Fortsetzung der deutschen Erfolgsstory.

In diesen Jahren kommt selten, aber doch immer wieder die Frage in mir hoch, wie lange ich das System noch leiten kann und möchte. Mein Gefühl ist ambivalent. Wir fahren gerade Erfolg um Erfolg ein, und gleichzeitig merke ich, dass die Kräfte nicht mehr werden und die letzten Jahre an mir und der Familie gezehrt haben. Zudem verlangt mein früherer Arbeitgeber, das Schigymnasium Stams 2017 nach einer Entscheidung, ob ich gedenke, wieder einmal dorthin zurückzukehren, wo alles begann. Diese inneren Konflikte mache ich in der Regel mit mir selbst aus oder bespreche sie kurz mit meiner Frau oder meinen engsten Freunden, aber meist dauern diese Phasen nicht lange, und der Alltag hat mich wieder.

2018 stehen wieder Olympische Spiele auf dem Programm, und wir müssen immer noch ohne Severin Freund auskommen. Zum Glück ist Richard Freitag wieder in Form gekommen, und auch Karl Geiger und Stephan Leyhe entwickeln sich stetig weiter, weshalb wir in freudiger Erwartung nach Korea fahren. In Pyeongchang spiele ich die gesamte Routine von zehn Trainerjahren und zwei Olympischen Spielen aus. Mit Ruhe und Blick fürs Wesentliche versuche ich, ein Umfeld zu schaffen, in dem Spitzenleistungen in Anbetracht der Bedeutung des Ereignisses bestmöglich abgerufen werden können. Die Mannschaft versteht sich menschlich blendend und trägt alle Maßnahmen überzeugt mit.

Diese Spiele, die man aus vielerlei Sicht durchaus kritisch sehen kann, sind für mich von Anfang bis Ende eine runde Sache. Der Deutsche Olympische Sportbund hat in den letzten Jahren dazugelernt und sorgt mit neuem Personal für Aufbruchsstimmung. Der Deutsche Skiverband stellt mit Wencke Hölig die beste Mitarbeiterin frühzeitig ab, um vor Ort die notwendigen organisatorischen Bedingungen zu schaffen, damit die Teams sich ausschließlich auf den Sport konzentrieren können. Der Vergleich mit den vorangegangenen Spielen lässt in mir das Gefühl aufkommen, dass das Erlebte sehr schwer zu toppen sein wird. Diese Stimmigkeit muss man sich über viele Jahre sehr hart erarbeiten, und man braucht in den entscheidenden Momenten das notwendige Glück, oder nennen wir es Momentum, auf seiner Seite.

Es wäre ein Leichtes gewesen, den im Prolog beschriebenen Moment auf der Stiege von Pyeongchang einfach wegzuwischen und in der Euphorie zu ignorieren, aber das hätte sich vermutlich gerächt. Wie kommt so ein Gefühl zustande? Ich denke, es ist eine Mischung aus vielen kleinen Ereignissen, die sich im Laufe der Zeit verdichten. Für den absoluten Erfolg braucht es viele kleine Mosaikteile, die in mühsamer Kleinarbeit über einen längeren Zeitraum zusammengesetzt werden müssen. Dazu braucht man eine enorme Motivation, eine hohe Leidensfähigkeit und einen starken Glauben an sich selbst und das Projekt. Und zusätzlich ein tolles Team und eine große Kontinuität. Im Leistungssport muss man ständig auf der Hut sein, um nicht überholt zu werden, und neue, kreative Akzente setzen. Lässt man nur in einem kleinen Teilbereich nach, bekommt man, wenn auch manchmal verzögert, die Rechnung präsentiert. Gedanken und Zweifel deuten darauf hin, dass die Gefahr besteht, dass Sand ins Getriebe dieses Prozesses gerät, und das muss man ernst nehmen.

Ich genieße in Pyeongchang jeden Tag und erfülle meine Aufgabe mit Leidenschaft. Nur gegenüber meinen allerengsten Vertrauten lasse ich manchmal eine kryptische Bemerkung bezüglich neuer Ziele und Visionen fallen. Die Momente bei der Siegerehrung koste ich aus, und die Begegnungen mit vielen tollen Menschen sowieso. Ich denke nicht, dass viele Leute mitbekommen haben, was für Gedanken mich abseits des Erfolges bewegen, und das ist auch gut so.

Zum Glück läuft mein Vertrag mit dem Deutschen Skiverband noch bis 2019. Somit bleibt genug Zeit, um das Erlebte mit Distanz zu beurteilen und Schnellschüsse zu vermeiden. Außerdem steht mit Seefeld die WM in einer Region vor der Tür, die zu meiner zweiten Heimat geworden ist. Und die möchte ich mit diesem tollen Team auf keinen Fall verpassen.

Dinge sauber zu Ende bringen

Professionalität bis zum Schluss –
Die Pressekonferenz – Die Bonus-WM

Die Vorbereitungen für die WM-Saison sind längst angelaufen. *Business as usual*: Kader müssen erstellt, Trainingsgruppen und ihre dazugehörigen Trainer müssen benannt werden. Jahresplan, Schwerpunktsetzungen, Behörden, Trainingsdatendokumentation, Material, wissenschaftliche Projekte, psychologische Akzente und vieles mehr. Mit der Zeit bekommt man eine gewisse Routine und damit das Gefühl für die Prioritäten und die richtige Reihenfolge.

Mir fällt die Arbeit im Frühjahr 2018 nicht schwer, aber es fühlt sich anders an. Ich habe immer das Bewusstsein im Hinterkopf, dass es mein letztes Jahr sein könnte. Interessanterweise belastet mich das aber nicht, ich setze oft ein Lächeln auf und erledige die Dinge mit einer erstaunlichen Gelassenheit. Es steht für mich außer Frage nachzulassen, bevor meine berufliche Zukunft betreffend eine Entscheidung gefallen ist. Mit dem Deutschen Skiverband ist abgemacht, dass wir uns im Herbst zusammensetzen werden. Auch für den Verband erscheint es wichtig, noch vor Beginn der neuen Saison Klarheit in die Angelegenheit bringen zu können.

Der Sommer verläuft ruhig und nach Plan. Ich freue mich auf jeden Kurs und auf jeden Wettkampf und genieße ein paar Annehmlichkeiten, die mir der Olympia-Erfolg eingebracht hat. Wir trainieren viel auf den Tourneeschanzen und der WM-Schanze in Innsbruck, um für die Highlights der neuen Saison gerüstet zu sein.

Es ist September, und ich vereinbare mit dem sportlichen Leiter Horst Hüttel ein erstes Treffen bezüglich meiner persönlichen Zukunft. Interessanterweise sendet der Skiverband bis dato keine Signale. Die Zusammenkunft kommt auf meine Initiative zustande. Horst und ich kennen und schätzen uns jetzt so lange, dass wir uns unkompliziert in einem Kaffeehaus in Planegg treffen. Dabei erläutere ich ihm meine Gedanken und versuche, ihm seine Position herauszulocken. Horst ist bekannt für klare Standpunkte, und es fehlt ihm keinesfalls am Mut, Entscheidungen zu treffen, aber an diesem Tag kann ich ihm kein eindeutiges Statement abringen.

Es gab in den ersten Jahren viele Situationen, in denen ich knapp davor war, die Nerven wegzuschmeißen. Horst hat mich immer wieder aufgefangen und mir mit hoher Solidarität vermittelt, dass wir auch die tiefsten Täler gemeinsam durchschreiten werden. Ohne seine Hilfe hätte ich vermutlich den Punkt in Sotschi und speziell die Folgejahre nicht erlebt. Aber die Jahre haben nicht nur bei mir Spuren hinterlassen, sondern auch bei ihm. Ohne dass er es ausspricht, spüre ich, dass er selbst mit sich im Dialog darüber ist, wohin sein Weg führen wird. Somit fehlen ihm die Kraft und die Klarheit, um mit mir über unsere gemeinsame Zukunft zu sprechen. Ich verlasse das Gespräch mit einem eigenartigen Gefühl. Ich vermisse den gewöhnten Rückhalt.

Im Oktober treffen wir uns im Beisein der Sportdirektorin Karin Orgeldinger wieder. Diesmal in förmlichem Ambiente, dem Sitzungssaal des Skiverbandes in Planegg. Wir diskutieren verschiedene Optionen durch, und der Verband sendet Signale, dass er an einer weiteren Zusammenarbeit mit mir als Bundestrainer interessiert ist, zumindest für einen weiteren Olympiazyklus, das heißt bis Peking. Inzwischen habe ich die Zeit genutzt und mir tatsächlich vorzustellen versucht, mit welchen Ideen das System von mir weitergeführt werden könnte. Ich spiele alle Szenarien durch, komme aber immer wieder zum gleichen Schluss, dass ich meinem Gefühl von der Treppe von Pyeongchang folgen sollte.

Der Unterschied zwischen ein Gefühl zu haben und ein Gefühl auszusprechen ist größer, als ich gedacht habe. Die Endgültigkeit lähmt. Über diese Schwelle muss man erst einmal drüber kommen. Wir entschließen uns schweren Herzens dazu, die Zusammenarbeit im April 2019 wie geplant zu beenden. Die große Frage ist, wie und wann dieser Sachverhalt kommuniziert werden soll. Schließlich steht eine wichtige Saison vor der Tür, und Personaldiskussionen sollten von der Mannschaft ferngehalten werden können, damit sie sich aufs Sportliche konzentrieren kann. Das erscheint uns angesichts des hohen öffentlichen Interesses als Mammutaufgabe.

Die Wintersaison 2018/19 beginnt, und es wissen genau drei Leute von meiner Vertragssituation: Karin Orgeldinger, Horst Hüttel und der Pressebetreuer Ralph Eder. Ralph wird in den kommenden Monaten mein wichtigster Ansprechpartner, weil er unheimlich viel Erfahrung damit hat, wie man derartige Themen in der Öffentlichkeit behandelt. Oberstes Ziel ist es, die Steuerung des Personalthemas in der eigenen Hand zu behalten und nicht einer ungewollten Dynamik zum Opfer zu fallen und dadurch die Kontrolle zu verlieren. Schließlich gilt es, hohe sportliche Ziele zu verfolgen. Dabei kann man keine Störfeuer gebrauchen. Im Mittelpunkt steht der Athlet, und der soll den Kopf frei haben, um ordentlich wettkämpfen zu können. Wir sind uns schnell einig, dass wir die Bekanntgabe so lange wie möglich hinauszögern müssen, um eventuellen Nachfolgespekulationen keinen Raum zu geben. Ralph streckt seine Fühler aus und ist zuversichtlich, dass wir das Thema zumindest bis nach der Vierschanzentournee kleinhalten können.

Manchmal komme ich mir ein wenig schäbig vor, wenn ich den Leuten ins Gesicht lügen muss, aber die Situation erfordert höchste Disziplin. Der Alltag hilft bei der Bewältigung dieser Angelegenheit, denn wir huschen wie gewohnt von Wettkampf zu Wettkampf quer durch Europa, und die Tagesereignisse überschlagen sich. Auch die Vierschanzentournee geht mit Platz zwei und drei sportlich gut über die Bühne, aber man spürt, dass der eine oder andere Journalist, der das deutsche Skispringen schon seit längerer Zeit begleitet, mit den Hufen scharrt und gerne mehr über meine Zukunft wissen möchte, und das am besten exklusiv. Nach einem weiteren internen Gipfel mit Ralph beschließen wir, dass die Thematik vor der WM in Seefeld in der Öffentlichkeit geklärt werden muss, um Unannehmlichkeiten zu vermeiden. Die Wahl fällt auf den Heimweltcup in Oberstdorf, wo wir kurzfristig eine Pressekonferenz ausschreiben.

In Oberstdorf schließt sich mein persönlicher Kreis. Hier bin ich geboren, habe 1988 meinen größten sportlichen Erfolg gefeiert, 1992 meine schwerste Verletzung erlitten, und hier werde ich verkünden, dass ich als Bundestrainer aufhöre. Die Pressekonferenz wird von Ralph akribisch vorbereitet, und alles klappt bis ins kleinste Detail. Erst eine halbe Stunde vor dem offiziellen Teil informiere ich die Mannschaft, um undichte Stellen zu vermeiden. Klar und strukturiert trete ich auf, lege meine Beweggründe dar, versichere allen, dass ich gedenke, mit höchster Professionalität bis zum Ende der Saison weiterzuarbeiten und fordere dasselbe auch von allen Teammitgliedern ein.

Die Pressekonferenz vor den Journalisten ist emotional schwer. Das Interesse überwältigt mich, und obwohl ich mir einbilde, gut in den Ratio-Modus schalten zu können, fällt mir das Aussprechen der Worte, dass ich aufhören werde, sehr schwer. Trotzdem fühle ich mich danach erleichtert, und in einem stillen Moment freue ich mich diebisch darüber, wie gut es bis hierher gelungen ist, alle Beteiligten zu »manipulieren«. Natürlich nur mit der Absicht, die sportlichen Ziele nicht zu gefährden und weiterhin den Athleten und die Mannschaft im Mittelpunkt zu halten. Schließlich soll die WM in Seefeld weitere Medaillen für Deutschland bringen, und dafür haben wir nur noch knapp drei Wochen Zeit. Bis dorthin sollte sich das Personalthema beruhigen.

D er letzte Wettkampf vor der WM verläuft ganz nach meinem Geschmack. Karl Geiger gewinnt das erste Springen beim Heimweltcup in Willingen, und Markus Eisenbichler belegt am zweiten Tag den zweiten Platz. Aus der Erfahrung heraus weiß ich, dass Selbstvertrauen kurzfristig gesehen der größte Joker in einem Sportlerleben ist. Und in drei Tagen beginnt die WM.

Das Teamhotel in Seefeld ist für uns zu einer zweiten Heimat geworden. Die Gastgeber Mario und Christina leben für den Sport und machen es unserer Mannschaft leicht, sich wohlzufühlen. Einzig die Schanze in Innsbruck ist für Deutschland emotional nicht unbedingt mit positiven Emotionen besetzt, aber schon das erste Training ist eine Fortsetzung der Ereignisse von Willingen. Karl Geiger und Markus Eisenbichler sind in jedem Trainingssprung unter den ersten drei zu finden und strotzen vor Klarheit und Selbstvertrauen. Überraschenderweise gesellt sich der Schweizer Killian Peier zu den beiden dazu, und die Skisprungwelt wartet eigentlich nur auf den Angriff der großen Namen am Wettkampftag.

Der Angriff bleibt aus. Nach ausgezeichneter Qualifikation wiederholt sich das Ergebnis Peier – Eisenbichler – Geiger nach dem ersten Durchgang, und die Chancen für eine deutsche Medaille am ersten Wettkampftag stehen blendend. Nachdem auch der letzte Angriff von Weltcupdominator Kobayashi verpufft und Karl Geiger eine Topweite in den Aufsprunghang zaubert, ist die erste Medaille eingefahren. Offen ist nur noch die Farbe. Beim Absprung von Markus Eisenbichler stockt mir der Atem. Seine Skispitzen bewegen sich nach unten, und er läuft Gefahr, nach vorne wegzukippen. Aber Markus, der in dieser Saison so oft Zweiter wurde, will den Sieg mit aller Macht. Ohne mit der Wimper zu zucken macht er das Unmögliche möglich und kommt mit einem Geschwindigkeitsüberschuss in den Aufsprunghang, bei dem er Mühe hat, den Sprung bei der Fabelweite von 136 Meter zu stehen. Peier kann nicht mehr kontern, aber sichert sich überraschend Bronze. Doppelsieg für Deutschland! Wer hätte das gedacht?

Der Bergisel ist bezwungen und bringt den Traumauftakt für das deutsche Skisprungteam. Die Sportler umarmen sich herzhaft, und Markus schreit seine Freude so laut heraus, dass man ihn bis in den benachbarten Chiemgau hören kann. Ungläubig, aber innerlich zutiefst befriedigt klatsche ich mit meinem Assistenten ab und schreite zum obligatorischen Interview. Dankbar und erleichtert spule ich meine Sätze ab und blicke immer wieder lächelnd in die herrliche Bergkulisse.

Der Blick ist nach vorne gerichtet. Das Mannschaftsspringen steht vor der Tür, und ich muss eine schwere Entscheidung treffen. Andreas Wellinger, der Strahlemann der Olympischen Spiele in Korea, hat es im Folgejahr nicht in das deutsche Team geschafft, das leistungsmäßig paradoxerweise von Markus Eisenbichler, dem Ersatzmann von Pyeongchang, angeführt wird. Die Stimmung ist trotzdem gut, und man spürt nach der euphorischen Siegerehrung des Einzelspringens, dass die Mannschaft mehr will, als zum x-ten Mal Silber holen. Jede Medaille muss man schätzen, aber das letzte Gold bei einer Weltmeisterschaft im Teamspringen für Deutschland ist jetzt 17 Jahre her, und diesmal soll die Chance genutzt werden.

Wir sind der Topfavorit, aber jedes Springen hat eine Eigendynamik, und das Resultat ist meist anders als die Summe der Punkte des Einzelspringens. Die letzten Gespräche mit den Athleten geben mir ein gutes Gefühl. In der Psychologie würde man von einem Zustand der entspannten Konzentration sprechen. Die Umweltbedingungen verheißen Gutes, und das einzige Fragezeichen bleibt die Nominierung von Stephan Leyhe, der im Einzel eine Wettkampfpause eingelegt hat.

Das Springen läuft von Beginn an nach unserem Geschmack. Silbermedaillengewinner Karl Geiger bringt das Team mit fulminanten Sprüngen in eine komfortable Führungsposition, die dann Freitag und Leyhe sukzessive ausbauen, sodass Goldmedaillengewinner Eisenbichler die Mission genussvoll zu Ende bringen kann.

Das erfolgreiche Team der WM am Bergisel 2019

Teamweltmeister! Dieser Titel bedeutet uns sehr viel. Jahrelang habe ich das Miteinander in den Vordergrund gestellt und versucht, die gemeinsame Vorgehensweise auf dem Weg nach oben vorzuleben. Der Teamolympiasieg 2014 war der Knotenlöser, der WM-Titel 2019 die Krönung. Kein anderer Titel passt besser zu unserem Team, und hier meine ich nicht nur die vier Sportler, die gesprungen sind. Auch alle beteiligten Betreuer, die dieses Team seit Jahren in allen relevanten Bereichen unterstützen, fühlen sich in dem Moment weltmeisterlich. Dass sich auch Ersatzmann Andi Wellinger in diesen für ihn schweren Minuten ehrlich mitfreut, treibt mir fast die Tränen in die Augen. Wir genießen die Stimmung im Auslauf, machen eine Menge Erinnerungsfotos und freuen uns schon alle riesig auf die stimmungsvolle Siegerehrung am Abend in Seefeld.

Der Wechsel auf die Kleinschanze in Seefeld verläuft sportlich vielversprechend, und es wird schnell klar, dass wir auch in der zweiten Woche unsere Chancen haben werden, um weiteres Edelmetall einzufahren. Leider verkommt der Einzelwettkampf zur Farce und treibt alle Beteiligten an ihr Limit. Nasser Schneefall und Wind behindern die Durchführung des Bewerbs, bei der auch die Jury nicht fehlerlos bleibt. Zufälligerweise finden sich am Ende des Tages namhafte Springer auf dem Siegertreppchen, aber dass man auf einer Kleinschanze von Platz 27 im ersten Durchgang noch auf Platz 1 springen kann, wird wohl einzigartig bleiben. Die leidtragenden Sportler sind Karl Geiger und Ryōyū Kobayashi, denen eine verdiente Chance auf eine Medaille verwehrt bleibt.

Wir erholen uns schnell von dem Schock und halten uns mit dem Gewinn einer weiteren Goldmedaille im Mixed Springen schadlos. In einem spannenden Wettkampf bezwingen wir Österreich und holen uns das dritte Mixed Gold in vier Auflagen seit der Einführung des Bewerbs 2013. Markus Eisenbichler ist mit drei Goldmedaillen der überragende Athlet bei den Skisprungwettbewerben in Seefeld, und sein Zimmerpartner Geiger geht mit ebenso vielen Medaillen nach Hause. Was für ein Abschluss!

Ich bin unheimlich stolz auf mein Team, das mir so viele tolle Momente beschert hat. Im Beisein von Familie und Freunden genieße ich die Siegerehrungen und blicke immer wieder dankbar und entspannt in den Abendhimmel. Obwohl für mich schon seit längerer Zeit feststeht, dass es meine letzte Saison als Bundestrainer der deutschen Skispringer sein wird, ist es gelungen, die Arbeit mit enormer Professionalität bis zum heutigen Tag fortzusetzen. Mit Erfahrung und guter Strategie haben wir auch die öffentliche Wahrnehmung mitgestaltet und dem Team Ruhe und Spielraum verschafft. Alles andere als eine Selbstverständlichkeit!

Saisonabschuss 2019 beim Skifliegen in Planica

Bei den letzten Saisonwettkämpfen in Skandinavien und beim abschließenden Weltcupfinale schwimmen wir weiter auf der Erfolgswelle und lassen keinen Spannungsabfall zu. Markus Eisenbichler gewinnt in Planica beim Skifliegen sein erstes Weltcupspringen und bestätigt indirekt seinen WM-Titel. Leider reicht es nicht mehr zum Nationencup-Titel. Das Leistungstief Ende Februar/Anfang März hat den Punkterückstand auf die mannschaftlich stets geschlossen springenden Polen zu weit anwachsen lassen, und dasselbe Bild zeigt sich auch im Einzelweltcup.

Kein Grund, Trübsal zu blasen. Die Saison 2018/19 lässt wenig Wünsche offen, und angesichts der Voraussetzungen überkommen mich ein enormer Stolz und eine tiefe Dankbarkeit.

Horst Hüttel organisiert einen gemeinsamen Saisonausklang für das gesamte Team am geografisch günstig gelegenen Chiemsee, denn erfahrungsgemäß breitet sich beim Saisonfinale in Planica oft Hektik aus. Angesichts der Tatsache, dass hier eine Ära zu Ende geht, entschließt sich der Deutsche Skiverband, Weggefährten der letzten elf Jahre einzuladen und die Zeit noch einmal gemeinsam Revue passieren zu lassen. Ich fühle mich geehrt und freue mich, einerseits Sportler und Betreuer zu treffen, die jahrelang aus dem Blickfeld verschwunden waren, und mich andererseits stilvoll vom aktuellen Team verabschieden zu können. Ein gemeinsames Abendessen und ein Ausflug auf die Insel Herrenchiemsee beschließen eine facettenreiche Dekade in meinem Leben. Danke für alles!

Karriereberatung ist nicht das Kernthema sportpsychologischer Arbeit. Es hat aber in den letzten Jahren deutlich an Bedeutung gewonnen. Und dies nicht nur für Athleten, sondern durchaus auch für Trainer.

Die meisten Athleten beginnen ihren Sport aus reiner Freude am Tun und zunächst ohne große Ambitionen. Mit steigendem Erfolg steht dann irgendwann die Frage an, ob man die Schule frühzeitig zugunsten des Sports zurückstellen soll. Und selbst wenn man diese zu Ende gebracht hat, steht die nächste Entscheidung an: Soll ich in eine Sportfördergruppe wechseln oder mich für eine andere parallele Ausbildung entscheiden?

Für die meisten Sportler gilt, dass sie mit ihrer Sportart nicht genügend Geld verdienen werden, um nach der Karriere nie wieder wirklich arbeiten zu müssen. Insofern sprechen wir hier über lebensprägende Entscheidungen, die wohlüberlegt sein wollen.

Neben all den sonstigen Argumenten für eine duale Karriereplanung gibt es aber sportpsychologische Gründe, die dafür sprechen. Die meisten Athleten, mit denen ich arbeiten durfte, wünschen sich irgendwann die Unbedarftheit junger Jahre zurück. Die Zeit, in der niemand etwas von mir erwartet hat, ich unbeschwert von negativen und positiven Erfahrungen agieren konnte. Dahin gibt es aber keinen Weg zurück. Insofern wird irgendwann die Steuerung der eigenen Gedanken, die Steuerung der eigenen Erwartungen immer wichtiger. Wenn ich mich nun für den vermeintlich professionelleren Weg einer kompletten Fokussierung auf den Sport begeben habe, hängen irgendwann mein Arbeitsplatz und mein Lebensglück an den sportlichen Erfolgen. Dies erhöht natürlich den Druck immens. Wenn ich neben der sportlichen Laufbahn aber auch noch ein zweites, alternatives Standbein habe, relativiert dies oftmals schon vieles (und wenn ich dann noch einen Freundeskreis außerhalb des Sportes habe, ist es ein Dreibein – und da gibt es kaum etwas Stabileres ...).

Nicht falsch verstehen: Es geht nicht darum, den Sport nicht ernst zu nehmen und ihn professionell betreiben zu wollen. Es ist nur mental leichter, wenn das Glück und die Zukunft nicht allein davon abhängen und es Relativierungen der persönlich zugeschriebenen Bedeutung von Wettkämpfen aus anderen Lebensbereichen gibt.

Viele Sportler wollen ihre Karriere mit einem Erfolgserlebnis bei einem Großereignis beenden. Dies ist nur den wenigsten vergönnt (und jene fragen sich dann im Nachgang oftmals, ob sie nicht zu früh den Sport an den viel bemühten Nagel gehängt haben). Wie Werner es schon sagte: Den passenden Zeitpunkt zu finden ist schwer. Und ja, von außen ist er manchmal vermeintlich besser zu erkennen. Aber am Ende ist immer die entscheidende Frage, ob man selbst gut mit dem Thema abschließen kann.

Aus sportpsychologischer Sicht empfehle ich selbst bei dem klaren Gedanken, dass dies der letzte Wettkampf sein wird, dies nie im Vorfeld zu kommunizieren. Das führt nur zu einer Zusatzbelastung, einem zusätzlichen Druck, der das fragile System eines Spitzensportlers zumeist überlasten wird. Im Nachgang kann ich dann immer noch meinen Rücktritt bekannt geben.

Egal ob Sport oder andere Lebensbereiche: Die Gestaltung eines guten, würdevollen Abschieds ist uns ein wenig verloren gegangen. Hier hilft oftmals eine Würdigung der ganzen Zeit und nicht nur der Blick auf den aktuellen Moment. Zudem ist es Aufgabe der eigenen Person und des Umfeldes, hier für ein passendes Ritual, einen passenden Abschluss der gemeinsamen Reise zu sorgen. Es freut mich für Werner, dass ihm dies nach all den Jahren für den Deutschen Skiverband vergönnt war.

GEDANKEN UND
EIN LETZTER TITEL

Nach der Saison ist vor der Saison. Diesmal nicht für mich, zur alljährlichen Trainerklausur in Deutschland werde ich aber noch eingeladen. Entspannt reise ich nach Oberstdorf, wo ich in meinem Vortrag kurz zurückblicke, ehe ich symbolisch die Fahne an meinen Nachfolger Stefan Horngacher weiterreiche. Danach setze ich mich ungewohnterweise in die letzte Reihe und lausche noch den anderen Referenten. Mehrmals zuckt meine Hand und ich hätte etwas einzuwerfen, aber ich halte mich zurück – meine Reise mit dem DSV ist ja zu Ende. Sollen sich jetzt andere den Kopf zerbrechen. Bevor die Zukunftsplanungen meiner engagierten ehemaligen Kollegen losgehen, verlasse ich die Veranstaltung.

Die Tage und Wochen vergehen wie im Flug. Meine angestrebte Freiheit ist eingeschränkt. Nicht nur, dass ich mich familiär deutlich mehr einbringe und sämtliche Taxidienste für meine sportlichen Kinder übernehme, auch die Schanze ist mein neues altes Zuhause. Nach 13 Jahren Pause arbeite ich wieder mit Gregor Schlierenzauer zusammen und versuche, ihm in der ungewohnten Rolle des Mentors – im wahrsten Sinne des Wortes – wieder auf die Sprünge zu helfen. Die Aufgabe erfüllt mich ungemein. Ich nutze vorrangig die Anlagen in Stams und Innsbruck zum täglichen Training. Dabei treffe ich auf den Trainertürmen wieder vermehrt auf meine alten Kollegen aus Österreich. Im Grunde werde ich herzlich aufgenommen – inzwischen sind einige ehemalige Schüler von mir ins Trainergeschäft eingestiegen – aber ich spüre auch, dass ich unter Beobachtung stehe.

Auffällig ist für mich, dass sich inzwischen vermehrt Kleingruppen mit ihren verantwortlichen Trainern auf den österreichischen Schanzen tummeln, die autark arbeiten. Ich bilde mir ein, nicht mehr denselben Teamspirit zu spüren wie damals, als ich vor 12 Jahren die österreichische nordische Skifamilie verlassen habe. Werte, die ich mühsam, hartnäckig und sorgsam ins deutsche System integriert habe, sind hier verblasst. Dabei wird mir plötzlich bewusst, dass Kultur (und das österreichische Skispringen hat seit Baldur Preiml eine außergewöhnliche) kein Gut ist, das einfach da ist. Kultur muss sorgsam gepflegt werden, sonst verschwindet sie wieder. Ein vielleicht banaler Gedanke, aber für mich in dem Moment ein erkenntnisreicher.

Im Herbst stolpere ich im Internet über einen Artikel zur bevorstehenden deutschen Sportlerwahl des Jahres in Baden-Baden. Da werden sofort wieder Erinnerungen wach. Zweimal war ich schon dort und beide Male belegten meine Athleten Platz 2. Moment mal, wir sind doch heuer nach 18 Jahren wieder Weltmeister mit dem Springerteam geworden! Mit fast 60 Punkten Vorsprung. Sind das nicht überzeugende Argumente, unter die besten drei Mannschaften oder sogar auf Platz 1 gewählt zu werden? Mein Hirn beginnt zu rattern. Wer fährt dort hin? Der aktuelle Trainer oder der damals verantwortliche? Denkt irgendjemand in der Organisation noch an mich?

Der Gedanke lässt mich nicht los und je näher die Wahl rückt, desto intensiver wird mein Wunsch, bei der Veranstaltung dabei zu sein. Da sich auch bis kurz vor dem Ereignis im Dezember niemand bei mir meldet, beschließe ich selbst aktiv zu werden, greife zum Telefon und rufe Ralph Eder an, der für gewöhnlich für die Organisation im DSV verantwortlich ist. In kürzester

Zeit entwickelt sich auch nach einem halben Jahr Pause ein herzliches Telefonat, bei dem ich gezielt beiläufig die Sportlerwahl thematisiere. Ralf kennt mich gut genug, schaltet schnell und verspricht mir zu vermitteln. Auf den letzten Drücker ergattere ich eine Einladung zu der hochdekorierten Veranstaltung, bei der ich mich nun letztendlich selbst eingeladen habe. Aus den Augen aus dem Sinn …

Der Abend in Baden-Baden ist immer hervorragend organisiert, und ich genieße die Rückkehr in die deutsche Sportlerfamilie. Zu meiner Überraschung werde ich an einem Tisch direkt neben der Bühne platziert. Mein ehemaliger Kollege, Damen-Bundestrainer Andi Bauer, ist mit seiner Frau zugegen und erhält an diesem Tag verdientermaßen die Auszeichnung zum Trainer des Jahres. Die Positionierung an diesem exklusiven Tisch, zwischen Thomas Gottschalk und dem DFB-Präsidenten Fritz Keller, lässt Großes vermuten und tatsächlich wird in der

Mannschaft des Jahres 2019: Stephan Leyhe, Markus Eisenbichler, Karl Geiger und Richard Freitag mit Werner Schuster

Kategorie »Mannschaft des Jahres« mein ehemaliges Team von der Bonus-WM in Seefeld 2019 zur Siegermannschaft gekürt. Als die Jungs die Bühne betreten, stehe ich stolz auf und möchte gerade ein Erinnerungsfoto machen, als mich die Moderatorin Katrin Müller-Hohenstein mit den Worten »Herr Schuster, legen Sie gefälligst Ihr Handy weg und kommen Sie auf die Bühne!« zu sich nach oben ruft. Verdutzt folge ich ihrer Aufforderung und gehe auf meine alte Mannschaft zu, die mich herzlich empfängt. Nach salbungsvollen Worten des Moderatorenteams, einem emotionalen Einspieler der Regie und jeder Menge Fotos sagt plötzlich Markus Eisenbichler zu mir: »Werner, wir haben uns überlegt, dass du diesen Preis bekommen sollst. Der ist für die Arbeit der letzten elf Jahre!« Ich bin gerührt, die Jungs meinen es ernst.

Nach Beendigung des offiziellen Teils verstreuen sich alle in den großzügigen Räumlichkeiten des Kurhauses. Es wird getanzt, gelacht oder einfach nur Small Talk geführt. Die Zeit vergeht wie im Flug und nur wenige gehen vor Mitternacht nach Hause.

Als ich am nächsten Morgen die Heimreise antreten will, fährt mir der Schreck in die Glieder. Ich kann meinen Preis nicht mehr finden und die Anzeichen verdichten sich, dass ich ihn an irgendeiner Bar stehen gelassen habe. Hektisch mache ich mich auf die Suche und stelle zu meiner Erleichterung und zu meinem Erstaunen fest, dass ein ehrlicher Finder ihn bei der Rezeption abgegeben hat. Diesen Lapsus hätte ich mir nie verziehen. Jetzt kann ich doch noch tiefenentspannt die Heimreise antreten.

BIOGRAFIEN

WERNER SCHUSTER

Geboren 1969 in Oberstdorf, studierte während und nach seiner eigenen Karriere als Skispringer an der Universität Innsbruck Sportwissenschaften und Psychologie. Seine Trainerkarriere begann er am Schigymnasium Stams, wo er Gregor Schlierenzauer auf seinem Weg an die Weltspitze begleitet. Nach einem Jahr als Cheftrainer der Schweizer Skispringer übernimmt er 2008 die zu dem Zeitpunkt wenig erfolgreiche deutsche Herrennationalmannschaft der Skispringer. In seinen 12 Jahren als Bundestrainer führt er die deutschen Skispringer zurück an die Spitze mit 37 Weltcupsiegen von 5 verschiedenen Athleten, 5 Olympiamedaillen, davon 2 in Gold, und 14 WM-Medaillen, davon 4 in Gold.

DR. OSKAR HANDOW

Der Diplom-Psychologe, geboren 1973, ist seit 1999 selbstständig und Geschäftsführer der *handowcompany GmbH*. Neben seiner Tätigkeit als Sportpsychologe arbeitet er in den Bereichen Personalauswahl und -entwicklung als Coach und Berater für internationale Konzerne. Seine Schwerpunkte sind das Einzelcoaching von Führungskräften, Team- und Führungskräfteentwicklungen sowie diagnostische Verfahren.